民初陶行知、晏陽初
教育理論與民間文學之關係研究

江明淵 著

臺灣 學生書局 印行

總　序

　　一個時代，有其特殊的精神面貌，而近代知識分子對於傳統文化的更新與建設，便是一種文人思想理論廣泛體現於社會層面及時代命運的實踐歷程，其中吸納新知、轉化傳統、化爲世用的積極精神，強烈的時代責任與使命感，並將其人生抉擇以及價值標準緊密聯繫於民族命運，認眞地把意志付諸實踐、接續傳統、重振國運的態度，尤令人欽敬崇仰。

　　促使這一大批時代菁英投身於中國傳統的建設改造的另一個出發點，就是看出在新時代的轉換中，亟需一個與實際切合、相應的嶄新民族文化。他們篳路藍縷、面向問題，不約而同選擇了一個相當獨特的理論切入口，也表現了特有的關注重心和思考方式，不再高舉傳統儒、釋、道的旗幟，也不再蹈襲傳統經學考證等舊路，而是由民俗文化入手，逐漸產生中國現代民俗，與西方勢力介入中華民族而激盪出的愛國主義思潮、救亡圖存，發生了微妙的變化。

　　在這個過程中，革命者利用民眾的語言和形式，創作鼓吹革命的思想作品；辦教育者，以民間文學的體裁推動掃盲運動；而大眾傳播爲適應擴大宣傳，也大量挖掘民俗文化、大眾文化，推波助瀾與當日的社會思潮互動，造成空前活躍的文化蓬勃。至於知識菁英所推動的中國現代民俗運動，更與五四新

文化運動、白話文推行息息相關，造成自 1918 年迄 1937 年間的二十年，成為中國當代民俗學形成及發展最重要的時期。

有鑑於此，我們相信現代學術史上許多新穎的理論也多少受到民俗文化的啟發，知識菁英的教育救國、實業救國則是關注民眾生活與民族存續而來。所以，編纂這一系列「知識菁英與民俗文化」叢書，有其必要和迫切，它說明學術思想不是僅僅停留在原創理論上，透過知識分子與民俗文化的互動關係，將能更合理的對學術問題找到解釋，也可以讓我們深刻體會知識分子之所以具備某類特質的原因，並非僅來自於學堂書本，而是與生機蓬勃的民俗文化密然相關。

楊振良

二〇〇六年十一月六日

自 序

　　思潮是一股力量，它結合時代的脈動，引領國家的發展。清末之際，中國受西方文化的衝擊，除帶給中國前所未有的影響，同時也開啓反省與改革的契機。隨著西方民主、科學的東漸，中國傳統思想與政權維繫，逐漸受到知識分子的質疑與挑戰。五四前後，多元文化與民間文化亦因民主思潮的風起，逐步獲得正視的機會，人民的教育問題也因此漸受重視。西元一九一二年，中山先生雖以革命的方式改變政體，然卻無法落實民主政治，究其因，實乃民智未開、教育未普及。一群知識分子鑑因於此，遂展開知識救國的行動，他們走出象牙塔，跨越泥巴牆，試圖藉由平民教育運動與鄉村建設運動的推行，達到中國教育普及，進而落實平民政治。這群以教育救國爲理念的知識分子，陶行知（1891－1946）、晏陽初（1890－1990）即可爲其代表。

　　陶行知與晏陽初所處年代相近，除同受中國傳統文化薰陶與西方教育洗禮外，亦先後投入中國平民教育運動的行列。他們由平民教育運動出發，並相繼走入鄉村教育與鄉村改造。隨著試驗教育的推行，兩人自成一套教育理論，陶行知提出「生活即教育」、「社會即學校」、「教學做合一」之生活教育理論；晏陽初則主張以「文藝教育」、「生計教育」、「衛生教育」、「公民教育」四大教育理論，結合「學校式」、「社會式」、「家庭式」三大教育方

式,改善農民愚、弱、貧、私四大弊病。兩人的教育事業自啓蒙中國平民開始,並於實驗教育中,逐漸摸索適合中國國情的教育方式。他們汲取民間文化精髓,將謎語、歌謠、民間故事等民間文學,或編輯成識字課本,或以說書、戲劇、連環畫等方式介紹給廣大平民,希望藉由民眾熟悉的文化,以簡單通俗的文學題材教育平民。這種以窮的方式,教育窮的中國人,即是陶、晏兩人參酌當時國情所發展出來的教育理論與教育方式。

二、三十年代,陶、晏兩人捨棄城市舒適的生活環境,帶領一群知識分子走入民間,與農民爲伍。並以教育的力量,肩負救亡圖存與喚醒民眾的使命,其愛國精神是應受肯定的。然而,兩岸分治以後,其教育事業曾因政治因素,受到有欠公允的批判。近來,隨著兩岸交流日漸頻繁,研究陶、晏二家之論文亦日趨增多,多數學者漸能以客觀持平的觀點,重新審視陶、晏二家之教育理論與其時代意義。然就教材分析一環,目前兩岸相關研究仍相對薄弱,且甚少論及識字教材與平民讀物內容。其因除學者研究層面殊異外,該類教材蒐羅匪易,亦是原因之一。三年前(2003),蒙中華發展基金會之資助,筆者有幸前往彼岸進行學術訪問暨資料蒐集。期間,除至北京師範大學進行資料訪查,得一《定縣歌謠選》外,並於南京檔案館謄寫資料四十餘日。所得資料,包含當時平教會所蒐集的歌謠、謎語、鼓詞、秧歌、瞎子戲等民間文學素材,並得一窺當時平民讀物與千字課本。此外,亦走訪曉莊師範學校故址、定縣晏陽初中學,並訪得晏陽初之子晏振東先生,對於本論文之論述,確有實質的幫助。

本論文主要探討陶、晏兩家的教育理論與民間文學之關係,因

此，就其理論與現存之一手資料，進行分析討論，冀能了解兩人教育事業之梗概，並發現兩人教育理論之異同，進而驗證兩人以民間文學素材編輯教材並教育平民之事實。本論文能如期付梓，首先感謝楊師振良先生，在百忙之中，仍不厭其煩的提出指導；並感謝陸委會中華發展基金會提供資助，讓筆者在論文研究期間，得以赴彼岸進行資料蒐集。礙於個人才疏學淺，本論文疏漏與錯誤之處諒必不少，希冀學者能不吝提出批評與指教。諸多因緣，使筆者得以順利完成本論文。最後，謹以一顆感恩之心，感謝學習路上的師長、家人及友人。

江明淵　謹識於台北縣瑞芳國小

2006 年 8 月 1 日

民初陶行知、晏陽初教育理論
與民間文學之關係研究

目　錄

第一章 緒 論

在歷史的演進過程中，一個重要的歷史現象，常常把不同領域裡的知識分子結合在一起，並形成一股力量，而這股力量正是引領歷史前進的原動力。民國初年，中國面臨西方帝國主義的侵略與軍閥勢力的惡鬥，迫使國家陷於內憂外患的泥淖之中。部分知識分子鑒於中國所遭遇的困局，逐漸思索中西文化的差異，試圖從傳統文化的改革，及學習西方文化的優點，以改造百廢待舉的中國。這股學習西方文化與批判傳統文化的聲浪，不僅為當時的中國帶來一股改革的新氣象，同時也影響中國日後的發展。而這股改革聲浪，亦即引領歷史前進的原動力。

陶行知與晏陽初是近代中國的教育家，並同受中國傳統文化的薰陶，以及新文化思潮的影響，他們認為傳統教育實施的結果僅是培養出一群書呆子與蛀書蟲，教育成為少數人所擁有的權利，致使民智未開，造成國家民主政治窒礙難行。因此，他們主張藉由教育的普及以培養民眾的識字能力與喚醒民眾的民族意識，以期達到社會改造與教育救國的目的。由陶、晏二家所揭起的「平民教育運動」以及其後的「鄉村教育運動」，是繼清末知識分子「教育救國」思想的延續。就教材而言，陶行知以平民熟悉的歌謠、謎語、故事等民間文學素材編輯《平

民千字課》與《老少通千字課》,其詩作亦受民間歌謠的影響,而顯得通俗淺白,同時,並以說書、連環畫、戲劇等民間文藝形式以輔助教育推行。反觀晏陽初除編輯《平民千字課》外,於定縣實驗之際,亦組織研究部門以蒐集、研究定縣民間文學,除將蒐集而得之民間文學付梓出版,以供民間文學研究者研究外,並汲取民間文學素材以編輯《農民千字課》與平民讀物等。由此可知,陶、晏二家在推展其教育事業之際,是肯定民間文學的教育意義。

目前國內外有關陶、晏二家的相關研究業已日趨完善,然對二者以民間文學融入教材的相關研究則較為薄弱。同時,一手資料的呈現亦付之闕如,因此,對於陶,晏二家以民間文學輔翼教育推行的歷史現象,實有深入研究的必要。此外,就其畢生所推行的教育事業而言,雖曾蒙受國、共政治勢力的阻撓,卻仍無法撼動其堅持教育普及的理念。❶如今,「哲人日已遠,典型在宿昔」,其教育事業亦由絢爛歸於平淡,對於二家的歷史平議,筆者試圖撇開政治的因素,以持平的態度去看待二家的教育事業。冀能以客觀的觀點,檢視陶、晏二家「教育救國」的愛國精神及其歷史的貢獻。

---

❶　關於陶行知的政治傾向,周水珍於〈陶行知的教育思想與教育改革運動對當前教育之啓示〉一文曾云:「陶行知雖畢生未加入共產黨,然其政治立場較同情共產黨,因此其教育理論未受國民政府重視,但在海峽彼岸的大陸,將陶行知視爲教育宗師,各地並設有陶行知研究會。」見《花蓮師院學報》第7期,1997,頁163。

　　本論文在探討「民初陶行知、晏陽初教育理論與民間文學之關係研究」時，就研究範圍而言，主要係以民國七年至民國二十六年（1918－1937）為主，亦即晏陽初於法國推行華工教育始至定縣實驗中斷止。此範圍適能涵蓋陶行知所推行的平民教育運動、鄉村教育運動與普及教育運動，在研究上正可做一對照。然亦不以此為限，蓋因其教育理論的形成與教育事業的推行並非突如其來，其影響亦非嘎然而止。因此，除就陶、晏二家生平、教育理論及以民間文學輔助教育事業的現象進行探究外，並兼論平民教育興起的背景與二者教育事業之歷程。此外，以第一手資料呈現當時平教會所蒐集的定縣民間文學與編輯的平民讀物，並就陶行知所編之《平民千字課》與《老少通千字課》進行分析，以釐清其以民間文學素材編輯教材之現象，此乃本論文之研究重心。冀能驗證陶、晏二家以民間文學輔翼教育之事實，期使陶、晏二家相關研究更臻於縝密。

　　就研究方法而言，本論文是以歷史分析法，針對蒐集的資料作分析判定，並對陶行知、晏陽初兩人的生平事蹟、時代背景、教育理論做宏觀式的探討。同時，以田野考察的方式，深入中國大陸，親身走訪當時的定縣及曉莊師範學校，希望透過實地的考察，了解當地人對陶、晏二者的評價，以及陶、晏兩人對當地的影響。此外，以口述訪談的方式，訪問大陸學者，以了解彼岸研究陶、晏二家教育思想之現況。在資料蒐集方面，深入大陸的北京師範大學、北京圖書館、南京歷史檔案館、中國社會科學院文學研究所等學術機構，蒐集第一手資料，以呈

現原始資料，冀能補前人在兩人文藝教育論點上之不足。

　　就研究的步驟而言，首先於國家圖書館、中央研究院傅斯年圖書館、國史館等國內學術單位，進行資料的蒐集，並於九十二年（2003）七、八月間，親赴大陸進行為期一個半月的資料蒐集與人物訪談。期間，進入北京圖書館、北京師範大學圖書館、中國社會科學研究院、中國教育科學院、河北省晏陽初中學校史室、定縣晏陽初思想研究會、北京中國藝術研究院、南京第二歷史檔案館等地進行資料蒐集。另走訪當地中國書店，期能尋繹舊存資料，並透過訪問宋恩榮教授與晏振東先生，以尋求當年平教會蒐集的定縣民間文學之線索，以及晏陽初先生的生平事蹟。其次，就已蒐集的教育理論，參酌前賢對陶、晏二者的論述及已蒐集的資料，進行分析整理，以形成本論文的論述架構。除對陶、晏的生平、教育歷程、教育理論進行探究外，並以第一手資料，呈現當年平教會所蒐集的定縣民間文學，及改編的平民讀物。同時，就陶行知編輯的《平民千字課》、《老少通千字課》抽繹出民間文學素材，驗證陶行知與晏陽初運用民間文學素材編輯課本與實施平民教育、鄉村教育的歷史事實，最後對陶行知與晏陽初提出平議，以完成論文的論述。

　　筆者在探討《民初陶行知、晏陽初教育理論與民間文學之關係研究》之前，雖曾親赴南京第二歷史檔案館等地，進行第一手資料的蒐集，然而由於時間與當地圖書館的諸多限制，未能一窺所有的原始資料。同時，南京檔案館館藏的手抄本，多以草字及簡字書寫，更增加判定的困難度。此外，由於當年參

與實驗的耆老多已凋零，雖慶幸訪問到晏振東先生，卻未能訪問到陶行知親人，實爲可惜，也是筆者在研究過程中所遭遇的研究困難。

　　現階段國內外對於陶行知、晏陽初教育理論的研究頗多，尤其彼岸對於陶、晏二家教育思想之研究亦日趨重視，紛紛成立陶行知思想研究會與晏陽初思想研究會。就陶行知相關論著的蒐集而言，計有湖南教育出版社出版之《陶行知全集》。該書採分類編年體例，分編爲八卷：一至三卷爲論著類，包括論文、演講紀錄、提案和自撰外文論著的中譯稿等；第四卷爲詩歌類；第五卷爲書信類；第六卷爲其他類，包括編寫之課本、科普讀物、自撰外文原稿及翻譯之外文著作等；第七卷爲日記；第八卷爲增補。另有四川教育出版社出版之《陶行知全集》，該書按體裁分類，共成十卷，另增加補遺一卷。一至四卷爲論著卷，包括論文、演講紀錄、談話、提案等；第五卷爲教材卷，內容包括各類教材及編輯手稿、兒童科學讀物、寓言故事、歌曲等。第六卷爲英文著譯卷；第七卷爲詩歌卷；八、九卷爲書信卷；十卷爲陶行知的備忘錄等，對於陶行知思想的研究，頗具參考價值。因此，本文相關資料之徵引，係以四川教育出版社出版的《陶行知全集》爲主。至於陶行知以民間文學體裁融入教育及詩歌的論述，則有李楚材所著的《陶行知與兒童文學》一書。理論研究部分有周洪宇等編的《陶行知與中外文化教育》，中國陶行知研究會編的《陶行知教育思想研究文集》等。

　　就晏陽初相關論著的蒐集而言，計有湖南教育出版社出版

之《晏陽初全集》，該書採編年與分類相結合之體例，分成三卷，第一卷蒐錄論文、演講、談話等；第二卷蒐錄論文、演講及九十自述；第三卷為書信等。另宋恩榮主編之《告語人民》，蒐錄晏陽初平民教育、鄉村教育理論、九十自述、賽珍珠所著《告語人民》等。此外，李濟東主編之《晏陽初與平民教育》則蒐錄平教會相關論文，以及當時平教會人士之口述歷史等。就理論研究部分則有宋恩榮編的《晏陽初教育思想研究》以及吳相湘所著《晏陽初傳》等。對於本論文在論述晏陽初教育理論與定縣實驗，提供資料蒐集上的方便。

此外，期刊、論文部分論著頗多，計有曹常仁：《陶行知師範教育思想之研究》，呂秋慧：《陶行知社會教育思想之研究－其生活教育理論與實踐》，邱秀珍：《五四時期平民教育運動之研究》，鄭世興：《我國近代鄉村教育思想和運動》，張文忠：《晏陽初社會教育思想之研究》，陳重光：《我國鄉村建設實驗工作之比較研究》，李孝悌：《平教會與河北定縣的鄉村建設運動》等。單篇論文有陳敏：〈把人寫在現代化的旗幟－陶行知教育思想探微〉，林鎮坤：〈陶行知與杜威教育思想的比較〉，周水珍：〈陶行知的教育思想與教育改革運動對當前教育之啟示〉，陳光輝：〈從陶行知生平事略透視民主教育思想〉，晏鴻國：〈巴蜀名賢世界偉人（2）－記世界著名平民教育家晏陽初〉，孫景峰：〈陶行知教材編輯出版思想與實踐〉，周逸先：〈晏陽初平民教育與鄉村改造方法論初探〉等。都是本論文在探討陶行知與晏陽初教育理論時之重要參考

資料。

第一節　平民教育的興起背景

　　歷史的長河是連綿不斷的，一種教育思潮的興起，亦絕非憑空出現，其往往與當時社會背景有因果關係。二、三十年代的平民教育運動及鄉村教育運動，是清末以來，知識分子教育救國的思想延續。其興起背景，略可分爲遠因與近因，遠因是自鴉片戰爭失敗以來，知識分子歷經洋務運動、戊戌維新、辛亥革命的經驗累積，以對傳統教育制度進行批判，提出立學校以廣開民智的主張。近因則是五四運動前後，知識分子受西方民主與杜威平民主義教育思想的影響，主張以平民教育來爲實施平民政治做準備的觀點。簡而言之，平民教育的興起背景，實與當時的政治局勢與知識分子「教育救國」的理念有著密切的關係。

一、力去沉痾以廣開民智

　　鴉片戰爭的潰敗，帶給中國社會強大的衝擊，也開啓中西關係的轉變。接踵而至的帝國主義侵略，除迫使農村面臨經濟崩潰的危機，也動搖二百餘年的清朝國本。部分具有前瞻眼光與愛國思想的知識分子，在面對國家前所未有的衝擊，乃提出向西方學習的主張，如魏源呼籲「師夷長技以制夷」，林則徐

建議仿制西方船砲等。此外,他們也提出改革當時教育之觀點,可惜因未受當局重視,而未泛起太大的漣漪。俟英法聯軍入侵北京,震撼朝野,知識分子深知中國非有所更張,不足以救亡圖存,遂產生以模仿西法爲途徑之洋務運動。

　　洋務運動的教育政策主要包括興辦新式學校與派遣留學生。就興辦新式學校而言,「第一類爲學習方言的方言學堂,第二類爲學習軍備的水陸軍學堂。方言學堂如京師同文館、上海廣方言館、廣州同文館及湖北自強學堂皆是。軍備學堂又分做兩種。」❷新式學校設立之目的,主要爲培養軍事幹部與翻譯人才,因此,在啓迪民智的成績上,實爲有限。就派遣留學生而言,洋務運動爲培養洋務人才,乃提出官派留學的主張。同治十年(1871),曾國藩、李鴻章奏請選派幼童赴美肄習西學,其奏摺曰:「擬選聰穎幼童,送赴泰西各國書院,學習軍政、船政、步算、製造諸學,約計十餘年,業成而歸,使西人擅長之技,中國皆能諳悉,然後可以漸圖自強。」❸洋務運動選派幼童留學的主張,除使西方科學知識與文化思想加速傳入中國外,也開啓中國知識分子學習西方文化的大門,同時,也

---

❷　陳青之:《中國教育史》,台北:商務印書館,1963,頁558。按陳青之說法,軍備學堂包括福建船政學堂、天津水師學堂等,目的在訓練海軍人材;天津武備學堂、山西武備學堂、湖北武備學堂等則以訓練陸軍人材爲目的,此外還有兼水陸並設的廣東水陸師學堂。

❸　曾國藩、李鴻章:〈奏選派幼童赴美肄業辦理章程摺〉,見高時良編:《中國近代教育史資料匯編》,上海:上海教育出版社,1992,頁867。

影響中國新教育的發展。

　　模仿西方船堅砲利的洋務運動，因主事者囿於識見不足，未能洞悉西方富強之根本原因，復以保守勢力妄自尊大，不肯輕易變革，終使洋務運動歸於失敗之途。甲午戰後，知識分子深受刺激，變法圖存之議再起，形成沛然莫之能禦之輿論與思潮。甲午年底，康有為於北京參加會試之際，聞知清廷「與日本議和，有割奉天沿邊及台灣一省，補兵餉二萬萬兩，及通商蘇、杭，聽機器洋貨流行內地，免其厘稅等款，此外尚有繳械、獻俘、遷民之說。」乃聯合十八省舉人開會，上表朝廷，呈請「皇上下詔鼓天下之氣，遷都定天下之本，練兵強天下之勢，變法成天下之治。」摺中康有為並提出「天下民多而士少，小民不學，則農工商賈無才。產物成器，利用厚生，既不能精，化民成俗，遷善改過，亦難為治。」以及「才智之民多則國強，才智之士少則國弱。」等觀點，並認為「今日之教，宜先開其智。」❹可見康氏於甲午戰後，已大聲疾呼廣開民智以去沉疴的主張。

　　光緒二十四年（1898），由康有為、梁啓超等人所揭起的維新旗幟，終為德宗所採納。是年，德宗下詔更新國是，變法圖強。其中，就教育政策而言，主要包括廢除八股，改革科舉制度以及廣設學堂，提倡西學等兩大主張。如梁啓超在變法之

---

❹　康有為：〈上清帝第二書〉，見丁守和編：《中國近代啟蒙思潮》上卷，北京：社會科學文獻出版社，1999，頁182－186。

前，其〈論變法不知本原之害〉云：「吾今爲一言以蔽之，曰：變法之本，在育人才，人才之興，在開學校，學校之立，在變科舉。」❺另康有爲在〈請廣開學校以養人才摺〉亦云：「其鼓盪國民，振厲維新，精神至大，豈止區區科舉一事已哉？雖然，譬諸治病，既以吐下而去其宿疴，即宜急補養以培其中氣，則今者廣開學校爲最要矣。」❻由此可知，康、梁視改科舉、廢八股、開學校爲當時刻不容緩之事業。雖然維新變法最後亦因保守勢力的反對而失敗。但是以改科舉、廢八股、開學校來啓迪民智的主張，則影響其後的教育思潮。如光緒二十七年（1901），清政府下詔：「除京師已設大學堂，應行切實整頓外，著各省所有書院，於省城均改設大學堂，各府及直隸州均

---

❺ 梁啓超：〈變法通議·論變法不知本原之害〉，見《飲冰室文集》第1卷，台北：中華書局，1960，頁10。

❻ 康有爲：〈請廣開學校以養人才摺〉，見康有爲著、沈雲龍主編：《康南海書牘》，台北：文海出版社，1972，頁21。另該文亦云：「我乃鞭一國之民，以從事於八股枯困搭截之題，斲人才而絕之，故以萬里之大國，四萬萬之人民，而才不足以立國也。近日日本勝我亦非其將相兵士能勝我也，其國徧設各學，才藝足用，實能勝我也。吾國任舉一政一藝，無人通之，蓋先未嘗教養以作成之。天下豈有石田而能慶多稼者哉！今其害大見矣，不可不亟設學以育成之矣。今各國之學，莫精於德國民之義，亦倡於德。日文同文比鄰，亦可採擇。請遠法德國，近採日本，以定學制。乞下明詔，徧令省府縣鄉興學。鄉立小學，令民七歲以上，皆入學。縣立中學，其省府能立專門高等學、大學，各量其力，皆立圖書儀器館。京師議立大學數年矣，宜督促早成之，以建首善而觀萬國。夫養人才猶種樹也，築室可不月而就種樹非數年不陰，今變法百事可急就而興學養才不可以一日致也，故臣請立學亟亟也。」頁23－24。

改設中學堂，各州縣均改設小學堂，並多設蒙養學堂。」❼翌
年，廢除八股文。光緒三十二年（1906），停辦鄉試、會試，
廢除千餘年的科舉制度。其詔文曰：

> 三代以前，選士皆由學校，而得人極盛，實我中國興賢
> 育才之隆軌。即東西洋各國富強之效，亦無不本於學校。
> 方今時局多艱，儲才為急，朝廷以提倡科學為急務，屢
> 降明諭，飭令各督撫廣設學堂，將俾全國之人咸趨實學，
> 以備任使，用意至為深厚。前因管學大臣等議奏，當准
> 將鄉會試分三科遞減。茲據該督等奏稱科舉不停，民間
> 相率觀望，推廣學堂必先停科舉等語，所陳不為無見。
> 著即自丙午科為始，所有鄉會試一律停止，各省歲科考
> 試亦即停止。其以前之舉貢生員，分別量予出路，及其

---

❼ 其詔曰：「乙未，諭：人才為政事之本，作育人才，端在修明學術，歷
代以來學校之隆，皆以躬行道藝為重，故其時體用兼備，人才眾多。近
日士子，或空疏無用，或浮薄不實，如欲革除此弊，自非敬教勸學，無
由感發興起。除京師已設大學堂，應行切實整頓外，著各省所有書院，
於省城均改設大學堂。各府及直隸州均改設中學堂，各州縣均改設小學
堂，並多設蒙養學堂。其教法當以四書五經綱常大義為主，以歷代史鑑
及中外政治藝學為輔，務使心術純正。文行交修，博通時務，講求實學，
庶幾植基立本，成德達材，用副朕圖治作人之至意，著各該督撫學政，
切實通飭，認真興辦。所有禮延師長，妥定教規，及學生畢業，應如何
選舉鼓勵，一切詳細章程，著政務處咨行各省悉心酌議，會同禮部覆核
具奏，將此通諭知之。」見朱壽朋纂修：《十二朝東華錄·光緒朝》卷
169，文海出版社，1963，頁4701－4702。

餘各條，均著照所請辦理。總之，學堂本古學校之制，
其獎勵出身亦與科舉無異。歷次定章，原以脩身讀經為
本，各門科學又皆切於實用，是在官紳申明宗旨，聞風
興起，多建學堂普及教育，國家既獲樹人之益，即地方
亦與有光榮。經此次諭旨，著學務大臣迅速頒發各種教
科書，以定指歸而宏造就。並著責成各該督撫實力通籌，
嚴飭府廳州縣趕緊於城鄉各處徧設蒙小學堂，慎選師
資，廣開民智。其各認真研究，隨時考察，不得稍涉瞻
徇，致茲流弊。務期進德修業，體用兼賅，以副朝廷勸
學作人至意。❽

由康、梁所主導的維新運動，雖因守舊勢力的反對而歸於
失敗，然其主張改科舉、廢八股、立學校等主張，卻因此形成
強而有力之輿論與思潮，終使清朝政府諭令改革，奠定日後新
式教育發展的基礎。

面對沉疴已久的專制政體，維新派主張透過「教育改良」
以改造社會。相對地，革命派則提出「先革命後教育」的主張。
民國肇建後，時任中華民國第一任教育總長的蔡元培鑒於當時
眾多的年長失學民眾，即提倡社會教育，並創設社會教育司，
使社會教育在教育行政上獲得獨立的地位，同時亦主張以宣講
的方式，對社會民眾進行教育。蔡元培主張的社會教育，實有

---

❽ 沈桐生輯、沈雲龍主編：《光緒政要》卷31，台北：文海出版社，1969，
頁2158。

利於當時教育發展與民主共和思想的傳播。此外，孫中山在〈地方自治開始實行法〉亦主張：「凡在自治區域之少年男女，皆有受教育之權利。學費、書籍，以及學童之衣食，當由公家供給。學校之等級，由幼稚園，而小學，而中學，當陸續按級而登，而至大學而後已。教育少年之外，當設公共講堂、書庫、夜校，為年長者養育知識之所。」❾這裡不但說明兒童教育應普及，對於失學的年長者，也提出應設置公共講堂、書庫、夜校等來達到普及教育目的。可見社會教育已逐漸為當局所重視，對於平民教育運動之發展，營造有利的發展空間。

二、學習西方以救亡圖存

辛亥革命後，政治方面，共和政體雖已成立，然帝國主義的侵略與軍閥勢力的鬥爭，造成政治隳壞，官僚之風依然故在。經濟方面，由於帝國主義國家產品的傾銷輸入，造成農村自足經濟體系的加速瓦解，同時造成農村破產的經濟問題。社會方面，吸食鴉片、纏小腳、衛生不良等積弊惡習未除，造成風氣萎靡，人民素質低落。教育方面，雖然提倡廣設學校，但是當時經濟環境不善與社會讀書風氣不開，人數龐大的文盲，依然存在。整個中國猶如病入膏肓的龐然大物，對於列強的蠶食鯨吞，竟只能委曲求全。許多受西方教育的知識分子，在面臨國

---

❾ 孫文：〈地方自治開始實行法〉，見中國國民黨中央委員會編：《國父全集》，台北：中國國民黨中央委員會，1973，頁164。

勢愈益衰弱，開始批判傳統中國文化的價值。他們認為非參照西方文化，無法救亡圖存。這批以陳獨秀、李大釗、胡適、魯迅為代表的知識分子，扛起民主、科學的大旗，除譯介西方文化外，對傳統文化也進行批判，並掀起了新文化運動的風潮。

新文化運動的發展，在文學史上帶動文學革命的產生。民國六年（1917），胡適發表〈文學改良芻議〉，主張文學須言之有物等八項原則。另陳獨秀亦發表〈文學革命論〉，主張建設平易的、抒情的國民文學，新鮮的、立誠的寫實文學，明瞭的、通俗的社會文學。經由胡適、陳獨秀等人的鼓吹，五四運動後的一年內，全國出現四百多種的新刊物，其中絕大多數是以白話文出版。這種接近口語的白話文，成為當時知識分子介紹新思想的媒介，不僅有助於新文化的推展，也有助於教育的普及。民國初年的新文化運動，帶給中國一道希望的曙光，這道民主、科學的曙光，即是知識分子救亡圖存的動力。

另一方面，知識分子受西方民主思潮的影響，在教育的改革路上，則出現重視平民教育的呼聲，並形成「教育救國」與「科學救國」的思潮。他們組織學會、籌辦平民學校、成立「平民教育演講團」，提出增進平民知識，喚起平民之自覺心的主張。這股教育救國的思潮，亦於學生之間蔓延開來，各省學生亦紛紛組織學生會，創設平民學校及通俗學校，鼓吹教育平民化。如全國學生聯合會發表〈實施平民教育案由〉一文，即指出推行平民教育的必要性：

自五四運動以後，救國聲浪震盪於世，勢將使極危險的
國家，立刻救到平安的岸上來了。何以還是渾渾混混的
呢？因為救國第一要有救國的能力，第二要有救國的方
法，說空話還是不中用的，救國不是一部分人能做的，
所以一部分人有能力，也無濟於事，必須全國人民都有
覺悟，全國人民都有能力，才有成功的希望。自從外交
失敗，有這次光明燦爛大運動，於是救國心理。從北京
散布到全國。從學界傳佈到各界。罷課罷工罷市，風馳
雲湧接踵而起，似乎全國人民有些覺悟，固不錯，但是
大多數平民的覺悟和解力，實在是異常薄弱。然此大多
數平民的覺悟和解力，如何養成呢？那麼非使大多數平
民受教育不可。❿

　　五四期間，學生的愛國思想因國家所遭遇的困境而彌足堅
定，他們認為要解救國家免於危難之中，必須喚醒全國民眾的
愛國意識。然要達成此目的，以當時國家的教育政策是不夠的，
必須借重民間的力量，輔以平民教育的推行。如此，方能使多
數平民因受教育而達到覺悟的地步。這種以學生發起的平民教
育主張，亦反映在上海學生聯合會發表之〈籌設義務夜校意見
書〉一文中：

　　自五四運動以後，救國聲浪震盪全球，學界罷課，商界

---

❿　《民國日報》，上海，1919年10月5日。

罷市，工界罷工，風馳雲湧接踵而起，似乎吾人已澈底
覺悟矣，有救國能力矣。然而一究其實，不過少數覺悟，
非多數覺悟，是被動能力，非原動能力，故犧牲如是其
大，而效果不過爾爾，今欲根本救國，非促成社會上大
多數人之覺悟，養成群眾自動之能力不可，欲達此目的，
必自推廣平民教育始。⑪

五四運動的影響，雖在中國掀起一股救國熱潮，然這股愛
國思潮並未能使大多數民眾覺悟，就多數人而言，仍是存著消
極的自我意識。究其原因，實與民智未開有關，因此推廣平民
教育，使民眾藉由讀書識字以培養愛國意識，遂成為學生教育
救國的主張。

民初所興起的平民教育運動，是知識分子教育救國的表
現，他們相信藉由教育可以改造社會，並可以達到救國的目的。
這種「教育救國」的主張，是繼清末以來知識分子愛國思潮的
延續。而五四運動所掀起的民主、科學與愛國主義思潮，正提
供平民教育發展的有力條件。

三、杜威平民主義之催生

除了新文化運動發起重視平民教育的呼籲外，另一項影響
中國平民教育思潮的因素是杜威的訪華演講。訪華期間，他先

---

⑪　《民國日報》，上海，1920年3月1日。

後在上海、杭州、南京等地發表演講。他在上海發表〈平民主義教育〉的演講中指出：「什麼叫做平民主義的教育呢？就是我們須把教育事業為全體人民著想，為組織社會各分子著想，使得他成為利便平民的教育，不成為少數貴族階級或者有特殊勢力的人的教育。」另在南京演講〈平民主義教育〉中提到：「凡為共和國者，則必須實行平民之政治。欲實行平民之政治，非有平民主義之教育不可。」又說：「平民主義教育之目的，與貴族教育之目的不同。貴族教育之目的為一定，而平民教育之目的則重應變：其一，就各人天賦之本能，而應材以教之。其二，依時勢之要求，以謀教育之適應。故平民主義教育之目的，在發展社會上個人之才力與精神為最大之宗旨，非若貴族社會之限制人民受良好教育者。蓋因貴族社會其目的在保守，而民國社會則在進化。故民國國民須人人能發展自動、自思、自立之精神。」❷針對杜威與中國平民教育運動的影響，當時的學者任時先曾說：

　　平民主義教育思想的產生是德謨克拉西思想盛行的結果。所以歐美各民主共和國家，早已有此種思想的流行。中國經過數千年君主專制政體，人民思想始終在「天下有道庶人不議」的圈套中。所以平民主義思想的出現，仍在辛亥革命政體改革過以後的事。至五四運動時，歐、

---

❷　轉引元青：《杜威與中國》，北京：人民出版社，2001，頁210。

　　美各種新思想盡量輸入中國來，於是平民主義教育思想
遂大盛。適於此時，平民主義思想的創造者杜威博士來
華講演，更予中國社會莫大的影響。**⓭**

　　由此可以得知，當中國知識分子在摸索如何推行平民教育
之際，杜威平民主義教育學說的傳入，適時提供中國實施平民
教育的指導方針，對於中國平民教育的普及，實扮演著推手及
導師的角色。

　　綜而言之，近代中國自鴉片戰爭失敗以來，遭遇前所未有
的大變局，知識分子在面臨救亡圖存的時代壓力下，逐漸摸索
出以教育救國的理念。他們歷經洋務運動、戊戌維新，以及庚
子後廢除八股、科舉的過程。以學校教育來開通民智為第一要
義，試圖以改良主義的方式，達到社會改造的目的，可惜因為
專制政體積重難返，終究歸於失敗。辛亥革命後，共和政體雖
告成立，但是軍閥與軍閥賴以維生的帝國主義，仍舊對中國進
行蠶食鯨吞的破壞，造成「人為刀俎，我為魚肉」的局面。正
當知識分子思索社會改造的途徑時，西方文化的東漸，讓他們
重新思考傳統文化的價值。五四前後的新文化運動，將西方民

⓭　任時先：《中國教育思想史》下冊，商務印書館，1937，頁358。另該
　　文亦云：「歐戰告終，德謨克拉西思想大盛，中國的五四運動因以『德
　　先生與賽先生』為骨幹，此種新文化運動實是平民主義教育思想的媒
　　介。八年五月，美國杜威博士應北京大學之請來華講演平民主義教育，
　　因而此種思想盛極一時。」頁360。

主、科學傳入中國，影響國內平民政治、平民文學、平民教育的思想。而當中國摸索平民教育之際，杜威來華演講，使平民主義教育的觀念，更爲當時中國知識分子所認識。

近代中國歷經洋務運動、維新運動、革命運動、五四運動，逐漸發展出以民爲主的教育觀念，其目的在以教育來開化民智，達到實施共和國政治的目的。陶行知、晏陽初於清末民初的變動時代中，他們的教育思想是承繼洋務運動以來教育救國的理念，尤其新文化運動的衝擊，讓他們認清舊教育與社會進化間的矛盾。他們所實施的平民教育運動、鄉村教育運動，即是知識分子教育救國的具體實踐。

第二節　平民教育與救國理念

清末之際，知識分子面對西方勢力的東漸與國家對外戰爭的潰敗，對傳統文化的認知遂產生了劇變。從魏源、馮桂芬等人所倡導的「師夷長技以制夷」，到洋務運動、戊戌變法的失敗，國家政治的腐敗與文化的落後，迫使知識分子不得不對傳統文化的價值重新思考。辛亥革命的成功帶給中國短暫新的氣象，然而帝國主義與軍閥的動亂因子，卻阻礙了新中國的發展。民國八年（1919），五四運動徹底揭露中國社會的黑暗，激起知識分子改造社會的使命，部分激進人士如李大釗、陳獨秀等人，主張以革命改造中國，胡適則主張透過「好人政府」的力

量改造社會。另一部分主張以推行平民教育來推動社會改造，此類代表即是陶行知、晏陽初等人。

一、陶行知以教育開化民智

　　陶行知歷經五四運動的洗禮，並受平民教育思潮的影響，就其畢生所推展的教育事業而言，平民教育運動是其中一環。他認為，平民教育運動，實質上是一種平民讀書運動，而其推展平民教育的範圍主要是針對十二歲以上不識字的平民。他說：「平民教育的目的，是要叫十二歲以上的人，個個讀書做好國民。假定中國有四萬萬人，十二歲以下的兒童約有一萬萬二千萬；七歲至十二歲的兒童約六千萬，算為義務教育的問題。平民教育的責任，就是叫其餘的二萬萬八千萬人，能夠領受相當的教育。」❹陶行知推展平民教育的目的，是鑒於當時國人普遍未受教育，以致缺乏公民精神與民主素養。因此，試圖藉由平民教育的推行，冀使不識字的能讀書，會讀書的常讀書，進而培養國人做人與做國民所應有的精神。

　　由平民教育運動所得的經驗，陶行知發現中國以農立國，農民居全國人口八成以上，教育運動應深入社會下層和農民生活之中。因此，他認為平民教育的方向應該到民間去。唯有如此，方能真正落實平民教育的精神。民國十五年（1926），陶

---

❹　陶行知：〈全國平民教育之現狀〉，見金成林等編：《陶行知全集》第
　　1卷，成都：四川教育出版社，1991，頁614。

行知逐漸將平民教育的重心，由城市移轉至鄉村。他由衷地號
召：「我們從事鄉村教育的同志，要把我們整個的心獻給我們
三萬萬四千萬的農民。我們要向著農民『燒心香』。我們心裡
要充滿農民的甘苦。我們要常常念著農民的痛苦，常常念著他
們所想得的幸福，我們必須有一個『農民甘苦化的心』，才配
為農民服務，才配擔負改造鄉村生活的新使命。」⓯自此，陶
行知致力於鄉村教育的推行，並創辦培養鄉村教師的曉莊學
校。而其「生活教育理論」，亦於鄉村教育時期，逐漸形成理
論架構。民國十九年（1930），陶行知因和記工人罷工事件，
拒絕交出共黨身分之學生，為國民政府通緝，並勒令停辦曉莊
學校，此乃陶行知與國民政府決裂之導火線。

　　除早期推展平民教育運動與鄉村教育運動外，陶行知亦因
時制宜，從事各項教育運動。雖然名稱各異，然實質上是延續
平民教育運動的精神，亦即藉由讀書教育以喚醒民眾公民精神
與愛國意識。而其教育對象亦由十二歲以上不識字的平民擴展
至全民，意使教育達到普及全國。其〈縱談戰時各種教育問題〉
一文，曾說：

⓯　陶行知：〈我們的信條〉，見金成林等編：《陶行知全集》第1卷，成
　　都：四川教育出版社，1991，頁87。本文係陶行知於1926年11月12日，
　　於中華教育改進社特約鄉村教師研究會上的報告。會中陶行知列舉十八
　　條信條。並指出：「倘使個個鄉村教師的心都經過了『農民甘苦化』，
　　我深信他們必定能夠叫中國個個鄉村變做天堂，變做樂園，變做中華民
　　國的健全的自治單位。」頁87－88。

　　生活教育社從事了好幾個運動：最初，針對著廣大鄉村
的落後，就掀起了鄉村教育運動。到了都市，為了矯正
教育的私有與獨占，就展開普及教育運動。直到日人步
步侵略，華北漢奸猖獗，處在國難當頭的時候，就以國
難教育配合著當時的需要。抗戰開始了，一切都要服從
抗戰，國難教育就沿進為抗戰教育。現階段的抗戰是全
面抗戰。所以現在要展開全面教育來配合全面抗戰的需
要。全面教育的主要任務，就是要把教育展開到我們的
前方和日人的後方去。對象不僅是青年、壯丁，而且包
括小孩與老太婆。……這幾個運動的形式雖然不一，而
其中心卻只有一個，就是普及教育運動，不過它是隨著
客觀現勢的發展而發展吧了……。❻

　　自生活教育社成立後，陶行知因時制宜，先後發起鄉村教
育運動、普及教育運動、國難教育運動、戰時教育運動、全面
教育運動等。抗戰勝利後，又提倡民主教育運動。雖然這些教

---

❻　陶行知：〈縱談戰時各種教育問題〉，見錢學文等編：《陶行知全集》
　　第4卷，成都：四川教育出版社，1991，頁273－274。關於陶行知於生
　　活教育社期間所推行的教育運動，另見〈曉莊研究所和生活教育社之工
　　作近況〉一文：「生活教育社已有十二年之歷史，先後發動了鄉村教育
　　運動、普及教育運動、國難教育運動、戰時教育運動。現在全面抗戰，
　　該社同人又發動全面教育運動。其實這五個運動，只是一個運動的五方
　　面。這一個運動是『教育為公』。」見《陶行知全集》第4卷，頁276－
　　277。

育運動的名稱各異，然其目的是使教育達到普及。陶行知畢生
致力於教育事業，平民教育可謂其推展教育運動的濫觴，其推
展平民教育運動的行徑，即是教育救國的表現。

二、晏陽初以教育喚醒民眾

　　就晏陽初的教育事業而言，其肇端可溯至民國七年（1918）
於法國開辦的華工識字教育。他在〈中華平民教育促進會定縣
工作大概〉一文中曾說：「平教運動的發端，是在歐戰時候，
當時各國招募華工，到歐洲工作，兄弟從美國到法國，辦理華
工教育，目睹華工不識字之痛苦。從那時，得了一些經驗，同
時聯想到國內一般不識字文盲關係國家民族前途的重大，所以
回國以後，就從事提倡識字運動。」**⓱**由此可知，晏陽初所推
行的平民教育事業，是奠基於歐戰期間，教育華工所得的經驗。
民國九年（1920），晏陽初自美返回上海，旋與中華基督教青
年會總幹事余日章商討推行平民教育運動。其後，即赴濟南、
天津、北京、南京、漢口等地考察，以為推行平民教育做準備。
民國十二年（1923）八月二十六日，中華平民教育總會成立於

⓱　晏陽初：〈中華平民教育促進會定縣工作大概〉，見宋恩榮主編：《晏
　　陽初全集》第1卷，長沙：湖南教育出版社，1989，頁245。另晏陽初於
　　〈中國的平民教育及其對世界的影響〉亦云：「關於中國的平民教育及
　　它的開端，其簡況如下：首先，它在法國的戰場上開始，之後在中國的
　　農村。先是在一個縣，之後推廣到有幾個縣的地區，最後推廣到有3000
　　萬人的整個一個省。」見宋恩榮編：《晏陽初全集》第2卷，長沙：湖
　　南教育出版社，1990，頁360。

北京,各省亦紛紛成立分會,自此,平民教育運動有了系統組織,遂有助於平民教育的推行。

平民教育運動推行之初,原偏重於城市平民的識字教育,然隨著平民教育的推行,晏陽初發現中國大部分文盲,不在都市而在鄉村,中國大多數人民是農民,要普及中國平民教育,勢必到農村去。因此,乃將重心由城市移轉至鄉村。民國十五年(1926),平教會選擇定縣為華北實驗區中心,民國十八年(1929)平教會將會址由北京遷往定縣考棚。是年,晏陽初與平教會部份同仁遷居定縣,形成一股博士下鄉的風潮,實踐知識分子「到民間去」的口號。定縣實驗期間,晏陽初逐漸形成以「四大教育」與「三大方式」以解決國人愚、窮、弱、私等四大弊病的教育理論,以期「培養國民的元氣,改進國民的生活,鞏固國家的基礎。」⑱就本質而言,平民教育運動實是一場喚醒民眾的救國的運動。

晏陽初推行平民教之際,雖然曾試圖與政治保持距離,然實驗結果,發現單靠民間力量,終究無法完成教育救國的使命。因此,決定使學術與政治合流,以借重政治的力量,輔助教育的推行,進而達到社會改造的目的。他說:

> 我們以定縣為實驗區,最初僅站在學術及私人團體的立場去研究實驗,以期改進整個的農村生活,從工作中找

---

⑱　晏陽初:〈平民教育的宗旨目的和最後的使命〉,見宋恩榮主編:《晏陽初全集》第1卷,長沙:湖南教育出版社,1989,頁117。

教育的內容。但是根據我在定縣工作數年的經驗，似乎感到有一種必要：就是由學術的立場去建設鄉村，是由下而上的工作，是基礎實驗的工作，即以學術的立場去找教育的內容，建設的方案，當然是可以的，不過如欲將研究所得的推廣出去，則非借政府的力量，政治的機構不可。❶⓿

　　為使研究所得可以付諸推廣，晏陽初認為非借重政府的力量，不足以改造農村社會，亦無法產生好的縣政、省政與中央政治。民國二十三年（1934），河北省縣政建設研究院於定縣成立，晏陽初任院長。自此，定縣鄉村建設由原先以學術指導建設，走向與政治合流的縣政改革階段。

　　綜而言之，陶行知與晏陽初皆受中西文化的影響，亦曾對傳統教育提出批判與改革的呼籲。就其教育事業而言，平民教育運動是陶、晏二家所曾經共同提倡的平民讀書運動，其目的是「掃除文盲以作新民」。其後，陶、晏二家發現，農民為中

---

❶⓿　晏陽初：〈平民教育促進會工作演進的幾個階段〉，見宋恩榮主編：《晏陽初全集》第1卷，長沙：湖南教育出版社，1989，頁390。另該文亦云：「學術是政治的材料，政治是學術的輔導，兩者相輔相成，相依為命。政治由學術為根據，學術因政治力量而推動，這樣才可以打成一片。故敝會工作最初是以推行文字教育起始，繼之以研究實驗農村建設的內容與方案，現在則更進而研究學術與政治的合流，希望產生一套改造民族生活的方案貢獻給國家。」見宋恩榮主編：《晏陽初全集》第1卷，長沙：湖南教育出版社，1989，頁391。

國人口之主體，乃將平民教育重心由城市移轉至鄉村。自此，
二者分道揚鑣，陶行知創辦曉莊學校，晏陽初於定縣進行實驗。
而其教育事業亦受到政治局勢的影響，陶行知逐漸往左靠攏，
晏陽初則走向學術與政治合流的主張。雖然陶、晏二家的政治
立場有所不同，然其「教育救國」的愛國精神則是趨於一致的。

第三節　民間素材融入教育推廣

　　平民教育運動是一場讀書識字運動，其目的是為「除文盲
以作新民」。長期以來，中國執政者忽略廣大民眾的教育問題，
以致教育成為少數人所享的特殊權利。中國教育無法普及的原
因，除與執政者的態度有關外，中國文字晦澀難懂的特色亦是
原因之一。陶、晏二家在推行其教育事業之際，亦發現漢字難
學與文言文難懂的問題。因此，以平民熟悉的民間文學融入識
字教材，以及提倡大眾語言，遂成為其推展教育事業的方式之
一。

一、白話文學運動的影響

　　清末以降，知識分子為救亡圖存，逐漸體悟「開化民智」
的重要，除建立新式學校以廣開民智外，並以白話文做為宣傳
知識與政治思想的工具。黃遵憲、葉瀾、曾廣銓、汪康年、陳
榮袞，裘廷梁、丁福保等人，即是倡導白話文學最力的知識分

子。其中，如裘廷梁在〈論白話爲維新之本〉一文，曾倡行白話之必要，其云：「有文字爲智國，無文字爲愚國。識字爲智民，不識字爲愚民。地球萬國之所同也，獨吾中國有文字而不得爲智國，民識字而不得爲智民，何哉？裘廷梁曰：『此文言之爲害矣！』」又說：「愚天下之具，莫如文言，智天下之具，莫如白話。……文言興而後實學廢，白話行而後實學興。」[20] 裘廷梁認爲，文言文是導致民智不開，國家不盛的因素，唯有實施白話文，才能達到開化民智，救國強國的目的。民國肇建以後，戴季陶亦曾提出以白話輔翼教育的主張。他說：

> 一國的發達與否，全在人民智識程度的高低。開發人民智識，有許多方法，最要緊的便是文字。文字功用在於普及，作文的人要是只求高深，不顧看文字的人明白不明白，就是作文字的大罪過。而且往往因爲求文章做得好，便把意義丟在一邊無緣無故的用許多古字，說許多古語，使看文字的人並不能得新智識、新學問、作到極點，也不過是使少數的人讚一聲文章好而已。……所以文字革命，在今日也是極要緊的大事業。……要把從前

---

[20] 裘廷梁：〈論白話爲維新之本〉，見倚劍生：《光緒二十四年中外大事彙記·論說彙卷首之三》，台北：廣文書局，1968，頁321、326。裘廷梁認爲實施白話文有八益，一曰省日力，二曰除憍氣，三曰免枉讀，四曰保聖教，五曰便幼學，六曰鍊心力，七曰少棄才，八曰便貧民。其中便貧民曰：「農書商書工藝書，用白話輯譯，鄉僻童子，各就其業，受讀一二年，終身受用不盡。」頁323-324。

文字專制、文字守舊、文字腐敗這一種大病根，一齊推
翻。一切文字通要求平易、求實在，不要只使少數人得
看書的幸福，要使凡是識字的人，都多少能夠得讀書的
幸福。……作文求古，就是古學問家也是以為不然，何
況今日標榜平民主義，卻要用古字作難文，豈不是拙之
又拙。㉑

清末民初，以白話報刊、雜誌做為開發民智的宣傳工具，
已成為時代的趨勢。另以白話文編輯小學教材，亦出現於此時
期。㉒這種改革文字，主張以白話文編輯報刊與教材的觀點，
即是為宣傳政治理念與開化民智所做的改變。

民國六年（1917），胡適應陳獨秀之請，於《新青年》發
表〈文學改良芻議〉，文中提倡白話文，反對文言文。他認為，
文學改良須從言之有物、不摹仿古人、須講求文法、不作無病
之呻吟、務去爛調套語、不用典、不講對仗、不避俗字俗語等
八事入手。㉓另其〈建設的文學革命論〉一文則進一步指陳：

㉑ 轉引呂芳上：《革命之再起—中國國民黨改組前對新思潮的回應》，台
北：中央研究院近代史研究所專刊57，頁347。

㉒ 吳研因說：「民國成立後的1915年左右，由俞子夷發起，我們在江蘇蘇
州的省立第一師範附屬小學私自用白話文自編油印教材，教初小低年級
生。」見《文史資料選輯》第40輯，北京：中國文史出版社，2000，頁
220。

㉓ 胡適：〈文學改良芻議〉，見丁守和主編：《中國近代啟蒙思潮》中卷，
北京：社會科學文獻出版社，1999，頁183。

「死文言決不能產出活文學。中國若想有活文學，必須用白話，
必須用國語，必須做國語的文學。」❷胡適在五四前夕提出白
話文學的主張，對於文學的改良與日後普及教育的發展，開闢
一條蹊徑。爲呼應胡適的主張，陳獨秀亦發表〈文學革命論〉。
他說：

> 文學革命之氣運，醞釀已非一日，其首舉義旗之急先鋒，
> 則為吾友胡適。余甘冒全國學究之敵，高張「文學革命
> 軍」大旗，以為吾友之聲援。旗上大書特書吾革命軍三
> 大主義：曰，推倒雕琢的阿諛的貴族文學，建設平易的
> 抒情的國民文學：曰，推倒陳腐的鋪張的古典文學，建
> 設新鮮的立誠的寫實文學：曰，推倒迂晦的艱澀的山林
> 文學，建設明了的通俗的社會文學。❷

　　胡適、陳獨秀於《新青年》發表提倡白話文學的言論，開
啓文學改變的新氣象，他們主張以平易通俗的白話文代替艱澀
難懂的文言文。自此，打破文言文長期獨尊的局勢，並有助普
及教育的發展。五四運動前後，中國陸續出版白話刊物，如《新
青年》自四卷一號起即以白話文出版，另如《東方雜誌》、《教
育雜誌》、《小說月報》等，亦改爲白話文。顯然民國初年，

---

❷　胡適：〈建設的文學革命論〉，見丁守和主編：《中國近代啓蒙思潮》
　　中卷，北京：社會科學文獻出版社，1999，頁200。
❷　陳獨秀：〈文學革命論〉，見丁守和主編：《中國近代啓蒙思潮》中卷，
　　北京：社會科學文獻出版社，1999，頁194。

白話文已逐漸成爲主流的文學趨勢。

二、以民間文學融入教材

　　清末民初之際，知識分子在從事救亡圖存工作，逐漸發現開化民智的迫切性，並開始思索中國文學所應變革的方向。其中以白話文做爲宣傳文字，成爲當時勢不可擋的趨勢。此外，民眾的文學亦成爲知識分子用以教育兒童與開化民智的工具。如梁啓超曾言：「必教以古今雜事，如說鼓詞，兒童所樂聞也。必教以數國語言，童子舌本未強，易於學也。必教以算，百業所必用也。多爲歌謠，易於上口也。多爲俗語，亦於索解也。必習音樂，使無厭苦，且和其血氣也。」❷❻梁啓超主張以鼓詞、歌謠、俗語等民間文學來教育兒童，以培養兒童學習興趣。另建議爲兒童編好識字書、文法書、歌訣書、問答書、說部書、門徑書、名物書等蒙學讀物。此外，爲宣傳革命理念，革命黨

---

❷❻　梁啓超：〈變法通議·論幼學〉，見《飲冰室文集》第1卷，台北：中華書局，1960，頁45。另關於歌訣書，梁啓超主張今宜按經學、史學、子學、天文、地理、物理等各門，編輯蒙學讀物，「若其詳備，以俟編時，又別爲勸學歌，讚揚孔教歌，愛國歌，變法自全歌，戒鴉片歌，戒纏足歌等，令學子自幼諷誦，明其所以然，則人心自新，人才自起，國爲有不強者也。」另關於說部書主張「宜專用俚語，廣著群書，上之可以藉闡聖教，下之可以雜述史事，近之可以激發國恥，遠之可以旁其情彝，乃至宦途醜態，試場惡趣，鴉片頑癖，纏足虐刑，皆可窮極異形，振厲末俗，其爲補益，豈有量耶。」可見梁啓超主張以俗語、歌謠等民間文學形式以改良風俗。

人亦借重民間文藝形式以鼓吹革命工作。如陳天華所著之《猛回頭》，即以彈詞說唱形式宣傳革命思想。

> 拿鼓板，坐長街，高聲大唱；尊一聲，眾同胞，細聽端詳：我中華，原是個，有名大國；不比那，彈丸地，僻處偏方。論方里，四千萬，五洲無比；論人口，四萬萬，世界誰當？論物產，真是個，取之不盡；論才智，也不讓，東西兩洋。看起來，那一件，比人不上；照常理，就應該，獨稱霸王。為什麼，到今日，奄奄將絕；割了地，賠了款，就要滅亡？這原因，真真是，一言難盡；待咱們，細細數，共做商量。㉗

　　清末民初，民間文學因其通俗淺白，或為革命之宣傳讀物，或為開化民智、教育童蒙之教材。可見民間文學具有啟迪民智之教育意義。

㉗　陳天華：《猛回頭》，見羅炳良編：《猛回頭・警世鐘》，北京：華夏出版社，2002，頁15。《猛回頭》係陳天華以彈詞說唱形式宣傳愛國思想的一篇通俗讀物，其序曰：「俺也曾，灑了幾點國民淚；俺也曾，受了幾日文明氣；俺也曾，撥了一段殺人機；代同胞願把頭顱碎。俺本是如來座下現身說法的金光遊戲，為甚麼有這兒女妻奴迷？俺真三昧，到於今始悟通靈地。走遍天涯，哭遍天涯，願尋著一個同聲氣。拿鼓板兒，弦索兒，在亞洲大陸清涼山下，唱幾曲文明戲。」另《猛回頭》正文云：「俺漢人，自應該，想個計策；為什麼，到死地，不慌不忙？痛只痛，甲午年，打下敗陣；痛只痛，庚子年，慘遭殺傷。痛只痛，割去地，萬古不返；痛只痛，所賠款，永世難償。」見羅炳良編：《猛回頭・警世鐘》，頁3、21。

民國初年，隨著通俗教育受到重視，民間文學亦逐漸受到注意。民國四年（1915）教育部成立「通俗教育研究會」，其章程確立研究事項爲小說、戲曲、演講三股。「小說股負責關於新舊小說調查、編輯改良、審核、小說書籍的撰譯四大事項；戲曲股掌管關於新舊戲的調查及排演改良，市售詞曲唱本的調查及搜集，戲曲及評書等的審核，研究戲曲書籍的撰譯，活動影片、幻燈影片、留聲機片的調查五大事項；演講股負責關於演講材料的蒐集審核，講稿之選擇及編輯，書畫報、白話報、俚俗圖畫等的調查及改良三大事項。」❷可見清末以來，民間文學成爲知識分子或革命黨人的宣傳工具，民國成立後，更成爲通俗教育援用的教材來源。

陶行知與晏陽初在從事其教育事業之際，亦以民間文學輔助教育的推行。如陶行知編輯的《平民千字課》與《老少通千字課》，內容雜揉了人物傳說、諺語、笑話、歌謠、謎語等民間文學素材。另晏陽初亦曾編寫《平民千字課》，可惜其版本蒐羅匪易，無法窺其梗概。然目前南京第二歷史檔案館尚存平教會所蒐集的鼓詞抄本、瞎子戲曲譜，以及編輯的《平民讀物》、《農民千字課》、《鄉村小學國語課本》等，則可看出晏陽初與平教會同仁確曾以民間文學素材編輯教材的例子。至於其形式，則留待三、五章逐一論述。

---

❷　見王珂：〈論新文化運動間與平民文學的源流〉，《陰山學刊》第16卷第1期，2003，頁12。

第二章 民初教育家陶行知

在中國近代教育史上，平民教育運動的興起，與西方民主思潮的傳入與知識分子的覺醒，關係極為密切。陶行知是引領中國走向平民教育運動的先行者之一，他曾受中國傳統教育的啓蒙與西方新式教育的洗禮，並從杜威、孟祿、斯特雷爾等研究教育。學成歸國後，他致力於中國教育問題的改革，並於教育實驗中，自成一套教育理論。他反對沿襲陳法，儀型他國的教育制度，主張於取法西方新教育制度之際，應參酌中國舊有之制度。「生活即教育」、「社會即學校」、「教學做合一」等三原理，即是陶行知針對當時中國教育現況，所提出的教育理論。

陶行知畢生以掃除文盲與喚醒民族自覺為職志，先後提倡平民教育、鄉村教育、普及教育、國難教育、戰時教育以及民主教育等運動；並創辦曉莊師範、育才學校、社會大學等學校，以及提出「平民讀書處」、「小先生制」、「藝友制」等創見之普及教育方法。雖然其教育試驗最後未能在中國全面地成功，但是充分展現出他愛國家、愛民族的精神，而其學說也深深影響中國近代教育的發展。

第一節　矢志以教育爲畢生職志

一、出身微寒矢志向學

陶行知（1891－1946），本名文濬，小名和尚，早年因研究王陽明之學，信仰「知行合一」的道理，取名知行，其後提出「行是知之始；知是行之成」理論，改名行知。安徽省歙縣西鄉黃潭源村人，生於清光緒十七年（1891），十月十八日，（陰曆九月十六日）。父陶位朝，號槐卿，字笑山，秀才出身，深諳古文，曾執教南京匯文女校，及休寧縣萬安鎮冊書，掌管田賦契約。母曹翠仂，勤儉刻苦，於教會學校幫傭，原育有二男二女，然僅陶行知與其妹陶文渼得以成人。❶

童蒙時期，陶行知受父親及方庶咸啓蒙，繼而於萬安童蒙館吳爾寬家中伴讀，其後又從前清貢生王藻習讀《四書》、《五經》。光緒三十二年（1906），受業於傳教士唐進賢（Mr.Gibbs），入崇一學堂就讀。越明年，考入杭州廣濟醫學堂，然以「……

---

❶ 陶城：〈眞善美的愛－陶行知一家〉云：「慈祖父陶位朝，號槐卿，字笑山，於1867年生於安徽省歙縣，1915年病沒於江蘇省南京市。爲人誠篤，他的古文（文言文）根底較深，曾在南京匯文女校任教。光緒二十六年（1900）祖父曾任休寧縣萬安鎮冊書，掌管田賦契約。1902年解職歸田，回歙縣黃潭源村家中務農，在家種瓜種菜，砍柴賣柴，與祖母曹翠仂女士靠勞動謀生，生活清苦，但仍樂於學。」見周洪宇等編：《陶行知與中外文化教育》，北京：人民教育出版社，1999，頁225—228。

醫學堂嚴重歧視非基督徒，甚至事關學科亦然。」入學僅三日，
即忿然退學。失望之餘，逕返徽州專習英文一年。❷翌年，考
取匯文書院。其後，因匯文書院與宏育書院合併組成金陵大學，
陶行知乃進入金陵大學文科就讀。❸其間，曾主張於學報《金
陵光》中增設中文版，以推廣學報規模、保存國粹、灌輸學術
之目的；並曾任《金陵光》中文版編輯、主筆，時而發表文章，
論議時弊。民國二年（1913），與汪純宜結婚，遷居南京。翌
年六月，以第一名之姿，自金陵大學文科畢業，其畢業論文〈共
和精義〉，曾就共和國與教育之關係進行論述，展現其教育救
國之思想。其論述道：

　　人民貧，非教育莫與富之；人民愚，非教育莫與智之；

---

❷　陶行知：〈我的學歷及終身志願—致 J．E．羅素〉云：「余之早期漢學
　　教育受業於家父及其他師長，至十四歲始入一中華耶穌內地會學堂，受
　　教於唐進賢師（Mr．Gibbs），彼當時為僅有之西學教員也。兩年後，
　　該學堂因唐進賢師返回英國而停辦，余乃不得不冒險前往杭州意欲習
　　醫。旋以醫學堂嚴重歧視非基督教徒，甚至事關學科問題亦然，余乃撤
　　回註冊，而入學僅三日耳。」見顧亞等編：《陶行知全集》第6卷，成
　　都：四川教育出版社，1991，頁613。
❸　「金陵大學前身為美國基督教會在南京辦的三所書院，1890年在華傳教
　　士成立中華教育會，強調加強合作。1906年長老會的益智書院和基督會
　　的基督書院的高年級聯合組成宏育書院。1910年美以美會的匯文書院與
　　宏育書院正式組成金陵大學，1911年獲紐約州的特許證。陶行知1909年
　　入匯文書院。1910至1914年在金陵大學文科學習。」參見陶行知：〈金
　　陵光出版之宣言〉文後註釋，見金成林等編：《陶行知全集》第1卷，
　　成都：四川教育出版社，1991，頁164。

> 黨見，非教育不除；精忠，非教育不出。教育良，則偽
> 領袖不期消而消，真領袖不期出而出。而多數之橫暴，
> 亦消於無形。況自由平等，恃民胞而立，恃正名而明。
> 同心同德，必養成於教育；真義微言，必昌大於教育。
> ❹

　　陶行知於〈共和精義〉一文中，分析教育與共和國之關係，並倡言教育是救貧治愚、培養真領袖及消除橫暴的最佳途徑，可見以教育改造社會的理念，已萌燃於其心。

　　民國三年（1914）八月，陶行知蒙雙親及友人資助，赴美留學，先入伊利諾大學學習市政，獲政治學碩士。然陶行知以研究教育為留美最終目的，翌年，轉入哥倫比亞大學師範學院，從杜威、孟祿、斯特雷爾研究教育。他在〈致J.E.羅素〉信中，說明自己以教育管理為終身事業，並透露出以教育改造中國社會之宏願。他說：

> 三年前，余選就哥倫比亞大學為余在美之最終目標，然
> 因資力不濟而未能即時來校就讀。余今生之唯一目的在
> 於經由教育而非經由軍事革命創造一民主國家。鑒於我
> 中華民國突然誕生所帶來之種種嚴重缺陷，余乃深信，
> 如無真正之公眾教育，真正之民國即不能存在。余矢志

---

❹　陶行知：〈共和精義〉，見金成林等編：《陶行知全集》第1卷，成都：
　　四川教育出版社，1991，頁221。

以教育管理為終身事業，⋯⋯為我國人民組織一高效率
之公眾教育體系，以使他們能步美國人之後塵，發展和
保持一真正之民主國家，因此乃唯一能夠實現的正義與
自由的理想之國。❺

　　陶行知認為，中華民國肇建初期，正值新舊思想衝突之時，
深知欲實現真正民主，必須賴以真正之公眾教育。可見留學時
期，陶行知已立志以教育做為改造中國社會的途徑，這也正是
其日後提倡平民教育、鄉村教育、普及教育的前因。

　　民國六年（1917），陶行知獲哥倫比亞大學「都市學務總
監資格」文憑。是年，滿懷以教育改造中國社會之宏願返國。

二、心懷社稷奉獻杏壇

　　陶行知學成歸國，歷任南京高等師範學校教授、教務主任，
先後於南京高等師範學校校務會議提出以「教學法」取代「教
授法」、規定女子旁聽辦法案等改革傳統教育方法的主張。民

---

❺　陶行知：〈我的學歷及終身志願─致 J．E．羅素〉，見顧亞等編：《陶
　　行知全集》第6卷，成都：四川教育出版社，1991，頁614。另該文又云：
　　「自1915年1月家父逝世以還，家庭全部負擔即加於我身，余之經濟狀
　　況乃陷於極大困境。所幸者，在余決定來師範學院之前不多時，蒙我國
　　政府授予『部分獎學金』，連同其他種種援助，至少已予我以作一起步
　　之足夠勇氣，然而，紐約生活費用之高，竟超出余所預料。留紐約半載，
　　已覺余之準備不足以供順利完成學業之用，因之，蒙孟祿博士介紹，余
　　乃著手申請利文斯通獎學金，並已蒙慷慨授予。」頁614。

國八年（1919）爆發五四愛國運動，陶行知響應學生抗議遊行，並受推舉爲南京學界聯合會會長。民國十一年（1922），任中華教育改進社主任幹事。民國十二年（1923）八月，與朱其慧、晏陽初等組織成立中華平民教育促進會，投身全國平民教育運動。其間，與朱經農合編《平民千字課》，作爲平民識字課本；並設立平民學校、平民讀書處、平民問書處等組織，以提供平民識字之處。此外，與錢玄同、陳鶴琴、趙元任等人發起成立平民文學委員會，編輯《平民叢書》，《平民周刊》等刊物，以提供平民閱讀。是年十月，陶行知與安徽同鄉會、同學會籌設私立安徽公學，招收安徽失學青年，並任校長。

平民教育運動的推行，使陶行知逐漸體會到廣大的鄉村文盲，才是中國教育的問題癥結。他認爲，中國每一百人當中，有八十五人住在鄉下，所以平民教育應當到鄉下去運動。因此，他逐漸將教育重心移轉至鄉村教育之途。民國十五年（1926），陶行知提出〈師範教育下鄉運動〉，他說：

> 中國的師範學校多半設在城裡，對於農村兒童的需要苦於不能適應。城居的師範生平日嬌養慣了，自然是不願到鄉間去的。就是鄉下招來的師範生，經過幾年的城市化，也不願回鄉服務了。所以師範學校雖多，鄉村學校的教員依然缺乏。做教員的大有城裡沒人請才到鄉下去之勢。這種教員安能久於其職，又安能勝鄉村領袖之重

任呢？❻

　　陶行知認為，中國的師範學校多設於城內，造成鄉村師資嚴重缺乏，即使鄉下招來的師範學生，因受城市化的影響，亦不肯回鄉服務。因此，須於鄉村培養師範學生，方能解決師資問題。

　　鑑於中國鄉村教育走錯了路，陶行知提出應建設適合鄉村實際生活的活教育。亦即「從鄉村實際生活產生活的中心學校；從活的中心學校產生活的鄉村師範；從活的鄉村師範產生活的鄉村教師。」❼民國十六年（1927）三月，陶行知創辦曉莊試驗鄉村師範學校。明訂「教學做合一」為學校校訓，以期培養具有鄉村領袖能力之教師。十一月，創辦中國第一個鄉村幼稚園。翌年，協助成立湘湖師範學校，民國十八年（1929），創辦新安小學。民國十九年（1930）爆發和記工人罷工事件，因拒絕交出具有共黨身分之學生，國民政府以「為曉莊師範學校校長陶行知勾結叛逆，陰謀不軌，查有密布黨羽，冀圖暴動情事……。」❽勒令停辦曉莊師範，並通緝陶行知。

---

❻　陶行知：〈師範教育下鄉運動〉，見蒲家駒等編：《陶行知全集》第2卷，成都：四川教育出版社，1991，頁295。

❼　陶行知：〈全國平民教育之現狀〉，見金成林等編：《陶行知全集》第1卷，成都：四川教育出版社，1991，頁100。

❽　此令為民國十九年四月十二日，由國民政府所下之通緝令，全文為「為曉莊師範學校校長陶行知勾結叛逆，陰謀不軌，查有密布黨羽，冀圖暴動情事，仰京內外各軍警、各機關，一律嚴緝，務獲究辦。此令。」見

三、壯志未酬精神長存

　　曉莊被封之後，陶行知被迫避難日本。民國二十年（1930）春，潛返上海，任《申報》總管理處顧問，並在史量才的資助下，展開「科學下嫁運動」，包括創立「自然學園」、創辦科學廣播學校、編輯《兒童科學叢書》、《兒童科學活頁指導叢書》等；並以筆名「不除庭草齋夫」，於《申報》自由談專欄中，評論時事。翌年，指導成立兒童自動學校、創辦山海工學團、晨庚工學團。民國二十四年（1935），創辦空中學校，透過廣播以推廣普及教育。翌年，爲「謀推進大眾文化，實施國難教育，以啓發中國大眾爭取中華民族之自由平等，保衛中華民國領土與主權之完整爲宗旨。」❾於上海成立國難教育社，展開國難教育運動，同年，受救國會之請，任「國民外交使節」，出國宣傳抗日救國之主張。民國二十七年（1938），結束歐、美、亞、非二十八國之行，返回香港，並創辦中華業餘補習學校。民國二十八年（1939），於四川重慶古聖寺爲難童創辦育才學校。民國三十五年（1946），創辦社會大學於重慶，是年七月二十五日，因突發腦溢血病逝於上海，終年五十五歲。

　　蒲家駒等編：《陶行知全集》第2卷，成都：四川教育出版社，1991，頁573。

❾　陶行知：〈國難教育社簡章〉，見金成林等編：《陶行知全集》第3卷，成都：四川教育出版社，1991，頁803－805。

第二節　掃除文盲以維繫國家命脈

　　民主共和國成立，揭開中國歷史的民主序幕，然中國民智未開，民主思想尚未普及，復以帝國主義之侵擾，中原內戰之消耗，促使中國無法擺脫貧弱。陶行知處於動盪的時代，深信教育是立國的根本，「中國要想得到國際上之平等地位，非辦教育不可。」❿陶行知一生奉獻於教育工作，期以教育改造社會。先後提倡平民教育、鄉村教育、普及教育、國難教育、戰時教育以及民主教育等運動。他說：「這十幾年來，我有時提倡平民教育，有時提倡鄉村教育，有時提倡勞苦大眾的教育，不知道的人以為我見異思遷，歡喜翻新花樣；其實我心中只有一個中心問題，這問題便是如何使教育普及，如何使沒有機會受教育的人可以得到他們所需要的教育。」⓫每一階段雖然為

---

❿　陶行知：〈年會感言〉一文云：「自上海慘殺案發生，中國教育之優點、弱點都一起發現。舉其要者，約有二端：（一）中國教育無論怎樣腐敗，確能培養愛國的覺悟。這種覺悟容或不是教員給他們的，容或是學生自己學來的。但自己學來的是更為有價值的教育。這一點能增加我們對於教育之信仰。中國要想得到國際上之平等地位，非辦教育不可。（二）中國教育雖能培養愛國的覺悟，尚未能使此可寶貴之覺悟作最有效力的實現。如何使學生以冷腦宣傳熱情，作計畫透達目標，運技能執行思想，是我們今後應當努力進行的一個方向。」見蒲家駒等編：《陶行知全集》第2卷，成都：四川教育出版社，1991，頁244。

⓫　陶行知：〈普及教育運動小史〉，見金成林等編：《陶行知全集》第3卷，成都：四川教育出版社，1991，頁117。

期不長,然在中國近代教育史上,有其歷史貢獻及意義。

一、平民讀書運動

　　陶行知是近代提倡教育救國的知識分子,亦是推動平民教育運動的教育家之一。民國六年(西元1917)學成歸國,時任南京高等師範學院教育科教授,旋即參與教育工作的行列。然當時民智普遍未開,國家基礎尚未穩固,學校固然是教育之處,卻始終未能普及。因此,以最短的時間,最少的金錢教人民讀書,是符合當時社會需求的教育方式之一。五四前後,在社會瀰漫愛國思潮與平民主義的空氣下,影響陶行知推動平民教育的思想。他曾說:「中國現在所推行的平民教育,是一個平民讀書運動。我們要用最短的時間,最少的銀錢,去教一般人民讀好書,做好人。我們深信讀書的能力是各種教育的基礎。會讀書的人對於人類和國家應盡之責任,應享之權利,可以多明白些。」⓬ 又說:「一個共和國的基礎穩固不穩固,全看國民有知識沒有。國民如果受過相當的教育,能夠和衷共濟,努力為國家負責,國基一定穩固。如果國民全未受過教育,空空掛

⓬　陶行知:〈平民教育概論〉,見金成林等編:《陶行知全集》第1卷,成都:四川教育出版社,1991,頁670。另該文亦云:「一般無知識的人對於子女的教育漠不關心,若是自己會讀書,就明白讀書的重要,再也不肯讓自己的兒女失學。所以今日之平民教育,就是將來普及教育的先聲。」頁670。

了一塊民國的招牌，是不中用的。」❸在陶行知的認知中，平民教育是當時中國迫切的需要，既是培養國人行使權利與義務的教育，也是穩固國家基礎的良方。

　　陶行知提倡平民教育，可溯及到「還在南高師舉辦暑期學校時，他就曾組織學生到附近平民區推行平民識字活動，這也是他從事平民教育的第一步。」❹民國八年至十一年間（1919－1922），杜威與孟祿先後來華宣傳平民教育與學制改革運動，陶行知因負責翻譯與參與教育調查工作，對於中國教育問題，感觸甚深。❺與之同時，晏陽初亦著手於國內平民教育之局部試驗。民國十二年（1923）六月，陶行知與朱其慧、晏陽初、朱經農等，於上海發起中華平民教育促進會籌備會，八月，藉

---

❸　陶行知：〈平民教育概論〉，見金成林等編：《陶行知全集》第1卷，成都：四川教育出版社，1991，頁693。

❹　徐明聰：《陶行知評傳》，合肥：安徽教育出版社，2001，頁25。

❺　陶行知於〈在實際教育調查社為孟祿舉行的餞別會上的講話〉曾說：「余今晚在此講話有兩種感想：第一，蒙大家之推重，得以偕同孟祿博士調查各處學校，增加許多經驗，這是應當感謝諸君的。第二，此次隨博士同行，關於種種實際困難問題，得以隨時質疑問難，得益不淺，這是應當感謝孟祿先生的。此次博士來華，以科學的目光調查教育，以謀教育之改進，實為我國教育開一新紀元。我們當這新紀元開始的時候，要參與教育革新的運動，須具兩種精神：一是開闢的精神，二是試驗的精神。有開闢的精神，然後願到那人不肯到的地方去服務，然後我們足跡所到之處，就是教育所到之處。有試驗的精神，然後對於教育問題才有徹底的解決；對於教育原理才有充量的發現。」見金成林等編：《陶行知全集》第1卷，成都：四川教育出版社，1991，頁400。

中華教育改進社在清華學校召開第二屆年會時，成立中華平民教育促進會（簡稱平教會），並任書記，積極展開全國之平民教育運動。計畫「十年或五年以內，能使那十二歲以上、二十五歲以下一萬萬不識字的人，受一千字所代表之共和國民的基礎教育。」同時，就城市與鄉間的分配，「第一年定百分之九十在城市，百分之十在鄉間。二年定百分之十八在鄉下，百分之八十二在城市。二年定百分之五十在城市，百分之五十在鄉間。四年定百分之三十在城市，百分之七十在城市。五年定百分之百在鄉間。」⓰預計五年的時間，逐步將重心落實在鄉村平民教育的推行。

　　陶行知在推行平民教育之時，曾與朱經農合編《平民千字課》，作爲平民識字課本；同時，爲符合社會情形與人民生活習慣，他主張採平民讀書處以輔助平民學校之不足。他說：

　　　平民學校的上課時間是一定的。若定在下午七時至八
　　　時，看門的，照應小孩的，吃飯的，洗碗的，做夜工的，
　　　做生意的，都不能上學。故平民學校之效力，還是不能
　　　普及。我因爲平民學校效力不能普遍，就想了一個「平
　　　民讀書處」的辦法。平民讀書處，就辦在自家內，或店
　　　內，或機關內。故隨時可以學，不必像平民學校，費來
　　　往的時候了。若在平民學校，遇風霜雨雪的時候，就不

───────────────

⓰　上引二文係摘自陶行知：〈平民教育運動與國運〉，見金成林等編：《陶
　　行知全集》第1卷，成都：四川教育出版社，1991，頁595-596。

能到學校去；若在平民讀書處，不怕這些事了。**⓱**

　　平民讀書處的成立，解決平民不能上學的問題，也將平民識字教育的觸角深入平民家中。而社會上不能按時上學，家中無人指導，如車夫之流的平民，陶行知則主張採用王伯秋發明的「平民問字處」，以補平民學校與平民讀書處之不足。其主張採用的三種教育組織，有如為平民灑下點、線、面的識字機會，對於平民的啓蒙教育，有其輔助之效。

　　民國八年至民國十五年間（1919－1926），陶行知曾赴南京、安慶、南昌、上海、杭州、武漢、北京、蒙古等地推展平民教育，凡軍隊、警察、商人、教員、學生、和尚、犯人等，都是其推動識字教育的目標。這一時期，陶行知先後發表了〈長江流域平民教育之性質組織及方法〉、〈全國平民教育之現狀〉、〈平民教育與國運〉等文章，對於中國平民識字教育的推展，提出具體的指導方針。

二、曉莊師範學校

　　二十年代中期以後，繼平民教育而興的鄉村教育，是知識分子響應到民間去的下鄉運動。在推展平民教育的過程中，陶行知發現，「中國向來所辦的教育，完全走錯了路：他教人離開鄉下向城裡跑，他教人吃飯不種稻，穿衣不種棉，蓋房子不

⓱　陶行知：〈平民讀書處之經驗〉，見金成林等編：《陶行知全集》第1卷，成都：四川教育出版社，1991，頁600。

造林。他教人羨慕繁華，看不起務農。……他教農夫的子弟變成書呆子。」⑱他認為，中國以農立國，農民佔全國人口十之八九，教育應走向鄉村，才能進一步實現社會改造的希望；也只有教育向農民普及，為改造農村服務，中國才有光明前途和希望。⑲因此，他決心籌備一百萬元資金，徵集一百萬位同志，創設一百萬所學校，改造一百萬個鄉村。他曾說：「鄉村教育關係三萬萬六千萬人民之幸福！辦得好能叫農夫上天堂，辦得不好能叫農夫下地獄。」⑳鄉村教育攸關中國社會改造的命運，他認為，欲改造中國社會，必先改造鄉村教育；欲改造鄉村教育，則先從鄉村師範著手。陶行知的鄉村教育思想，就在改造中國社會的願景下，催生了曉莊師範學校。

---

⑱　陶行知：〈中國鄉村教育之根本改造〉，見蒲家駒等編：《陶行知全集》第2卷，成都：四川教育出版社，1991，頁335。

⑲　陶行知：〈平民教育概論〉云：「中國以農立國，十有八九住在鄉下。平民教育是到民間去的運動，就是到鄉下去的運動。」見金成林等編：《陶行知全集》第1卷，成都：四川教育出版社，1991，頁676。

⑳　陶行知於〈中國鄉村教育之根本改造〉一文云：「我們的新使命是要徵集一百萬個同志，創設一百萬個學校，改造一百萬個鄉村。我們以極誠懇的意思，歡迎全國同胞一齊出來，加入這著活動，贊助他發展，督促他進行，一心一德的來為中國一百萬個鄉村創造一個新生命，叫中國一個個的鄉村，都有充分的新生命，合起來造成中華民國的偉大的新生命！」，見蒲家駒等編：《陶行知全集》第2卷，成都：四川教育出版社，1991，頁340。另該文亦云：「鄉村學校是今日中國改造鄉村生活之唯一可能的中心！他對於改造鄉村生活的力量大小，要看他對於別方面勢力聯絡的範圍多少而定。鄉村教育關係三萬萬六千萬人民之幸福！辦得好能叫農夫上天堂，辦得不好能叫農夫下地獄。」頁337。

民國十五年（1926）三月，陶行知為實現「改造鄉村生活」之理想，聘請東南大學趙叔愚教授，金陵大學邵仲香教授，著手調查滬寧路沿線的鄉村學校概況，以為籌辦鄉村師範學校之參考。翌年一月，中華教育改進社於南京安徽公學召開試驗鄉村師範學校籌備會議。「會議決定曉莊學校暫設小學師範院，由趙叔愚任院長，幼稚師範院由陳鶴琴任院長，陶行知任校長……並確定鄉村師範定於一九二七年三月十五日開學。」❷❶其校址設於南京和平門外燕子磯附近的曉莊，並首次招生十三名。曉莊師範學校是陶行知基於愛民族之心而設立的，也是其試驗鄉村教育的開始。他在〈曉莊三歲敬告同志書〉提到：

> 曉莊是從愛裡產生出來的。沒有愛便沒有曉莊。因為他愛人類，所以他愛人類中最多數而最不幸之中華民族；因為他愛中華民族，所以他愛中華民族中最多數而最不幸之農人。他愛農人只是從農人出發，從最多數最不幸的出發，他的目光，沒有一刻不注意到中華民族和人類的全體。在吉祥學園裡寫兩句話：「捧著一顆心來；不帶半根草去。」曉莊是從這樣的愛心裡出來的。❷❷

民國十五年至民國十九年間（1926－1930），陶行知致力

---

❷❶　徐明聰：《陶行知評傳》，合肥：安徽教育出版社，2001，頁37。

❷❷　陶行知：〈曉莊三歲敬告同志書〉，見蒲家駒等編：《陶行知全集》第2卷，成都：四川教育出版社，1991，頁556。

於曉莊鄉村師範之試驗，希望藉由師資的養成，培養一群爲農村服務的教師。他說：「好的鄉村教師，第一有農夫的身手，第二有科學的頭腦，第三有改造社會的精神。他足跡所到的地方，一年能使學校氣象生動，二年能使社會信仰教育，三年能使科學農業著效，四年能使村自治告成，五年能使活的教育普及，十年能使荒山成林，廢人生利。這種教師就是改造鄉村生活的靈魂。」㉓鄉村教育期間，陶行知逐漸提出生活即教育、社會即學校、教學做合一等生活教育理論。民國十九年（1930），當陶行知推展鄉村教育改造之際，因政治立場與國民政府不同，曉莊師範被迫關閉，陶行知被迫離華赴日。

三、普及教育運動

陶行知畢生投入教育事業，雖然時而提倡平民教育，時而提倡鄉村教育，時而又提倡大眾教育，然其最終目的，即是希望中國教育的普及。普及教育運動是陶行知爲大眾謀取受教育機會的運動，也是生活教育運動的一環，他認爲，傳統教育是小眾的教育，千年來的教育成了少爺、小姐、政客、書呆子的專有品。結果造就出一群把知識佔爲私有、把知識當做商品賣的「守知奴」，而中國的愚人，就是守知奴一手造成的，所以要叫中國人聰明起來，必定要收伏守知奴不可。他認爲，要收

㉓　陶行知：〈試驗鄉村師範學校答客問〉，見金成林等編：《陶行知全集》第1卷，成都：四川教育出版社，1991，頁104。

伏守知奴的方法有四：「（一）大家要自取知識，一取得便立
刻教人，不再借重守知奴；（二）凡有知識的人都要教人，不
做守知奴；（三）學生要學教人，不再做守知奴；（四）教師
要教學生教人，不再做守知奴的媽媽。」❷簡言之，即是採即
知即傳與教學做合一的的方式，來推行普及教育。

　　面對中國當時的社會背景，陶行知認為，中國社會處處鬧
窮，僅能以窮辦法去辦窮教育。由此，他創辦了「工以養生，
學以明生，團以保生」的自動工學團。他說：「我們所要普及
的是：自動工學團。什麼叫做自動？自動是大眾自己幹，小孩
子自己幹。自動教育是教大眾自己幹，教小孩自己幹，不是替

---

❷　陶行知於〈從守財奴到守知奴〉一文，把「守知奴」比做「大頭鬼」，
　　他說：「這種大頭鬼，我給他取了一個新名字，叫做守知奴。守知奴的
　　名詞雖然出爐不久，但是守知奴這種怪物是從人類發現知識的第一天就
　　出世了。他把知識佔為私有。他把知識當做傳家寶。他把知識當做古董
　　藏著。他把知識當做商品賣。他把知識變成神秘的符而自做教主。他把
　　知識變成愚民的工具而自做國王或軍師。於是你要想得到知識，必得做
　　他的兒子（女兒還不行），做他的信徒，做他的學生，做他的主顧，做
　　他的王！做兒子不能由您做主。做王便要問您有沒有這本領、做信徒、
　　學生、主顧都得拿錢來！沒有錢休想得知識！現在的留學生，是大眾化
　　（花）錢給他出風頭的。當他風頭出得起勁的時候，勸他每天化（花）
　　幾分鐘教幾個不能上學的大眾的苦孩子，他會回您一個『沒有功夫』！
　　真的沒有工夫嗎？給他三百塊錢薪水，就會有工夫了。」陶行知將知識
　　無法普及的原因之一，歸咎於傳統知識階層將知識佔為私有，並做為賺
　　錢的工具，因此他提出收伏守知奴的方法。見金成林等編：《陶行知全
　　集》第3卷，成都：四川教育出版社，1991，頁124－125。

代大眾、小孩幹!」❷⁵目的是「要一個個小工廠、一個個小學校、一個個小社會,都能包含著生產和長進的意義,包含著平等、互助、自衛、衛人的意義,務必要使工廠、學校、社會打成一片,產生一個富有生活能力的新細胞。」❷⁶

　　在推行普及教育的過程中,陶行知指出,適當的組織與有效的方法,是普及教育運動成功的要素。在貧窮中國,僅有少數地方能辦到普設保學的地步,而當時所提倡之時間二部制或半日二部制也還跳不出學校範疇。因此,要達到普及教育必須運用小先生及傳遞先生的功能。他說:「即使學校普遍設立,若所造就的人才不肯即知即傳,大家據知識為私有品,那麼教育普及之日亦即守知奴繁殖之時。」❷⁷「小孩子最好的先生是前進的小孩。大眾最好的先生是前進的大眾。知識分子的使命在幫助前進的孩子和前進的大眾取得現代化知識以同化他們的

---

❷⁵　陶行知:〈普及什麼教育〉,見金成林等編:《陶行知全集》第3卷,成都:四川教育出版社,1991,頁126。

❷⁶　陶行知:〈普及平民教育〉,見金成林等編:《陶行知全集》第3卷,成都:四川教育出版社,1991,頁617。

❷⁷　陶行知:〈組織與方法──普及教育問題之一〉,見金成林等編:《陶行知全集》第3卷,成都:四川教育出版社,1991,頁366。另該文云:「以保學而論,每保設一學校,那是誰都贊成,但要普設保學已不是易事,若排斥『即知即傳』,單憑保學來普及全保人民之教育更是困難了!……一個保學教師唱獨角戲,最多教他四五十個小學生就要算他能幹。但是一保的人口是有五百人啊!若說輪流抽教,那麼『東圍草除西圍長』,這種一暴十寒之文化工作究有多大用處?」頁336。

伙伴。」❷所謂的傳遞先生，指的是成年人運用即知即傳的方式傳遞知識；「至於用小先生之辦法如何？即利用小學校的學生去教人，小學生即小先生。例如一小學內有三十個學生，在授課時間以外，每日騰出十分鐘或二十分鐘，教以將白日所學晚上教人辦法，晚上他就可以去教人。假定每人教兩人，則原來只能教育三十學生之學校，變成能教九十人之學校。若全國有一千萬小學生，則可有三千萬人同時識字，力量增加三倍。」❷

此外，他認為每縣或數縣須設立一所培養工學團指導員的工師養成所。藉由工師與藝友的教學做合一，以細胞分裂法的方式，「十位指導員便能指導二百位藝友，陪著四百位小藝友，四千位小先生，四千位土先生，去創辦一百個工學團，普及一千六百方里五萬人的生活教育。再運用細胞分裂的方法，全縣的生活教育，少則二三年，多則五六年便可以普及了。以此類推，一省，全國的生活教育，少則三四年，多則六七年也就普及了。」❸無論小先生或傳遞先生，皆須輔以即知即傳的方式傳遞知識，以造就知識為公之人才。這種教育方式，即陶行知

---

❷　陶行知：〈普及現代生活教育之路〉，見金成林等編：《陶行知全集》第3卷，成都：四川教育出版社，1991年，頁250。

❷　陶行知：〈談普及教育〉，見金成林等編：《陶行知全集》第3卷，成都：四川教育出版社，1991，頁599。

❸　陶行知：〈怎樣培養普及教育的人才〉，見金成林等編：《陶行知全集》第3卷，成都：四川教育出版社，1991，頁140。

所說的「細胞分裂法」。

　　民國二十年至民國二十四年間（1931-1935），陶行知致力於普及教育運動的推行，除繼續提倡科學下嫁，將科普觀念介紹給民眾外，並編寫《老少通千字課》以輔助普及教育的推行，他認為，在中國推展普及教育，必須以窮方法辦窮教育，小先生、傳遞先生、藝友制、工學團、即知即傳、細胞分裂法等，都是適合中國需要且能趕走守知奴的方法。普及教育運動是陶行知推行平民教育運動與鄉村教育運動的延伸，不僅實驗範圍更大，影響層面也越廣，而此時期的陶行知教育理論，也在試驗與摸索之間，逐漸臻於完備。

四、全面教育救亡圖存

　　二十世紀之三十年代，正值國共戰爭與日本侵華之秋。政局動盪使中國的教育問題面臨更大的衝擊。由於政治理念與國民政府「攘外必先安內」之政策產生扞格，復以一二九學生抗日救國運動之影響，民國二十五年（1936），陶行知提出國難教育口號。開始提倡國難教育運動，希望藉由國難教育以喚醒民眾武力抵禦日本侵略之精神。他說：「中國已到生死關頭。我們要認識，只有民族解放的實際行動才是救國的教育；為讀書而讀書，為教書而教書乃是亡國教育。……只有武力抵抗才是生路。」[31]他認為，為爭取中華民族之自由平等，以及保衛

---

[31]　陶行知：〈上海文化界救國會國難教育方案〉，見金成林等編：《陶行

中華民國主權與領土之完整，必須推進大眾文化，使民眾藉由
戰時教育，產生武力抗日的民族意識。以生活教育爲指導方針，
跨越學校的侷限，運用即知即傳的方式，以報紙、雜誌、說書
人、戲劇、無線電播音、變通各校功課內容、組織讀書會、長
途旅行、遊行示威等方式，宣傳民族危機以及解決國難的路線，
並將取得解決國難的眞知識教與大眾，以產生解決國難之力量。

　　此外，他在〈國難教育設工作大綱〉一文中，條列實施國
難教育案之綱要。內容包括：確立國難教育方案及實施辦法；
組織分社及社員團；開辦大眾學校、讀書會、時事研究會、新
文字補習班、國難教育講習班；舉辦軍事、防毒救護、運用交
通工具等常識技術講習班；舉辦國難演講、旅行演講；組織巡
迴電影開映團、巡迴演講團、巡迴歌唱團、巡迴戲劇團、弄堂
流通圖書館、馬路流通圖書館、鄉村流通圖書館；出版大眾社
會小叢書、大眾自然小叢書、大眾劇本、大眾詩歌、大眾小說、
大眾唱本、大眾說書、大眾連環畫；出版大眾國難讀本、各級
學校國難補充教材；特約教育刊物發表該社言論；調查各地國
難教育之設施，及敵人文化侵略之事實；指導分社及社員團；
介紹前進書報；聯絡其它救國團體一致進行；募集國難教育實
施經費等。㉜陶行知以大眾文化宣傳救國理念，顯示出其重視

知全集》第3卷，成都：四川教育出版社，1991，頁407。

㉜　陶行知：〈國難教育社工作大綱〉，見金成林等編：《陶行知全集》第
　　3卷，成都：四川教育出版社，1991，頁806－807。

大眾文化的教育意義，並流露出其教育救國的愛國思想。

　　民國二十六年（1937），七七事變後，陶行知將國難教育改為戰時教育運動，並將《生活教育》雜誌改為《戰時教育》，他認為，戰時教育必須負起喚醒大眾愛國思想，以武力抵抗帝國主義，維繫中華民族生存之使命。他說：「現在日本帝國主義已經將中國改成戰時的中國了。我們一切的生活與活動都應該適戰時的需要，誰亦不能躲避，教育亦當然不能例外。」❸❸因此，他主張實施全面的戰時教育，將教育開展到前方與敵人的後方，以至於整個的世界，使全世界覺悟起來，擴大反侵略運動。同時，要打破教育的私有制，使教育從少數少爺小姐們，有錢、有閒、有面子者的專利品，成為全民大眾的普及品，使教育開展到全部青年、兒童、壯年、老太婆的隊伍裏去，凡是戰時所發生的地區，教育就開展到哪裡去。戰時有傷兵，教育就要到傷兵的隊伍裏去，使他們因受教育而產生力量，在後方提高民氣，於前線影響士氣。戰時要徵兵，教育就到壯丁的隊伍裏去，使所有壯丁攜孥從戎，共赴國難。

　　此外，陶行知認為，中國所以虛弱，在於民眾的愛國力量未受啓發，因此戰時教育必須是大眾教育，必須藉由戰時教育，喚醒大眾救亡圖存的力量。他說：

　　　民族國家的危險，正需要大眾來挽救，他們有力量救國，

---

❸❸　陶行知：〈抗戰的全面教育〉，見錢學文等編：《陶行知全集》第4卷，
　　成都：四川教育出版社，1991，頁299。

而沒有人去啟發，沒有人去領導。他們不知道國難的根本原因，在於日本帝國主義的侵略。他們不知道災難的線索在什麼地方，他們不知道痛苦的根本原因在什麼地方。我們要教大眾知道他們所受層出不窮的痛苦，並不在於命運不行，也不在於風水弄錯，而在於日本帝國主義的侵略。我們要教大眾會運用他們的力量，我們要教大眾怎樣去推翻日本帝國主義，這才是大眾教育。我們要提倡大眾教育，推行大眾教育。因為小眾拿政權在手，帶兵百萬，仍是不能救國。救國的問題，只得由大眾來解決。❸

　　陶行知認為，過去傳統教育造成民智未開，多數民眾將命運寄託於風水之上，以致日軍兵臨城下，猶不知危國之痛。小眾雖曾實施平民教育，亦無法達成救國之目的，因此，必須提倡戰時大眾教育，由大眾共負救國的使命。至於如何實施戰時民眾教育，他提出五項原則。（一）社會與學校要打成一片，使全民皆具有抗戰信念，構成全民抗戰之事實。（二）生活與教育連為一氣，戰時教育要以抗戰為對象，達到生活為抗戰，抗戰即生活的目標。（三）節省時間以辦戰時民眾教育。（四）節省經濟，以最少數之經費，辦多數之學校。（五）採即知即

---

❸　陶行知：〈大眾教育問題〉，見錢學文等編：《陶行知全集》第4卷，成都：四川教育出版社，1991，頁50。

傳之方式，將抗戰知識普遍傳達於各階層。㉟

　　為落實戰時大眾教育的理想，陶行知因地制宜，於後方辦理戰時的山洞教育，以每一個大山洞為戰時民眾學校，每一小山洞為一課室，山洞教育內容包含軍事政治報告、抗戰故事、空襲常識、教唱歌、科學常識、民權初步及集團生活、文字訓練、演戲等課程。使大眾於山洞避難之際，仍不忘接受戰時教育的訓練，這種山洞教育，亦即生活教育的實踐。他說：

> 　　山洞學校亦就是生活教育的一部分，比方老太婆肩上壓了一個擔子，雙手還要拉著小孩。這時，在進入山洞避難途中，青年人就應該幫同抱小孩，幫同挑東西，讓老小好好地避難。這種「服務」，就是「生活教育」的精神。換句話說生活教育應該跟老百姓走，跟到山洞去，

㉟　陶行知〈談戰時民眾教育〉一文指出：「辦戰時民眾教育之原則，須認定五點：（一）社會與學校應打成一片，爰當此堅持長久抗戰時期，應使全民皆具有抗戰信念，須將社會與學校，彼此互相推動，以構成全民抗戰之事實。（二）生活與教育聯為一氣。辦戰時民眾教育應養成民眾戰時之生活，使各個民眾一切生活動作，悉含有抗戰之意味，而戰時教育之實施，處處以抗戰為對象。生活為抗戰，抗戰即生活。（三）節省時間以辦戰時民眾教育，應以最短之時間，而收較大之效果，決不應使時間浪費。（四）節省經濟。辦戰時民眾教育，應以最少數之經費，辦多數之學校，如目前課本發生困難，可由各個學生利用土紙抄寫，供不識字民眾之用。此即節省經費而收效較大之一端。（五）即知即傳。任何民眾，對於抗戰一切問題，即其所知者，即傳達別人，倘人人能即知即傳，則抗戰知識可普遍於各階層，收效當然很大。」見錢學文等編：《陶行知全集》第4卷，成都：四川教育出版社，1991，頁255－256。

跟到樹林去，跟到……什麼地方去。一切的道理與辦法
都「跟老百姓走」五個字演繹出來。但是，亦不是跟老
百姓逃難，而是從亂七八糟的逃難群中整理一個條理出
來，使分散的力量集中起來，使難民成為鬥士。㊱

　　陶行知認為，山洞是天然的校舍，可以做為空襲時的教育
場所，藉由山洞教育，可以教育大眾學習抗戰的知識和各種抗
戰應用技能，同時透過演戲、說故事的方式，可以喚起民眾愛
國之心，這種山洞教育即是跟百姓走的教育，亦即生活教育的
延伸。

　　此外，抗戰期間，陶行知還為窮苦孩子創辦了育才學校，
以培養國家民族人才之幼苗。他強調育才學校是為具有特殊才
能的難童，所辦理的特殊教育，但是並不是為培養小專家，培
養做人上人，也不是丟掉普及教育的理想。而是使孩童在幼年
時期，除受一般教育外，同時培養他特殊才能，使他將來能成
為專才，並將所學貢獻給整個國家民族，為整個國家民族謀福
利。因此，「育才學校之創立，只是生活教育運動中的一件新
發展的工作，它是豐富了普及教育原定的計畫，決不是專為這
特殊教育而產生特殊教育，也不是丟掉普及教育而來做特殊教
育。」㊲

㊱　陶行知：〈縱談戰時各種教育問題〉，見錢學文等編：《陶行知全集》
　　第4卷，成都：四川教育出版社，1991，頁274－275。
㊲　陶行知於〈育才學校創辦旨趣〉一文曾說：「我們的學生要過這樣的集

　　民國三十四年（1945），抗戰勝利後，陶行知爲教育民眾爭取民主以及發展民主，開始提倡民主教育運動。他說：「民主教育一方面是教人爭取民主，一方面是教人發展民主。在反民主的時代或是民主不夠的時代，民主教育的任務是教人爭取民主；到了政治走上民主之路，民主教育的任務是配合整個國家之創造計畫，教人依著民主的原則，發揮各人及集體的創造力，以爲全民造幸福。」❸❽以當時的社會環境，人民的民主素養顯然是不足的。因此，民主教育的首要任務，是教育人民爭取民主。他認爲，「民主教育是人民的教育，人民辦的教育，爲人民自己的幸福而辦的教育。」❸❾亦即民有、民治、民享的教育。

　　體生活，在集體生活中，按照他的特殊才能，給與某種特殊教育，如音樂、戲劇、文學、繪畫、社會、自然等。以上均各設組以進行教育，但是小朋友確有聰明，而一時不能發現他的特長，或是各方面都有才能的，我們將要設普通組以教育之。又若進行了某一組，中途發現他並不適合那一組，而對另一組更適合，便可以轉組。總之，我們要從活生生的可變動的法則來理解這一切。」見錢學文等編：《陶行知全集》第4卷，成都：四川教育出版社，1991，頁456－457。另該文又言明：育才教育有三個不是，即「不是培養小專家」、「不是培養他做人上人」、「不是丟掉普及教育而幹特殊教育。」頁455－456。

❸❽　陶行知：〈民主教育之普及〉，見錢學文等編：《陶行知全集》第4卷，成都：四川教育出版社，1991，頁593。

❸❾　陶行知於〈民主教育〉一文中曾說：「民主教育是教人做主人，做自己的主人，做國家的主人，做世界的主人。把林肯總統的話引伸到教育方面來說，民主教育是民有、民治、民享之教育」，見錢學文等編：《陶行知全集》第4卷，成都：四川教育出版社，1991，頁590。

　　此外，陶行知認為，民主教育的目的在實現「教育為公」、機會均等的理想，無論男女、階級、老少都應有平等受教育的機會。他說：「中華民國的教育，應與大清帝國不同。從前是一個人的主人教育與四萬萬人的奴隸教育，和文武百官的奴才教育。而今要四萬萬人民的主人教育、文武百官的人才教育。但是現在的奴隸教育太多，主人教育太少。『中華民國』的招牌，顧名思義，奴役教育應除盡，整個社會需要的是全民組織起來的民主教育，沒有一個人可以失去民主教育的機會。」❹民主教育的方法，要因材施教，要生活與教育打成一片。在窮中國要以窮方法辦理民主教育，學生不能來上課的，要將教育送上門去，看牛的送到牛背上去，拾柴的送到柴山上去。有人民的地方，就是民主教育要到的地方。茶館、課堂、電影院等地都可以做為實施民主教育的場所。同時還要向小先生、老百姓學習，使人民自己再受民主教育的訓練。另一方面要組織社會大學，使青年可以利用夜間上課，進行有系統的自我學習，以學習民主的素養，培養民主的精神。此時期，是陶行知推展民主教育的階段，也是他人生階段的最後教育運動。

第三節　生活教育理論的實踐

---

❹　陶行知：〈民主教育〉，見錢學文等編：《陶行知全集》第4卷，成都：四川教育出版社，1991，頁647。

生活教育理論，包含「生活即教育」、「社會即學校」、「教學做合一」等三原理。是陶行知在批判中國傳統教育與洋化教育的基礎上，所提出的教育理論。他認為生活教育是生活所原有、所必須的教育；「生活教育與生俱來，與生同去。出世便是破蒙，進棺材才算畢業。」❹人的一生，有生活即有教育，過什麼樣的生活，便受什麼樣的教育。「『生活即教育』，是叫教育從書本的到人生的，從狹隘的到廣闊的，從字面的到手腦相長的，從耳目的到身心全顧的。」❷天地之間，處處皆是學問，人人皆可為師。與農民、老嫗、小孩做朋友，向他們學習，皆是知識的來源。

所謂社會即學校，是要打破學校的藩籬，「到處是生活，即到處是教育；整個的社會是生活的場所，亦即教育之場所。」❸在學習過程中，陶行知認為「教學做合一」，是真正能達到教育的目的。「做」是貫穿教與學的聯繫。「事該怎樣做便該怎樣學，該怎樣學便該怎樣教。教而不做，不能算是教；學而

---

❹　陶行知：〈普及現代生活教育之路〉，見金成林等編：《陶行知全集》第3卷，成都：四川教育出版社，1991，頁247。另該文亦云：「自有人類以來，社會即是學校，生活即是教育，士大夫之所以不承認它，是因為他們有特殊的學校給他們的子弟受特殊的教育。從大眾的立場上看，社會是大眾惟一的學校，社會是大眾惟一的教育。」頁247。

❷　陶行知：〈生活即教育—答操震球問〉，見蒲家駒等編：《陶行知全集》第2卷，成都：四川教育出版社，1991，頁505。

❸　陶行知：〈普及現代生活教育之路〉，見金成林等編：《陶行知全集》第3卷，成都：四川教育出版社，1991，頁246。

不做，不能算是學。教與學都以做爲中心，在做上教的是先生，在做上學的是學生。」❹「只教不做」、「只學不做」、抑或「盲目之做」皆非教育的眞義。唯有在「勞力上勞心」、「以教人者教己」，方能達到教育的目的。

　　整個「生活教育」理論，是陶行知在試驗曉莊師範學校時，逐步構成的教育學說。其理論除作爲本身實施試驗教育的指導方針外，也爲中國教育理論另闢一條蹊徑。

一、生活即教育

　　所謂「生活即教育」，意指用生活來實施教育。到處是生活，即到處是教育。它擺脫書本、學校上的限制，承認非正式的東西都屬於教育的範疇。「從定義上說，生活教育是給生活以教育，用生活來教育，爲生活向前向上的需要而教育。從生活與教育的關係上說，是生活決定教育。從效力上說，教育要通過生活才能發出力量而成爲眞正的教育。」❹

　　「生活即教育」是陶行知在推行杜威學說「教育即生活」的基礎下，經過中國實際的試驗，逐漸摸索出來的教育理論。他認爲「教育即生活」在中國是根本行不通的，因此他將「教育即生活」翻了半個觔斗，提出「生活即教育」。他說：「『生

❹　陶行知：〈教育的新生〉，見金成林等編：《陶行知全集》第3卷，成都：四川教育出版社，1991，頁594。

❹　陶行知：〈談生活教育—答覆一位朋友的信〉，見錢學文等編：《陶行知全集》第4卷，成都：四川教育出版社，1991，頁428。

活即教育』，教育極其廣闊自由，如同一個鳥放在林子裡面的；『教育即生活』，將教育和生活關在學校大門裏，如同一個鳥關在籠子裡的。『生活即教育』，是承認一切非正式的東西都在教育範圍以內，這是極有力量的。」❹它要根本上打破教育的藩籬，反對過去士階級對教育的壟斷，更否定書本為知識唯一來源的傳統觀念。它承認學校、書本以外的知識，認為生活週遭都是教育的資源，並鼓勵與農夫、農婦、漁夫、樵夫學習。此外，「生活教育」是以生活為中心，過什麼樣的生活，決定受什麼樣的教育。「康健的生活即是康健的教育；勞動的生活即是勞動的教育；科學的生活即是科學的教育；藝術的生活即是藝術的教育；改造社會的生活即改造社會教育。……生活教育是運用生活的力量來改造生活，它要運用有目的有計畫的生活來改造無目的無計畫的生活。」❹

陶行知與杜威都承認生活與教育是有關聯性的。不同的是，杜威的「教育即生活」是鳥籠式的教育，而陶行知的「生活即教育」理論，是將教育之門打開，主張教育不應侷限於書

---

❹ 陶行知：〈生活即教育—答操震球問〉，見蒲家駒等編：《陶行知全集》第2卷，成都：四川教育出版社，1991，頁504－505。

❹ 陶行知：〈曉莊三歲敬告同志書〉，見蒲家駒等編：《陶行知全集》第2卷，成都：四川教育出版社，1991，頁491。陶行知認為，「嘴裡念的是勞動教育的書，耳朵聽的是勞動教育的演講，而平日所過的是雙料少爺的生活，在傳統教育的看法不妨算他是受勞動教育，但在生活教育的看法則斷斷乎不能算他是受勞動教育。生活教育是運用生活的力量來改造生活，它要運用有目的的有計畫的生活來改造無目的無計畫的生活。」

本及學校，凡是與生活有關的，都是教育的所在。陶行知的「生活即教育」理論，是在杜威「教育即生活」的基礎上，所走出的一條新路。

二、社會即學校

「社會即學校」是陶行知在「學校即社會」的理論基礎下，所提出的教育理論。「它是『生活教育』同一意義的不同說明，也是它的邏輯延伸與保證。」❹陶行知認為，整個社會的活動，就是我們的教育範圍。「馬路、弄堂、鄉村、工廠、店舖、監牢、戰場，凡是生活的場所，都是我們教育自己的場所，那末（麼），我們所失掉的是鳥籠，而所得的倒是偉大無比的森林了。為著要過有意義的生活，我們的生活力是必然的衝開校門，衝開村門、衝開城門，衝開國門。衝開無論什麼自私自利的人所造的鐵門。所以整個中華民國和整個世界，才是我們真正的學校咧。」❹他認為，社會既是生活的場所，亦即教育之場所。

---

❹　元青：《杜威與中國》，北京：人民出版社，2001，頁270。元青認為，陶行知所提出的「社會即學校」理論，包含兩方面意義：「一方面是把整個社會作為一所大學校，讓人民大眾都有受教育的機會。……另一方面，它也指學校必須密切與社會的聯繫，反對學校脫離社會生活，脫離人民大眾，成為『死學校』。」

❹　陶行知於〈生活教育之特質〉一文中，曾指出生活教育具有「生活的」、「行動的」、「大眾的」、「前進的」、「世界的」、「有歷史聯繫的」等六項特質。其中就「世界的」特質中指出：「課堂裏既不許生活進去，又收不下廣大的大眾，又不許人動一動，又只許人向後退，不許人向前

因此，必須推倒傳統教育的圍牆，將教育的觸角，延伸到社會各個階層，才能真正達到生活教育的目的。

陶行知認為，教育不應僅限於學校、書本上的知識，而是應該將教育深入社會、大自然與社會群眾之間。因此，他提出「社會即學校」主張。他說：「我們主張『社會即學校』，是因為在『學校即社會』的主張下，學校裏面的東西太少，不如反過來主張『社會即學校』，教育的材料，教育的方法，教育的工具，教育的環境，都可以大大增加，學生、先生也可以更多起來。……壞的社會，我們也要認識，也要有所準備，才能生出抵抗力，否則一入社會，便現出手慌足亂的情狀來。」❺⓿

此外，他批評「學校即社會」是鳥籠式教育，「社會即學校」才是開放寬廣的教育。他說：「社會即學校，就好像把一隻活潑的小鳥從天空裡捉來關在籠裡一樣。它要以一個小的學校去把社會上所有的一切東西都吸收進來，所以容易弄假。社會即學校則不然，它是要把籠中的小鳥放到天空中去，使它能任意翱翔，是要把學校的一切伸張到大自然界裡去。要先能做到『社會即學校』，然後才能講『學校即社會』；要先能做到『生活即教育』，然後才能講到『教育即生活』。要這樣的學

進，那末（麼），我們只好承認社會是我們唯一的學校了。馬路、弄堂、鄉村……凡是生活的場所，都是我們教育自己的場所。」見金成林等編：《陶行知全集》第3卷，成都：四川教育出版社，1991，頁716。

❺⓿ 陶行知：〈社會即學校─答操震球問〉，見蒲家駒等編：《陶行知全集》第2卷，成都：四川教育出版社，1991，頁506。

校才是學校，這樣的教育才是教育。」❺

　　陶行知的「社會即學校」，是把杜威的「學校即社會」徹底翻轉過來，他認為「學校即社會」是傳統的圍牆教育，是不合中國需要的教育，他主張打破一切阻礙學習的限制，使教育與生活融為一體，而這種開放寬廣的教育，才是中國所需要的教育。

三、教學做合一

　　「教學做合一」是當年曉莊師範學校的校訓，也是實踐生活教育理論的方法論。關於「教學做合一」理論建立的過程，陶行知曾說：

> 我自回國之後，看見國內學校裡先生只管教，學生只管受教的情形，就認定有改革的必要。……繼而「五四」事起，南京高等師範同事無暇堅持，我就把全部課程中之教授法一律改為教學法。這是實現教學合一的起源。後來新學制頒布，我進一步主張：事怎樣做就怎樣學，怎樣學就怎樣教；教的法子要根據學的法子，學的法子要根據做的法子。這是民國十一年的事。教學做合一的理論已經成立了，但是教學做合一之名尚未成立。前年在南開大學演講時，我仍用教學合一之題，張伯苓先生

---

❺　陶行知：〈生活即教育〉，見蒲家駒等編：《陶行知全集》第2卷，成都：四川教育出版社，1991，頁491。

　　擬改為學做合一，我於是豁然貫通，直稱為教學做合一。
52

　　由此可知，「教學做合一」是陶行知在面對傳統教育「教師講，學生聽」的教授法下，所產生的改革動機；其次，在「教學合一」的理論下，逐漸發現「做」的重要性，進而發展出「教學做合一」；再者，「教學做合一」理論的建立，是民國十一年的事，名稱則是受張伯苓的建議而確立的。

　　在「教學做合一」的理論中，「做」是核心，是貫通教與學的關鍵。教學做是三位一體，是一件事情的三個面向。陶行知說：「我們要在做上教，在做上學。在做上教的是先生；在做上學的是學生。從先生對學生的關係說：做便是教；從學生對先生的關係說：做便是學。先生拿做來教，乃是真教；學生拿做來學，方是實學。」**53**會的教人，不會的跟人學。學生與教師的身分無嚴格之分。因此，六歲兒童可以教六十歲老翁。農夫、農婦皆可以為導師。此外，陶行知認為，「教學做合一」中的做，並非盲行盲動，也不是胡思亂想的做，而是要手到心到，手腦並用才是真正的做。他說：「『做』字有個新而特別

52　陶行知：〈教學做合一〉，見金成林等編：《陶行知全集》第1卷，成都：四川教育出版社，1991，頁125。另文中所言之「新學制」，即民國十一年（1922）由北洋政府頒布之學制，又稱「壬戌學制」。

53　陶行知：〈教學做合一〉，見金成林等編：《陶行知全集》第1卷，成都：四川教育出版社，1991，頁126。

的定義，這定義，就是『在勞力上勞心』。單純的勞力，只是
蠻幹，不能算『做』；單純的勞心，只是空想，也不能算『做』。
眞正的『做』，只是在『在勞力上勞心。』」❸換言之，單單
勞力與單單勞心都不算是眞正的做，眞正的做必須是在勞力上
勞心，用心以制力以明白事物之眞理。唯有如此，社會改造才
有成功的一天的。

第四節　到民間去並參酌國情

　　陶行知一生的教育事業，最初著眼於平民教育運動，繼而
提倡鄉村教育、普及教育、國難教育、戰時教育、全面教育、
民主教育等一系列的教育運動。整個教育運動過程中，他因勢
利導，因地制宜，從不斷的摸索試驗中，尋找適合中國民情的
教育方式，並逐漸形成生活教育理論與實踐生活教育理論。目
的乃爲改造中國社會，使中國進入民主國家的境界。他肯定社
會上一切與生活有關的教育，並強調小先生與老百姓在教育上
的地位。他反對過去傳統教育所造成的知識壟斷，主張大眾的
全面教育。

　　綜而言之，他是主張教育普及，使沒有機會受教育的人可
以得到他們所需要的教育。從他所提倡的普及教育運動中，可

---

❸　陶行知：〈教學做合一的總解釋〉，見唐容平等編：《陶行知全集》第
　　11卷，成都：四川教育出版社，1991，頁304。

以發現他對中國教育普及的殷切，以及對人民大眾的高度重視。雖然各時期的名稱與教育目標有所不同，然其最終目的即是促進全中國之教育普及。

一、平民教育是普及教育的先聲

陶行知早期提倡的平民教育運動是一種識字教育運動，他認為中國文盲問題，是導致共和國無法實現民主的因素之一。因此，要破除共和國人民間的隔閡，首先要掃除文字的障礙。平民教育運動，是一場平民讀書的運動，其目的在使平民於有限的時間內，能得到一把開啟基本知識的鑰匙。從讀書之中，得到做人做國民的精神。就教育對象而言，他認為除十二歲以上粗識字義的平民與十二歲以下屬義務教育範圍的兒童外，其他二萬萬人的識字教育皆屬平民教育推行者應盡之責。而其中尤應先著重教育十二歲以上，二十歲以下的平民。他說：

> 受平民教育者大概在十二歲以上，二十歲以下。此等歲數之學生，比較容易入學；並且教育的勢力也容易達到；他們求學的熱誠也要大一些。十二歲以上的兒童，正過國民教育時期，離做國民時候很近。所以此時期之教育非常重要，我們應當趕上去補一點教育，使他們發生積極的影響于國有益。⑮

---

⑮ 陶行知：〈平民教育與國運〉，見金成林等編：《陶行知全集》第1卷，

　　陶行知認為，平民教育的目的，在培養公民生活的能力，以及給予增進個人生活的工具。中國的文盲眾多，是影響國家建設的因素，而十二歲至二十歲間的青年，離做國家公民時期很近，是國家未來的生產主力。因此，他強調應先就十二歲以上，二十歲以下之不識字青年，授以共和國所需的基礎教育，裨益國家未來建設之發展。他近一步指出，讀書識字是各種教育的基礎，在窮中國必須以窮方法教育民眾，而平民教育運動，就是要以最短的時間，最少的金錢，去教不識字的人讀好書，做好人，以為普及教育作準備。他說：

> 會讀書的人對於人類和國家應盡之責任，應享之權利，可以多明白些。他們讀了書，對於自己生計最有關係的職業，也可以從書籍報紙上多得些改進的知識和最新的方法。一般無知識的人對於子女的教育漠不關心，若是自己會讀書，就明白讀書的重要，再也不肯讓自己的兒女失學。所以今日之平民教育，就是將來普及教育的先

成都：四川教育出版社，1991，頁595。另〈平民教育概論〉云：「中國沒有正確統計，暫且以傳說之四萬萬人估計，覺得平民教育這個問題之大，實可令人驚訝。照中華教育改進社估計，十二歲以上之粗識字義的人數只有八千萬人，再除開十二歲以下的小孩子約計一萬萬二千萬人屬於義務教育範圍，其餘之二萬萬人都是我們的平民教育應當為他們負責的。」見金成林等編：《陶行知全集》第1卷，成都：四川教育出版社，1991，頁671。

聲。㊶

陶行知認為，讀書識字可以讓平民了解自身權利與對國家所應盡之義務，同時可以開啓民智，使民眾了解讀書識字的重要，進而同意子女接受教育。因此，他認為推展平民教育運動是當務之急的重要工作。

至於平民教育的實施方式，陶行知認為，首先必須賴以有組織的軍隊、商人、警察、學生與無組織的市民，一起遊行號召，以營造平民教育的空氣。其次，應由現有的學校在其附近地方，劃定推行平民教育的責任區，由每個學生、教師負責教授識字課本。學校之外，應於各地廣設平民讀書處，由家長、店主負責督促。公署、教育廳等單位亦應加以提倡，必要時實行強迫平民教育。同時，應善用寒暑假時間，鼓勵學生到民間去從事平民教育。此外，利用說書人宣傳平民教育、於私塾、監獄裏提倡平民教育、改善教具等，都是陶行知實施平民教育的主張與方法。他認為，平民識字以後，必須著手第二步的平民教育，其方法是敦請專家編輯《平民叢書》、《平民週刊》，以提供畢業學生閱讀，以防止平民因畢業而重蹈文盲的輪迴。

由此可知，陶行知提倡平民教育的目的，是為普及教育作準備。希望藉由平民教育的實施，以培養共和國公民行使權利與義務的基礎知識，使平民明白讀書的重要，改變父母對子女

㊶ 陶行知：〈平民教育概論〉，見金成林等編：《陶行知全集》第1卷，成都：四川教育出版社，1991，頁670。

的教育看法，進而達到普及教育的目的。因此，他認為平民教育是將來普及教育的先聲。

二、平民教育是到民間去的教育

在平民教育的推展過程中，陶行知發現，中國廣大的農村社會，充斥著嚴重的文盲問題。為落實平民教育的目的，必須將重心由城市移往鄉村，以推行鄉村教育。他說：「中國是著名的農業國。據最普通的估計，中國農民佔全國人口總數的百分之八十五，這就是說，全國有三萬萬四千萬的人民住在鄉村裡，所以鄉村教育是遠東一種偉大之現象。凡關心世界問題的人們，決不至忽略這種的大問題。」❺陶行知認為，中國鄉村存在嚴重的文盲問題，其因除了是農民普遍貧窮，以致無暇讀書外，中國向來忽略鄉村教育，更是造成文盲產生的重要因素。為解決鄉村教育問題，必須先就中國鄉村教育進行改造。他說：「中國向來所辦的教育，完全走錯了路：他教人離開鄉下向城裡跑，……他教農夫的子弟變成書呆子。他教富的變窮，窮的格外窮；強的變弱，弱的格外弱。像這種教育，大家還高唱著

---

❺　陶行知：〈中國鄉村教育運動之一斑〉，見金成林編：《陶行知全集》第2卷，成都：四川教育出版社，1991，頁358。另陶行知：〈全國平民教育之現狀〉云：「平民教育運動是到民間去的運動。據估計，中國每一百人中，有八十五個都在鄉下。所以平民教育，是要到鄉下去運動。」見金成林等編：《陶行知全集》第1卷，成都：四川教育出版社，1991，頁613。

要教育普及，眞是癡人說夢。」❺他認爲這種教育不能普及，也不應普及，唯有建設適合鄉村實際生活的活教育，才是教育的生路。

陶行知進一步指出，活的鄉村教育，必須要有活的鄉村教師，即具有農夫的身手、科學的頭腦以及改造社會的精神。同時，活的鄉村教育要有活的方法，即教學做合一的方法。此外，活的鄉村教育要用活的環境，去發展學生征服自然、改造社會的活本領。他分析過去鄉村教育沒有實效，在於教育與農業互不相干，以致造成空洞的教育、分利的教育、消耗的教育。因此，他主張教育與農業攜手，以鄉村學校做爲改造鄉村生活的中心，以解決農村破產與文盲的問題。爲此，他創辦試驗鄉村師範學校，試圖從活的鄉村師範產生活的教師，從活的教師產生活的學生、活的國民。

從平民教育到鄉村教育，陶行知逐漸將其重心移往農村的教育，其實驗的性質也從平民識字教育，擴展到鄉村教育的改造。就教育的範圍而言，鄉村教育不再侷限於識字教育的推展，舉凡幼稚教育、小學教育、師範教育等，皆是其試驗教育的範疇。教育的對象，也從十二歲至二十歲的平民，擴展至全民。綜言之，陶行知所推行的教育運動，是逐漸從城市開展到農村，從平民教育到普及教育，從小眾教育到大眾教育。他深知鄉村

---

❺ 陶行知：〈中國鄉村教育之根本改造〉，見蒲家駒等編：《陶行知全集》第2卷，成都：四川教育出版社，1991，頁335—336。

教育是普及教育的大本營，因此，深入農村與民眾打成一片，即使是日後所推行的工學團，亦著重鄉村的農民教育。由此可知，陶行知所提倡的普及教育，是實踐知識分子「到民間去」的下鄉運動。

三、普及教育的方法要參酌國情

　　二、三十年代的中國社會，正值內憂外患之際，社會與政治的動盪，以及帝國主義的侵略，促使中國農村急速破產，造成文盲問題與經濟問題日益嚴重。陶行知所提倡的普及教育，即是針對鄉村農民的窮與愚所進行的教育運動。其試驗初期，雖曾面臨失敗的命運，卻也成為日後實施普及教育時的借鏡。他分析當時失敗的原因是沒有認清當時中國的國情。他說：

　　　　那二十年內完成的普及教育計畫之所以失敗，卻是我自己的錯誤。我寫那計畫的時候，以為中國既係從農業文明過渡到工業文明，便誤認每年工業之進展，足以應濟教育普及率逐漸增高之需要。我們的幼稚的工業在帝國主義高壓未曾剷除以前，決不許我們存這奢望。那時我對於兒童大眾的力量還沒有正確的估定，對於學校式的傳統教育還沒有徹底的看破，這些都是構成那個普及教育教育計畫根本失敗的重要因子。⑤

---

⑤　陶行知：〈普及教育運動小史〉，見金成林等編：《陶行知全集》第3

　　陶行知分析當時普及教育計畫失敗的原因，在於誤判中國工商業發展對教育普及的影響，同時對傳統學校式教育尚未徹底的看破，以及未認清兒童大眾的力量。簡言之，亦即未認清中國國情。

　　針對失敗的經驗，陶行知認為，要達到普及教育的目標，必須採用適合國情的教育方式。他說：「……中國是一個窮國，已到了農村破產，民不聊生，農民已連飯都沒有得吃了。拿富國的辦法，引到中國來，無異是鄉下人吃大菜。」⑩他認為以當時中國是個窮國的國情而言，「必得用窮的方法去普及窮人所需要的粗茶淡飯的教育，不用浪費的方法去普及窮人所不需要的少爺、小姐、書呆子的教育。」⑪所謂的窮方法包括動員小先生、傳遞先生、知識分子等文化細胞，以即知即傳的方式，

卷，成都：四川教育出版社，1991，頁117。另按陶行知：〈談普及教育〉云：「上屆全國教育會議時，余曾建議普及全國教育，但當時係欲借工商業發展力量，推進教育，故以二十年為期。今日見到已作不通，因我國工商業尚極幼稚，又外遭帝國主義者之壓迫，內受農村破產影響，發展已屬不易，況國難日亟，二十年已迫不能待。故余研究一法，一二年期間即可普及全國教育。辦法為何？即用小先生。」第3卷，成都：四川教育出版社，1991，頁598。

⑩　陶行知：〈普及教育〉一文中，亦以打油詩「鄉下老吃大菜，刀兒當作筷，我的媽呀！舌頭割掉了一塊。」諷刺儀型他國、不合國情的洋化教育。見金成林等編：《陶行知全集》第3卷，成都：四川教育出版社，1991，頁635—636。

⑪　陶行知：〈中國普及教育方案商討〉，見金成林等編：《陶行知全集》第3卷，成都：四川教育出版社，1991，頁281。

分裂成個個小細胞，以構成整個文化網。並就全國學校、私塾進行改造，以成為「工以養生，學以明生，團以保生」的工學團，以及成為小先生、傳遞先生、藝友的養成所。其他如以大眾語編寫課本、報紙；利用電影、無線電收音機宣傳教育；以祠堂、廟宇、會館等地為教育場所；以茶館裏的說書、碼頭上的壁報、戲園裏的戲劇表演、學校裏的流通圖書館等做為實施流動教育的方式與機關等，都是參酌中國的國情與衡量中國的經濟所設計出來的方法。

　　陶行知在提倡普及教育初期，雖曾「誤認每年工業之進展，足以應濟教育普及率逐漸增高之需要。」以及對傳統學校教育仍抱希望的情況下遭受挫折，然其後所推行的普及教育方法，卻是從失敗經驗中，參酌中國國情與衡量經濟情勢後，所設計出適合中國需要的新教育方法。

第五節　普及教育方法之創見

　　陶行知的生活教育理論是由「生活即教育」、「社會即學校」、「教學做合一」等三原理所構成。在教育歷程中，三原理是實踐教育事業的指導方針。而教育普及是其推行教育事業之理想。陶行知認為，在窮中國必須以窮方法來推行普及教育，他說：「現今的中國處處鬧窮，要等著有錢再努力，不知要等到何日，所以我這樣一個窮人，便想出以窮辦法去辦窮教育。」

⑫陶行知畢生提倡平民教育、鄉村教育、普及教育、大眾教育等事業,其目的即是追求中國教育之普及。期間,他曾創辦曉莊師範、工學團、育才學校、重慶社會大學等學校,並從其實驗中,提出「平民讀書處」、「小先生制」、「藝友制」等創見之普及教育方法,而這些作為正是陶行知以窮方法辦窮教育的具體表現。

一、以平民讀書處教育平民識字

平民讀書處是平民教育組織的一種,是陶行知在試驗平民學校的基礎下,所產生的教育單位。關於設置平民讀書處的構想,陶行知認為動機有二:其一,是對於學校式平民教育效力上的懷疑。他說:「……平民學校定晚上七點鐘上課,看門的不能來;抱小孩的,小孩沒睡不能來;晚飯後要洗鍋洗碗的不能來:這是平常住戶的情形。再看那店家做買賣要做到九點鐘、十點鐘、十一點鐘的都不能來。不能來而勉強來,必定要妨害家庭的事務,擾亂生活的常態。讀書是要緊的,管家謀生也是

---

⑫　陶行知:〈普及平民教育〉,見金成林等編:《陶行知全集》第3卷,成都:四川教育出版社,1991,頁617。另該文又云:「我這個主意最初總以為不會有好結果的,可是事實上,試驗的結果卻使我了無窮盡的安慰,就是從來連自己也不相信的東西,而今不但只是自信,並且下了決心,要把我的窮辦法貫徹始終。我所主張普及的,並不是少爺教育、少爺教育、政客教育,更不是書呆子教育。我主張普及的是自動工學團。……普及教育的工學團所要樹立的第一個信念,便是小孩能做先生。」頁617-618。

要緊的。有沒有兩全的方法，使那一班人民於管家謀生之外，還能讀書？這是我對於學校式平民教育效力上的懷疑，也是我對於平民讀書處開始試驗的第一個原因。」

　　其二，是從陶宏教弟弟識字的過程中，領悟出非師範生亦可辦平民教育的道理。他說：「這暗示就是如果八歲的小孩子能教五歲的小孩子，那麼十幾歲以上識字的人，更能夠教十幾歲下不識字的人了。這個假設，引導我打破非師範生不能辦平民教育的偶像。引導我去試驗種種識字的人去教種種不識字的人。這是我開始試驗平民讀書處的第二個原因。」由此可知，平民讀書處的設置，是陶行知為補平民學校不足，與得到非師範生亦可教人的啓示中，所產生的構想。

　　陶行知雖已有成立平民讀書處的動機，然平民讀書處的名詞，並非與動機同時產生。而是在「輔導自學考試法」、「連環教學法」等辦法的基礎下，逐漸正名而來的。他說：「雖然有了這種辦法，但是名不正則言不順，還是不易推行。有一天晚上，在南昌和幾位同志討論定名，江西省視學桂汝丹先生提議稱為『讀書處』，我就加了『平民』兩個字在上頭，大家都贊成，命名為『平民讀書處』。桂汝丹先生就做了第一個平民讀書處的處長。有了這個名字，一兩天之內開辦了二三十處平民讀書處。現在推行到武昌，這個星期之內各處開辦平民讀書處至少當以百計。」❻❸

---

❻❸　以上有關平民讀書處之三段引文，係摘自陶行知：〈平民讀書處之試

　　在貧窮的中國社會裏，交通、經濟、氣候等因素，往往影響平民讀書的機會。陶行知發現，平民學校有其時間性及地域性的限制，存在的變數仍多，要達到普及教育，單靠平民學校是無法勝任的。為解決平民無法按時上課的問題，陶行知提出設置平民讀書處的方法。他說：「我因為平民學校效力不能普遍，就想了一個『平民讀書處』的辦法。」❻其辦法是以一家、一店、一機關為單位，延請家裏、店裏、機關裏識字的人教不識字的人。凡識字之人，皆可設置平民讀書處，它可以補平民學校不足之處，亦可免除平民為讀書而遭受的舟車風霜之苦。他認為，平民讀書處要能發揮平民教育的功能，須注意六要與四忌。所謂六要：是主人要肯負督促之責、至少必須有一個會認字的人做助教、助教要有專責感、指導要有定期、全體要一律讀書、讀書要與飯碗發生關係；四忌要做到忌生、忌招外面學生、忌引生人參觀、忌帶政治、宗教色彩等要素。❻

　　驗〉，見金成林編：《陶行知全集》第1卷，成都：四川教育出版社，1991，頁583－585。

❻　陶行知：〈平民讀書處之經驗〉云：「我因為平民學校效力不能普遍，就想了一個『平民讀書處』的辦法。平民讀書處，就辦在自家內，或店內，或機關內。故隨時可以學，不必像平民學校，費來往的時候了。若在平民學校，遇風霜雨雪的時候，就不能到學校去；若在平民讀書處，不怕這些事了。」見金成林等編：《陶行知全集》第1卷，成都：四川教育出版社，1991，頁600。

❻　陶行知：〈論平民讀書處之得失〉，見金成林等編：《陶行知全集》第1卷，成都：四川教育出版社，1991，頁623－627。

　　此外，陶行知認為，平民學校與平民讀書處不同之處是平
民學校如同開飯館，誰要來吃，就來吃。平民讀書處是要每個
人家中都有廚房，可以給每個人吃家常便飯。他說：

> 給人受教育，如同給人吃飯一樣。給人吃飯的方法有二：
> 第一就是開飯館，誰要求來吃飯的，就來吃，如平民學
> 校就是叫人來「吃」平民教育的地方；第二就是要在每
> 個人家，每個店舖內都有廚房，可以給人吃家常便飯。
> 平民讀書處設於每個人家店舖裡，可以說是平民吃家常
> 便飯的平民教育的地方。平民讀書處只以內裡識字的人
> 教不識字的人。教的人是裡面的，學的人也是裡面的；
> 教員不從外面去請，學生不到外面去招。只要家長、店
> 主和主持的人員負責督促。平民讀書處很能補平民學校
> 之不足，現在各省設立之平民讀書處已有好幾千。❻❻

　　陶行知認為，平民讀書處可以補平民學校不足之處，對於
普及平民教育的影響頗大，為使平民讀書處得以推廣，陶行知
在自家門前掛起「笑山平民讀書處」的牌子。並建請梁啟超、
胡適、蔣夢麟等在家中成立平民讀書處。平民讀書處的設置，
不僅彌補平民學校的不足，也擴大平民讀書的機會。

二、以小先生制傳遞普及教育

---

❻❻　陶行知：〈全國平民教育之現狀〉，見金成林等編：《陶行知全集》第
　　1卷，成都：四川教育出版社，1991，頁611。

　　小先生制是陶行知在推行普及教育時，所實施的一種教育方式。所謂的小先生制，指的是以小學生來從事普及教育的推廣。陶行知在〈小先生歌〉寫道：

> 我是小學生，變成小先生。粉碎那私有知識，要把時代劃分。我是小先生，教書不害耕，你沒有工夫來學，我教你在牛背上哼。我是小先生，看見鳥籠頭昏。愛把小鳥放出，飛向森林投奔。我是小先生，這樣指導學生：「學會趕快去教人，教了又來做學生。」**⑰**

　　由此可知，小先生指的是小學生，是以教學做合一、即知即傳的方式傳遞教育。它是一反傳統的教育方式，肯定小學生的教育能力。他說：「傳統的教育學，沒有一本不承認教育只是成人對於小孩之行動。這些洋八股的教育的教育學是閉起眼睛胡說，他們忽略了一半的事實。事實告訴我們，大人能教小孩，小孩也能教大人。」**⑱**又說：「窮國普及教育最重要的鑰匙是小先生。這把鑰匙多半操在導師（包括校長）手裡，導師

---

⑰　陶行知作〈小先生歌〉共八首，描述其教育功能與性質。另有四首為：「我是小先生，烈焰好比火山噴。生來不怕碰釘子，碰了一根化一根。我是小先生，愛與病魔鬥爭。肅清蒼蠅與瘧蚊，好叫人間不發瘟。我是小先生，填平害人坑。把帝國主義推倒，活捉妖怪一口吞。我是小先生，要與眾人謀生。上天無路造條路，入地無門開扇門。」見吳正賢等編：《陶行知全集》第7卷，成都：四川教育出版社，1991，頁155－157。

⑱　陶行知：〈普及現代生活教育之路〉，見金成林等編：《陶行知全集》第3卷，成都：四川教育出版社，1991，頁272。

袖手旁觀，則普及教育運動變成兒戲；導師以身作則，則兒戲變成普及教育運動。」❻❾他認為，在傳統的社會裏，小孩傳遞教育的能力不受重視，甚者被視為兒戲。因此，為使教育達到普及，必須善用小先生的功能。

　　小先生制的起源，可溯及陶行知推行平民教育運動之時期，所得到的靈感。他說：「十年前我方從事於提倡平民教育，家母也欲識字。那時，家中唯一能教她老人家的，只有一個六歲的孫兒，於是這個孫兒便擔任了教祖母的責任。等到教會了十六課字以後，我就根據這十六課字，寫了一封信給家母。他看了，讀讀聽聽，居然也就懂了那封信裡的意思。六歲小孩子能教祖母，豈不證明小先生有教人識字的能力麼？」❼⓿又說：

---

❻❾　陶行知：〈怎樣指導小先生〉，見金成林等編：《陶行知全集》第3卷，成都：四川教育出版社，1991，頁136。另該文又云：「導師必須加入小先生的隊伍裡一起去幹，才有成功的希望。倘若導師自己目光不遠，懶惰不長進，平日讓小先生自生自滅，等到打了敗仗，還說漂亮話：『我早就預料到，小孩哪能做先生？』這種人才是普及教育之罪人咧。」頁136。

❼⓿　陶行知：〈小先生與普及教育〉，見唐容平等編：《陶行知全集》第11卷，成都：四川教育出版社，1991，頁538。另陶行知〈慈母讀書圖〉描述道：「吾母五十七，發奮讀書籍；十年到於今，工學無虛日。小桃方六歲，略識的和之；不曾進師範，已會為人師。祖母做學生，孫兒做先生，天翻地覆了，不復辨師生。三桃湊熱鬧，兩眼呆望著，望得很高興，祖孫竟同學。上課十六天，兒子來一信，老人看得懂，歡樂寧有盡。匆匆六個月，畢業無文憑，日新又日新，苦口作新民。病發前一夜，母對高媽說：你比我年青，求學要心決。子孫須牢記：即知即傳人！苦作守知奴，不是中國人。」《陶行知全集》第7卷，成都：四川教育出版

「小先生出世尚未到一年，而它的懷胎，卻遠在十數年以前。」
❼這裡所說的懷胎，意謂陶行知已肯定小先生的能力，然當時
小先生的名稱則尚未建立。直至民國二十三年（1934），陶行
知在山海工學團召開普及教育動員大會時，正式提出小先生
制。❼

　　陶行知以小先生作為普及教育的前鋒，是參酌中國的國情
而思索出來的。他認為中國教育問題尤以女子教育為重，小先
生因較無性別顧慮，可以負女子普及教育之使命。窮中國除了
重用小先生之外，是沒有其他辦法可以使教育普及。他說：

> 中國的普及教育問題，多半是女子教育問題。婆婆不贊
> 成媳婦上學，因為識字的媳婦不易管。丈夫不贊成老婆
> 上學，因為識字的老婆不易管。母親不贊成女兒上學，

社，1991，頁頁150－152。

❼　陶行知：〈小先生與民眾教育〉，見金成林等編：《陶行知全集》第3
　　卷，成都：四川教育出版社，1991，頁303。

❼　徐明聰云：「1934年1月28日，山海工學團召開普及教育總動員大會，
　　有17處工學團316人參加會議。在這次會議上，陶行知正式提出了『小
　　先生制』。」見《陶行知評傳》，合肥：安徽教育出版社，2001，頁134。
　　另陶行知於〈小先生與民眾教育〉一文云：「小先生最重要的幾位接生
　　婆，除我以外，你們的主任馮先生也是一個，今春『一二八』寶山普及
　　教育動員令，便是馮先生發的（《生活教育》第一期畫報，很希望大家
　　看一看）。每村小先生發令旗一面，普及教育，把知識變做空氣！」此
　　為小先生制產生之經過。見金成林等編：《陶行知全集》第3卷，成都：
　　四川教育出版社，1991，頁四川教育出版社，1991，頁303。

因為一來女兒是個賠錢貨，犯不著在她身上多賠錢；二來識字不易管的女兒是難以嫁出去。中國的女子教育便被這些人犧牲了。……女子教育是幾乎無法解決了。……怎麼辦？有小先生包辦！小先生是熱烈無比的太陽。他一出來，女子教育便像冰雪一樣化掉了。他們連十八歲的大姑娘的房裏都鑽得進去。他來到，你如果正在做事，他可以等你一刻，或是過一會兒再來。灶前、屋角、新娘房都可以做他的課堂。❼

他認為，如果肯承認小先生配做老師，那麼全國現成的小學生，私塾裏的學童，皆可以擔任普及教育的急先鋒，又可發揮藤蔓般的擴散效應，師資也就不虞匱乏。而普及女子教育的難關，也可以因為小先生與女學生間較無性別問題，迎刃而解了。陶行知以小先生制作為推動普及教育的利器，一方面說明他積極推動普及教育的努力外，也說明他肯定小孩的能力。

三、以藝友制補師範教育之不足

陶行知認為，藝友制教育是指以朋友之道教人手藝或藝術的教育方式，它像是一種實習制，又或可稱為藝徒制的昇華。藝友制雖然與藝徒制有其相似之處，卻又有其特殊性。他說：

---

❼ 陶行知：〈女子教育總解決〉，見金成林等編：《陶行知全集》第3卷，成都：四川教育出版社，1991，頁297－298。

藝友制與藝徒制之關係甚密切。由源頭上觀察，藝友制
亦可謂是從徒弟制中脫胎而來者。藝友制與藝徒制之所
同者為教學做合一，藝徒制是在做上教，在做上學，藝
友制亦然。但藝徒制有三種流弊係藝友制所革除者：一、
藝友制下之工匠待藝徒幾如奴僕，至不平等。二、工匠
所有秘訣、心得對藝徒不願輕傳，故使藝徒自摸黑路，
精神、時間，皆不經濟。三、一切動作，偏重勞力而少
用心，太無進步。藝友制則不然：教者、學者既是朋友，
便須以平等相待，以至誠相見，尤須共同在勞力上勞心，
以謀事業之進步。❼

陶行知認為，藝友制與藝徒制都是以教學做合一為根本方
法，但是藝友制主張打破階級觀念，教者與學者站在平等的地
位共教、共學、共做。它可以免除藝徒制的階級矛盾，也可以
打開教者的心防，是真正能做到至誠相見的教育制度。

藝友制的產生，是陶行知改造鄉村教育時的發明，民國十
五年（1926），他在考察鄉村學校後發現，改造鄉村教育須另
闢蹊徑，乃與燕子磯、堯化門小學、開原小學等特約設置舖位，
以提供遠道而來的同志，可以留校做長時間的觀摩學習。其所

---

❼　陶行知：〈藝友制的教育〉，見蒲家駒等編：《陶行知全集》第2卷，
　　成都：四川教育出版社，1991，頁589。關於「藝友制」的解釋，該文
　　亦云：「何謂藝友制？藝者藝術之謂，亦可作手藝解。友為朋友。凡以
　　朋友之道教人藝術或手藝者，謂之藝友制教育。」頁587。

得實驗結果曾引起效習之風，如時任江蘇教育廳長江問漁曾派其侄至燕子磯小學見習，以爲回鄉創辦小學之準備，另「丁夫人偕同女畢業生二人隨張宗麟指導及徐教員學辦鄉村幼稚園，進步異常迅速。」❼可見藝友制的成功試驗，曾影響當時試驗教育的發展。

此外，陶行知認爲，學做教師的途徑，可藉由從師與訪友兩方面得來。他說：「隨友學較從師爲更自然而有效。故欲爲優良教師，莫便於與優良教師爲友。……藝友制以教學做合一爲原則，自能糾正今日師範教育之流弊。」同時，藝友制提倡凡有指導能力者，如圖畫家、音樂家、雕刻家、戲劇家……等，皆可招收藝友。不但是培養人才的有效方法，也是推廣普及教育師資的重要途徑，並影響當時的學校制度與社會觀念，陶行知認爲，影響所及，約有五端：「一、凡有優良教師之學校皆可招收藝友，成爲訓練教師之中心；二、附屬學校將失去惟一實習場所之資格，倘附屬學校欲負訓練教師之責，便非根本改造不可；三、推行義務教育之師資可以增加一偉大之來源；四、優良鄉村小學既可招收藝友，自能解除生活上一部分寂寞；五、根本推翻師範教育之傳統觀念。」❼

綜而言之，藝友制的產生，是陶行知爲改造鄉村教育所設

---

❼ 陶行知：〈藝友制的教育〉，見蒲家駒等編：《陶行知全集》第2卷，成都：四川教育出版社，1991，頁588。

❼ 上引二文係摘自陶行知：〈藝友制的教育〉，見蒲家駒等編：《陶行知全集》第2卷，成都：四川教育出版社，1991，頁589、588。

計出來的一種方式。它以教學做合一為原則，由學者與教者共
同學習，共同實作，並以藝友的身分相互學習，打破傳統徒弟
制的階級觀念，免除師父徒弟間的階級矛盾。這種以朋友之道
來培養師資與人才的教育方式，不僅有助於普及教育的推行，
也衝擊當時的教育制度。

第三章　陶行知民間實踐

　　長久以來，中國的傳統教育因著重在科舉仕進的考量，致使教育僅爲少數人的專利品，結果造成教育失衡，以及多數文盲的產生。五四前後，知識分子受西方民主、科學的影響，逐漸正視文盲的教育問題。陶行知畢生致力於普及教育的推行，他認爲，教育要普及必須提倡文言一致以及以大眾語寫大眾文的主張。其〈文言白話又一戰〉一文曾說：「我的主張是：一切公立學校，都應該教白話文，不應該教文言文，凡合乎現在社會需要的文言文，都應該翻成白話文。中國現在幾個大問題之一，便是普及教育：普及大眾教育，普及兒童教育。負了這個重大使命而能完成這個重大使命的，便是一千萬有資格做小先生的中小學生。小先生必須學白話文，因爲白話文容易學，容易教。如果改用文言文，小先生失去了效用，中國教育再等一百年也不得普及。」❶顯然，文言文在他眼中，是造成教育

---

❶　陶行知：〈文言白話又一戰〉，見金成林等編：《陶行知全集》第3卷，
　　成都：四川教育出版社，1991，頁165。另該文亦云：「從前中學以上
　　學校採用文言文，是根據一種似是而非的人才教育論，以爲士大夫便是
　　人才，能讀古書便是人才。殊不知人才的新解釋，是抱有學術爲大眾除
　　痛苦謀幸福的人。這種人才所說的話，是大眾能懂的話；所寫之文，是

無法普及的原因之一。因此,他主張將合乎社會需要的文言文,都翻成白話文以輔助普及教育的推行。其後,陶行知因感白話文不夠大眾化,造成多數民眾看不懂、聽不懂,於是更提出大眾語文的主張。而其主張的大眾語文即是要符合民眾真正聽得懂、看得懂的需求,亦即最通俗的民眾語文。

陶行知的大眾語文主張,表現在其作品上即是以通俗淺白的大眾語寫出老嫗能解的詩作,以及以童語編寫童話故事。此外,為推行平民教育與普及教育,除提出以民間文藝輔翼教育的主張外,更編寫適合平民閱讀的《平民千字課》、《老少通千字課》,而這兩種識字課本不僅運用民眾的語言編寫,也輯錄了地方歌謠、故事、謎語、笑話等民間文學素材。由此可知,陶行知在推行普及教育之際,是重視大眾語文與民間文學的教育價值。

第一節 組織民眾建立大眾文

一、提倡大眾語文

陶行知的普及教育運動的目標,是破除中國當時的洋化教

大眾能懂之文。故培養學術人才的學校所應該注重的,也是大眾能懂的白話文,非大眾不能懂的文言文。」可見陶行知是主張以白話文來輔助教育的推行,頁165。

育與傳統教育的矛盾。在他所主張的生活教育理論中，強調跨越學校及課本的侷限，主張學習社會大眾的文化。他認為，社會即學校，是「要把文化從模範監牢裡解放出來，使它跑進大社會裡去。」❷茶館、酒樓、戲院、破廟、茅棚、曬台，甚至於茅廁都可成為大眾的課堂。生活即教育，強調書只是一種工具，它和鋸子、鋤頭一樣，是供人使用的工具，人人應讀活書，而不是把書讀死。他認為，唯有以生活為中心的教育，破除學校及課本上的迷失，積極向社會群眾學習，才能達成社會改造的目的。他說：

> 平日過的是少爺小姐的生活，便念盡了汗牛充棟的勞動書，也不算是勞動教育；平日過的是奴隸牛馬的生活，便把《民權初步》念得透熟，熟得倒過來背，也算不了民權教育。沒有生活做中心的教育是死教育。沒有生活為中心的學校是死學校。沒有生活為中心的書本是死書本。在死教育、死學校、死書本裡鬼混的人是死人─先生是先死，學生是學死！先死與學死所造成的國是死國，所造成的世界是死世界。❸

由此可知，陶行知所主張的教育是以生活為中心的教育，

---

❷　陶行知：〈文化解放〉，見金成林等編：《陶行知全集》第3卷，成都：四川教育出版社，1991，頁464。

❸　陶行知：〈教學做合一的教科書〉，見蒲家駒等編：《陶行知全集》第2卷，成都：四川教育出版社，1991，頁650。

他反對高談闊論與不切實際的書呆子教育，而主張從生活中親身力行的生活教育。換句話說，唯有以生活為中心的教育，才是符合中國普及教育需要的教育，而這種教育即是教學做合一的教育。

陶行知的生活教育理論，重視實際生活的學習。他認為，要達到普及教育，除對中國傳統教育進行改革外，還必須提倡大眾聽的懂、看的懂的大眾語言文字。他認為當時中國所通行的白話文，「只是把『之乎者也』換了『的嗎啊呀』，夾了一些外國文法和一些少爺小姐新士大夫的意識造成的。這種白話文，寫起來，大眾看不懂，讀起來，大眾聽不懂。」❹顯然，陶行知認為中國當時所提倡的白話文學運動，僅是部份語言文法的修改，並未達成白話文與大眾文合一的境界。過去文言文是傳統士階級以上的語言文字，白話文學運動的結果，也僅將白話文變成小眾文。這兩種語文因與大眾之間存在一條鴻溝，因此，皆無法作為普及教育的工具。

此外，他進一步指出，小眾語言與大眾語言是不同的。他

---

❹ 陶行知：〈大眾語文運動之路〉，見金成林等編：《陶行知全集》第3卷，成都：四川教育出版社，1991，頁168。關於白話文與大眾文不能合一的說法，陶行知在〈白話文與大眾文〉一文中亦云：「白話已經從小眾的嘴巴跳到小眾的筆頭上去了。近年來的白話詩和白話文，嘴巴念起來，連小眾也聽不懂。」顯然，陶行知認為當時的白話文學運動並未使白話文與大眾語文合一。見金成林等編：《陶行知全集》第3卷，頁701。

說：「小眾說『結婚』，大眾說『做親』；小眾說『戀愛』，大眾說『軋姘頭』。」❺小眾語言是屬於一部分人聽得懂的語言，而大眾語言是深入群眾基層的聲音，是眞正屬於大眾的語言。因此，唯有提倡大眾語文運動，才能達到普及教育的目的。至於提倡大眾語文運動的方法，他認爲有兩種方法是可行的；一是知識分子參與大眾生活，在大眾語演進的基礎上努力寫作語文合一的大眾文。他說：

> 知識分子要想寫大眾文必須先學大眾語，他必須拜大眾做老師。不夠！他必須鑽進大眾的生活裡去，與大眾共生活共甘苦。他必須是大眾隊伍裡的一位戰士。等到自己的生活與大眾的生活打成一片，然後他才能領略大眾生活之酸甜苦辣；然後他寫大眾便是寫自己，寫自己便是寫大眾。如果他不屑拜大眾做老師，不屑在大眾的隊伍裡做一個小兵，他決寫不出好的大眾文。❻

陶行知認爲，知識分子要爲大眾寫文章，不僅要拜大眾做

---

❺　陶行知：〈白話文與大眾文〉，見金成林等編：《陶行知全集》第3卷成都：四川教育出版社，1991，頁702。

❻　陶行知：〈大眾語文運動之路〉，見金成林等編：《陶行知全集》第3卷，成都：四川教育出版社，1991，頁169。關於知識分子寫大眾文的主張，陶行知於〈四個先生〉一文中亦云：「過大眾的生活才算受大眾的教育，才能寫大眾的文章。我們必須在大眾的隊伍裡做一個隊員，與大眾打成一片，才能感覺大眾的痛苦，發現大眾的問題，明了大眾的迫切的要求，這時候才有資格來寫眞正的大眾文。」頁396。

老師，還必須在大眾的隊伍裡做一個戰士。從大眾的生活裡去感覺大眾的痛苦，去發現大眾的問題，明白大眾的需求，唯有如此，才算受大眾的教育，也才有資格、有能力寫出眞正的大眾文。

其次，是將生活符號普及於大眾，使大眾自己創造出語文合一的大眾文。事實上，陶行知所主張的「生活符號」是隨著時間而有所不同的。他在民國二十三年（1934）發表的〈大眾語文之路〉曾說：「拿什麼符號來向大眾普及？漢字呢？注音字母呢？拼音文呢？我的建議是三管齊下：漢字要教；注音字母要教；用注音字母拼成大眾文更要教。」❼顯然，陶行知當時對於以漢字做爲普及教育的工具，仍存有一絲希望。然隨著國難的壓力，陶行知對於「大眾的文字」，則提出不同的主張。

---

❼　陶行知：〈大眾語文運動之路〉，見金成林等編：《陶行知全集》第3卷，成都：四川教育出版社1991，頁169。另該文亦云：「漢字是士大夫的法寶，大眾必須認得這法寶，才能看破士大夫的神秘。能教漢字的人有八千萬。漢字的本身雖難學，但是能教這符號的人如此之多，是推廣運動的一個大便利。我以爲漢字只要認得就夠了。幫助大眾認識漢字的一個方法，便是注音字母。有了注音字母，大眾可以自動去用字典，認生字，追求新知識。但是我們不能停頓在這裡。我們必須立刻教導大眾運用注音字母記錄自己的思想、情感、行動。我們必須立刻教導大眾運用字母寫大眾文。我們教漢字的目的，在使大眾認識那被漢字包圍的中國；我們教字母的目的，小而言之在幫助多識漢字，大而言之在用秋蟬脫殼之方法創造拼音字來代替漢字，以產生拼音的大眾文。我們做普及文字符號的工作時，應當連帶提倡俗寫簡筆漢字，印寫字體合一，國音字母正革合一，以節省學習之時間精力。」頁169－170。

他說：

> 中國已經到了生死關頭，我們必須教育大眾組織起來解
> 決國難。但是這教育大眾的工作。一開始就遇著一個絕
> 大的難關。這個難關就是方塊漢字。方塊漢字難認難寫
> 難學。每一個人必得花費幾年工夫幾十幾百塊錢才學得
> 一點皮毛。一個每天做十二三點鐘苦工的大眾是沒有這
> 些空閒時間，也花不起這許多錢來玩這套把戲。手頭字、
> 簡字是方塊漢字的化身，不是根本的解決。注音字母是
> 為方塊漢字注音的工具，不過是方塊漢字的附屬品。國
> 語羅馬字崇奉北平話為國語，名為提倡國語統一，實際
> 上是來它一個北平話獨裁。……中國大眾所需要的新文
> 字是拼音的新文字，是沒有四聲符號麻煩的新文字，是
> 解脫一個地方語的獨裁的新文字。❽

　　陶行知認為，中國方塊漢字難寫、難認、難學，在國難期
間，大眾實無多餘時間與金錢可以兼學北平語又學羅馬字，因
此，唯有採取「拼音的新文字」的方法，使大眾學得新文字後，

---

❽　陶行知：〈大眾的文字〉，見金成林等編：《陶行知全集》第3卷，成
　　都：四川教育出版社，1991，頁475－476。另該文又云：「在有錢有閒
　　的人看來，學了一口北平話再用羅馬字母讀讀寫寫，是不費什麼事。但
　　是叫上海、福州或廣州的苦人同時學北平話又學羅馬字，那幾乎是和學
　　外國話一樣的難。國語羅馬字又注重聲調的符號，把初學的人弄得頭昏
　　腦黑。」可見，陶行知不主張以北平話為獨裁的國語。頁475－476。

可以創造出屬於大眾的文學,如此方有助於教育普及。他進一
步指陳:

> 大眾語只有拼音的新文字才可以把它忠實的寫出來。漢
> 字是沒有這個本領,漢字難寫難認。它是普及大眾教育
> 最大的障礙物。我們不能靠它來提高大眾的文化。我們
> 要想建設大眾文,必須採取那容易認、容易寫、容易學
> 的拼音新文字。有了拼音新文字,大眾自己就可以根據
> 大眾語和前進大眾意識來創造大眾高興看,高興讀,高
> 興聽的大眾文。新文字拿在手裡,大眾自己就能產生文
> 化糧食。他們再不至於做文化餓鬼,也不至於做文化乞
> 丐,也不至於苦苦的哀求小眾拿吃不了的文化麵包來賑
> 濟他們了。❾

　　陶行知認為,新文字具有容易認、容易寫、容易學的特色,
是漢字所欠缺的優點,因此,他主張以「拼音新文字」來取代

---

❾　陶行知:〈白話文與大眾文〉,見金成林等編:《陶行知全集》第3卷,
　成都:四川教育出版社,1991,頁702。所謂「拼音新文字」即「拉丁
　化新文字」,是用拉丁字母拼寫漢語的方案之一。西元1931年9月26日,
　「中國新文字第一次代表大會」於海參威舉行的,到會學者有吳玉章、
　林伯渠、蕭三和蘇聯各地華僑代表、遠東華僑工人及蘇聯漢學家等。並
　通過「中國漢字拉丁化的原則和規則」方案,1933年後,中國各地相繼
　成立研究社團,1955年,中共全國文字改革委員會成立後即停止使用。
　見陶行知:〈新文字和國語羅馬字〉,金成林等編:《陶行知全集》第
　3卷,成都:四川教育出版社,1991,頁728。

漢字在教育上的功能，使大眾在受拼音新文字的教育後，可以創造屬於大眾的文學，進而達到普及大眾教育的目標。

陶行知除提倡以「拼音新文字」取代漢字的教育功能外，他認為，要寫出適合大眾閱讀的大眾語文，須請耳朵先生、大眾先生、生活先生、新文字先生做指導。他認為，眼睛平時看慣古文與白話文，容易寫出大眾看不懂的文字而不自知，耳朵比起眼睛來是和大眾接近些。因此，在寫大眾文之際，必須把自己的耳朵請出來指導。然單靠自己的耳朵是不夠的，還必須借重大眾的耳朵。農人、工人、車夫、老媽子、小孩子都是必須請教的先生。其次，還須過大眾的生活，體驗大眾的痛苦，與大眾打成一片。另新文字具容易學、容易認、容易讀之特色，更是撰寫大眾文的好方法。因此，陶行知認為，要寫大眾文必須借重四位先生。他說：「這四位先生可以指導我們怎樣寫大眾文。我們如果真有心做大眾語的文章，最好的訓練是鑽進大眾的隊伍裡去和大眾的生活打成一片，感受大眾的壓迫，覺悟大眾的問題，發現大眾的生路，然後說一句話便是大眾要說要聽的話，寫一篇文章便是大眾要寫要看的文章了。」❿

綜而言之，陶行知的生活教育理論是主張以生活為中心的教育，他重視書本以外一切與生活有關的教育，反對培養書呆子的傳統教育。他為提倡普及教育運動，主張以大眾語寫大眾

❿　陶行知：〈白話文與大眾文〉，見金成林等編：《陶行知全集》第3卷，成都：四川教育出版社，1991，頁703。

文，並主張以「四個先生」來指導大眾文創作。從陶行知對大眾語文的提倡，可以看出他當時所提倡的大眾語文是爲普及教育而量身打造的，而這種大眾語文即是民眾最口語化的文學。雖然陶行知並未言明大眾語文與民間文學間的關係，但是卻可以看出陶行知是主張以大眾語寫大眾文，也說明他是肯定民眾的文學。

二、樸質大眾詩風

鍾敬文曾說：「民眾教育者，不必同時是民眾生活模式的專門的研究家。但是，他們不能不是『它（民眾生活模式）的搜集和探究運動』的參與者。」⓫陶行知以生活教育理論作爲推行普及教育的指導方針，強調深入群眾，體驗民眾的生活，主張和農民、工人、車夫、老媽子、小孩子做朋友。他認爲，第一流的大眾文，是大眾自己寫的文章，而不是局外人所能寫得好的。因此，要寫出民眾聽得懂的語文，就必須鑽入群眾生活當中，傾聽民眾的聲音。用民眾的語言來寫大眾語文，才是第一流的大眾語文。

陶行知的詩歌，通俗淺顯，反映出他對群眾語言的肯定。他說：「文章好不好？要問老媽子，老媽高興聽，可以賣稿子。

⓫ 鍾敬文：〈民眾生活模式和民眾教育〉，見《鍾敬文文集·民俗學卷》，合肥：安徽教育出版社，1999，頁505。

老媽聽不懂，就算是廢紙，廢紙哪個要？送給書呆子。」❶❷在
《陶行知詩歌集》中，他以淺顯通俗、老嫗可解的詩風，表達
他對教育、對國家、對社會等現象的內心感觸。他重視兒童及
群眾的語言，就其詩的風格而言，可看出陶行知受到中國兒歌、
民謠的影響。郭沫若曾說：「校讀了陶先生的詩，委實使我心
悅誠服。他不僅是開創時代的哲人，而且是一位偉大的人民詩
人。陶先生的詩，不僅量多，而且質好。一些看不起民歌體的
自命詩人或許會藐視這裡的大量的歌謠成分吧，但這正是陶行
知之所以偉大。」❶❸李楚材也說：「陶先生的詩，大量運用了
歌謠體，使他的作品，更加通俗化，更加口語化，更使人懂得，
更得到效果。」❶❹另詩人袁水拍批評道：「一般中國新詩的洋

---

❶❷　該則新詩係陶行知所作之〈問老媽子〉，見吳正賢等編：《陶行知全集》
　　第7卷，成都：四川教育出版社，1991，頁457。

❶❸　郭沫若：〈《行知詩歌集》校後記〉，見華中師範學院教育科學研究所
　　編：《陶行知全集》第4卷，長沙：湖南教育出版社，1984，頁820。

❶❹　李楚材：《陶行知和兒童文學》，上海：兒童少年出版社，1990，頁262。
　　關於陶詩的評價，另高克奇：〈管窺陶詩〉一文亦云：「陶先生的詩歌，
　　稍識之無的人就可以看懂讀懂，朗誦起來，就是全不識字的人也可能聽
　　懂的。它之所以比較能為人民大眾接受，首先在於它通俗的風格；它的
　　語言，雖不能說完全是人民大眾的口頭語，但總可說是比較接近人民大
　　眾的口頭語，而其簡單，明確，樸素，則更是非常顯著的適合於人民大
　　眾文化水平的一大特色。……陶先生的作歌，承襲了過去詩歌的第一個
　　特點，這就是腳韻；有腳韻，念起來順口，記起來容易。體裁方面：舊
　　詩，自由詩，民間的歌謠，陶先生都採用，把它們熔於一爐，結果就形
　　成他特有的一種格式。」見陶行知先生紀念委員會編：《陶行知先生紀
　　念集》，陶行知先生紀念委員會，1946，頁135－136。

味兒很重，至少比所具的中國味兒多，但陶先生的詩則不然，他和中國舊詩，中國民謠，是接近的，至於談到詩的內容，我們可以這樣說，『陶詩派』是講壇上的詩，是傳教士的詩，……他把他的哲學、教義、常識、政治，借助一種中國平民易於接受的文學媒介，來『勸人爲善』。」⑮可見陶行知的詩作，是受到民間歌謠的影響。

　　陶行知汲取民間歌謠，並在民間歌謠形式的基礎上，寫成淺顯易懂的通俗詩歌，可說是他在推行大眾語運動上的具體實踐。他喜歡在現有的歌謠基礎上，融入自己的情感。例如他爲慶賀吉祥庵小學的開學，將北方歌謠：「風來了，雨來了，老和尚背著一個鼓來了。」改寫成：「風來了！雨來了！謝老師捧著一顆心來了！風來了！雨來了！韓老師捧著一顆心來了！」⑯以獻給吉祥庵學校的家長和小朋友。或有感當時農夫生活受到地主及帝國主義的壓榨，將北方流行的〈農夫歌〉：「穿的粗布衣，吃的家常飯，腰裡夾著旱煙袋兒，頭戴草帽圈。手拿農作具，日在田野間，受盡辛苦與風寒，功德高大如天。

---

⑮　袁水拍：〈陶派詩〉，陶行知先生紀念委員會編：《陶行知先生紀念集》，陶行知先生紀念委員會，1946，頁132。另該文亦云：「陶先生的詩多數是包含教育意味和政治意味的。在形式上，他的詩像民間歌謠，像偈，像口訣，它的讀者對象決不是狹小的詩人圈子，而是群眾，他的學生，他的演講的聽眾。用口語，白話……腳韻，形式整齊的居多，自由詩體也有。」

⑯　陶行知：〈風雨中開學〉，見吳正賢等編：《陶行知全集》第7卷，成都：四川教育出版社，1991，頁336。

農事完畢急急把糧捐,將糧繳納完,才得自在安然。士工商兵輕視咱,無有農夫誰能活在天地間。」改寫成:「穿的樹皮衣;吃的草根飯;背上背著沒賣掉的孩兒餓煞喊爹爹。牽著牛大哥,去耕別人田。太陽曬在赤膊,心裡如滾油煎。九折三分,駝利納糧錢,良民變成匪,問在何處申冤?人面蝗蟲飛滿天。飛滿天!無有農夫誰能活天地間?」❶從以上的例子可以看出,陶行知的詩歌,有一部分是在民間歌謠的基礎上,改編而成的。而這些具有民間歌謠影子的詩歌,即是民眾生活中的語言。

　　陶行知的詩歌,除了是在民間歌謠的基礎上做改編外,也將民歌幫腔調中的「雅荷海」、「梅綺紫梭」、「荷荷」、「得兒郎當飄一飄」等,運用在詩歌創作上。如〈鳳陽花鼓改作〉調,是陶行知據安徽〈鳳陽花鼓〉調改寫,〈農人破產之過程〉、〈鐮刀歌〉是按南京北固鄉一帶流行的山歌曲譜填寫而成的歌詞。如〈農人破產之過程〉:

　　(第一年)
　　太陽下山墩墩,雅荷海。過不得年兒,荷荷。債主追來了,梅綺紫梭,翻下臉兒索,難為情啊!荷荷。
　　(第二年)
　　太陽下山墩墩,雅荷海。過不得年兒,荷荷。債主追來了,梅綺紫梭,牽去牛大哥,捨不得啊!荷荷。

---

❶　陶行知:〈農夫歌〉,見吳正賢等編:《陶行知全集》第7卷,成都:四川教育出版社,1991,頁16-17。

（第三年）

太陽下山墩墩，雅荷海。過不得年兒，荷荷。債主追來了，梅綺紫梭，把我田地奪，如何得了！荷荷。

（第四年）

太陽下山墩墩，雅荷海。過不得年兒，荷荷。債主追來了，梅綺紫梭，強把棉襖剝，冷得抖啊！荷荷。

（第五年）

太陽下山墩墩，雅荷海。過不得年兒，荷荷。債主追來了，梅綺紫梭，逼我賣老婆，天啊！天啊！荷荷。⓱

　　從〈農人破產之過程〉這首詩可以看出，其形式是受民間歌謠的影響，這反映出陶行知對民眾語言的重視。若從詩的內容而言，則可看出農村破產，農民田產被奪，老婆被賣的窘狀，流露出陶行知對農民生活的同情。從陶行知的詩歌看來，無論是吸收山歌調的幫腔，或是依調填詞，其詩歌都展現出接近群眾語言的特色，呈現出通俗化、口語化的新氣象。他不避諱群眾的語言，大膽使用民間通俗口語。就如〈一分鐘歌謠演講〉中所寫的：

　　不做工，要吃飯：什麼人？王八蛋。要吃飯，不讀書：什麼人？老母豬。讀了書，不教人：什麼人？木頭人。

⓱　陶行知：〈農人破產之過程〉，見吳正賢等編：《陶行知全集》第7卷，成都：四川教育出版社，1991，頁7～8。

教死書，不反帝：什麼人？狗放屁。❶

　　「王八蛋」、「老母豬」、「木頭人」、「狗放屁」等都成為他筆下的新鮮用語。其它「屎」、「尿」、「梅毒」等，❷他也不避諱使用。從他的詩歌風格中，可以看出，他是主張與民眾站在一起、向民眾學習的。也正反映其「生活即教育」、「社會即學校」的主張。

第二節　汲取民間文學以編輯教材

一、主張教材生活化

　　陶行知除主張以大眾語寫大眾文外，其詩作亦受到民間歌謠的影響，顯得通俗淺白，這種提倡民眾語言的主張，亦反映在其編寫的教材之中。就《平民千字課》、《老少通千字課》

---

❶　陶行知：〈一分鐘歌謠演講〉，見吳正賢等編：《陶行知全集》第7卷，成都：四川教育出版社，1991，頁214－215。

❷　〈送禮〉一詩中，陶行知不避諱地使用屎、尿、梅毒等字眼。原詩是：「鄉下人送去的禮：是麥是米。城裡人回送的禮：是屎是屎。屎屎還算好，可以肥五穀。挑穀進城賣，買回一身毒。梅毒會傳代，永遠不可贖。種穀要納糧，糧差凶如虎。納糧開學校，有書不得讀。納糧養官兵，吃人如吃肉。對外不抵抗，樂土成地獄。納糧防天災，挪去造金屋。大雨天上來，萬人水裏哭。」見吳正賢等編：《陶行知全集》第7卷，成都：四川教育出版社，1991，頁144－145。

的內容而言，可以看出，陶行知在識字課本的編寫上，運用了
故事、歌謠、謎語、笑話等民間文學素材。這種以民眾生活經
驗爲背景的民間文學，是最接近民眾的文學，它可以使民眾在
已有的起點行爲上，提高學習的效率，也可以引導民眾進入情
境中學習。陶行知以生活化的民間文學編寫教材，與他主張的
「生活即教育」、「社會即學校」的教育理念是一致的。這種
以生活爲中心的主張，亦反映在編寫教科書的看法上。他認爲，
過去中國的教科書害了幾種病，其病因之一是「中國的教科書
是忽略生活的教科書」。他說：

> 教育好比是菜蔬，文字好比是纖維，生活好比是各種維
> 他命（Vitamin）。以文字為中心而忽略生活的教科書，
> 好比是有纖維而無維他命之菜蔬，吃了不能滋養體力。
> 中國的教科書，是沒有維他命的書。它是上海上等白米，
> 吃了叫人害腳氣病，寸步難行。它是中國小孩子的手銬，
> 害得他們雙手無能。它是死的、假的、靜止的。它沒有
> 生命的力量。它是創造、建設、生產的最大的障礙物。
> ㉑

　　陶行知認爲，中國傳統的教科書是以文字爲中心，以爲文
字之外別其他無教育。這種以文字爲中心而忽略生活的教科

㉑　陶行知：〈教學做合一的教科書〉，見蒲家駒等編：《陶行知全集》第
　　2卷，成都：四川教育出版社，1991，頁656。

書，是缺乏生命力的教科書。學生即使勉強接受，也無法吸收及運用，不僅毫無用處，也阻礙學生創造思考的能力。雖然此說法並不能直接說明陶行知是主張以民間文學素材編寫教科書，卻說明陶行知對傳統教科書僅重視文字教育而忽略其他生活教育的事實感到不滿。

其次，「中國的教科書所用的文字不是第一流的文字」他說:「我不能恭維中國初中以下的教科書是小孩子值得讀的書。」他認為中國教科書雖以文字為中心，卻沒有把最好的文字收進去。他舉出三種版本的例子來說明。

> 甲家書館：大狗叫，小狗跳。叫一叫，跳兩跳。
>
> 乙家書館：小小貓，快快跑。小小貓，快快跑。
>
> 丙家書館：小小貓，小小貓。快快跑，快快跑。❷❷

陶行知認為，相較於以上三種版本的教科書，劉姥姥赴賈

---

❷❷　陶行知於〈教學做合一的教科書〉一文曾說：「中國的教科書雖然以文做中心，但是所用的文字不是第一流的文字。……我不能恭維中國初中以下的教科書是小孩子值得讀的書。在我的《中國自然科學教科書之解剖》一篇論文中，我將毫不避諱的羅列各家教科書之病菌，放在顯微鏡下，請大家自己去看。我現在只想舉一個普通的例子來做個證明。諸位讀了下面三節教科書，作何感想？『甲家書館：大狗叫，小狗跳。叫一叫，跳兩跳。乙家書館：小小貓，快快跑。小小貓，快快跑。丙家書館：小小貓，小小貓。快快跑，快快跑。』若不是因為每個小學生必得有一本教科書，每本教科書必得有書館編好由教育部審定，誰願意買這種有字有音而沒有意義的東西呀？」見蒲家駒等編：《陶行知全集》第2卷，成都：四川教育出版社，1991，頁654－655。

母宴會時,在席上低著頭引得大家哄堂大笑的幾句話:「老劉,老劉,食量大如牛,吃個老母豬,不抬頭。」是更值得作為小孩子閱讀的教科書,然而,這種好文章在以文字為中心的教科書竟找不到一個地位。顯然,陶行知認為甲、乙、丙三種教科書,雖然文字簡單,但是內容顯得呆板無趣。而劉姥姥自我解嘲的俏皮話,不僅生動活潑,同時,也把劉姥姥的誇張的形象描寫的貼切有趣。這種具有故事情節、通俗有趣的文字,陶行知認為才是第一流的文字,也是教科書應走的編輯方向。

由此可知,陶行知是主張以「有字有音有意義」的「老劉,老劉,食量大如牛,吃個老母豬,不抬頭。」取代「有字有音而沒有意義」的「大狗叫,小狗跳。叫一叫,跳兩跳。」此觀點意味陶行知視劉姥姥在宴會上所念的歌謠是第一流文字,而這種歌謠正是民間文學的素材之一。雖然他對「第一流文字的教科書」的特徵並未提出更多相關的論點,然就其以地方歌謠、謎語、笑話等民間文學素材編寫《老少通千字課》的做法,則可進一步說明他對民間文學的肯定以及民眾語言的重視。如其蒐錄〈新媳婦〉:

> 新來媳婦事體多,梳起頭來去洗鍋。提了升籮去量米,問聲婆婆量幾多?婆婆罵聲不中用:「有客三升米,無客二升多。」媳婦暗地說:「鑼靠鼓,鼓靠鑼,新來媳婦靠公婆。自從今日問過後,不再問你老婆婆。」

〈新媳婦〉是流傳江浙一代的民間歌謠,是描寫新娶媳婦

與婆婆間的互動關係。歌謠中，婆婆對新進門的媳婦採取下馬威的態度，而媳婦在受婆婆教訓之後，暗地裡亦顯得不甘示弱。該則歌謠將婆媳之間的相處模式刻畫的栩栩如生，同時也反映出傳統家庭的婆媳關係。另〈三歲小孩〉是描寫三歲小孩上學的逗趣模樣：

> 三歲小孩穿紅鞋，搖搖擺擺上學來；板凳沒有坐得熱，
> 「先生，先生，我要回家吃點奶。」

　　該則童謠係流傳華北、華中一代的民間歌謠，是描寫三歲小孩穿紅鞋上學，坐不住又想喝奶的可愛模樣，透過民間歌謠的描寫，使小孩天真無邪的形象躍然紙上。另〈梅香苦〉是描寫小女孩被母親賣為婢女而受盡折磨的情景：

> 阿媽娘，無商量，三歲賣我出去做梅香。做梅香，苦難
> 當：吃末吃個薄粥湯；著末著個破衣裳；睡末睡個無腳
> 床；走末走個黑弄堂；打末打個蠻巴掌。㉓

　　相較於〈三歲小孩〉可愛逗趣模樣，此歌謠是反映出小婢女受苦的心聲，並將小梅香受環境折磨的情形，描寫的楚楚可憐，反映出傳統農業家庭對生活的無奈，以及小女孩在家中地位的卑微。

㉓　以上所引之三首歌謠，係摘自陶行知：《老少通千字課》，見龔思雪等
　　編：《陶行知全集》第5卷，成都：四川教育出版社，1991，頁394、403、
　　406。

由以上歌謠可知，陶行知在編輯《老少通千字課》之際，是以生活化的題材與大眾化的語言為教材標準，而這些教材內容與語言文字風格正與前所述的「老劉，老劉，食量大如牛，吃個老母豬，不抬頭。」有著異曲同工之妙，亦即符合陶行知所主張的教材內容以及第一流的文字的標準。

此外，陶行知認為，「中國的教科書，是以零碎的文字做中心，缺乏教材一貫性」。這種以零碎的文字做中心的教科書，是無法引起學生繼續學習的動機。他說：

> 中國的教科書，不但用不好的文字做中心，並且用零碎的文字做中心，每課教幾個字，傳授一點零碎的知識。學生讀了一課，便以為完了，再也沒有進一步追求知引導。我們讀《水滸》、《紅樓夢》、《魯濱孫飄流記》一類小說的時候，讀了第一節便想讀第二節，甚至於從早晨讀到夜晚，從夜晚讀到天亮，要把它一口氣讀完了才覺得痛快。中國的教科書是以零碎文字做中心，沒有這種力量。有人說，中國文人是蛀書蟲。可是教科書連培養蛀書蟲的力量也沒有。❷❹

陶行知指出，傳統教科書不僅以不好的文字作中心，更以零碎的文字為中心，這種缺乏教材的一貫性的編輯法，缺乏吸

---

❷❹　陶行知：〈教學做合一的教科書〉，見蒲家駒等編：《陶行知全集》第2卷，成都：四川教育出版社，1991，頁655。

引學生閱讀的動力，自然無法提升學生閱讀的興趣。

　　綜而言之，陶行知是主張以生活化的語言與大眾的文學去編輯適合民眾或學生閱讀的教材，他認為，教材應該以生活為中心，並從生活經驗中選取材料，同時必須以第一流文字編寫生動活潑的教材，亦即教材需從大眾語文中去找尋具備「有字、有音、有意義」的文學，唯有如此，方能引起學生學習的動機以及閱讀的興趣，也才有助於教育之普及。

二、以民間文學編輯教材

　　在民智未開的農村社會裡，歌謠、故事、謎語等口頭創作的民間文學素材，不僅是民眾茶餘飯後的休閒娛樂，同時，也被援引為啟蒙教育的生活教材。如前所述，陶行知在推行平民教育運動與普及教育運動之際，曾以故事、歌謠、謎語等民間文學素材編輯教材，其目的即是取其生活化、娛樂化的性質，以期達到寓教於樂之效果。在陶行知所編寫的識字課本中，《平民千字課》是他與朱經農在推行平民教育運動時，針對十二歲以上不識字之人民，以每天教一點鐘，預計九十六天或十六個星期教完的教材設計。他說：「本書的目的有三：（一）是為培養人生與共和國民必不可少之精神和態度。（二）訓練處理家常信札、帳目和別的應用文件的能力。（三）培養繼續讀書看報和領略優良教育之基本能力。」❷⑤可見《平民千字課》是

---

❷⑤　陶行知：〈本書注意事項〉，見冀思雪等編：《陶行知全集》第5卷，

陶行知為培養國人識字與閱讀能力所編寫之教材，其內容蘊含公民道德與生活基本需要之知識。

陶行知認為，《平民千字課》既為平民所設計，內容自然應是接近平民生活，為平民所熟悉的。關於《平民千字課》的內容設計，他在〈平民千字課編輯大意〉一文中提到：「內容採用《平民文學》這部書，注重平民文學，除通常應用之書信、帳目、契據、字條、單帖外，還加入平民詩歌、故事，培養他們的欣賞力並陶冶他們的性情。」❷此外，在〈編輯平民千字課的一點說明中〉也提及：「中國是賴債國，又是土匪國，大多數人都飢荒極了，不但肉體上，而且精神上。我和朱經農先生就是擔任的廚子。第一主旨是要使他們吃的剛好，不多不少；第二是要合乎衛生；第三是要有味。書中有詩歌、故事，就為的是要有味；而請哲學、史學、政治、科學、教育各專家定出目標，就為的是要合乎衛生；至於多少，更是酌量審慎，不肯草率的了。」❷由此可知，《平民千字課》在內容的設計上，是以平民生活為背景，內容形式包含詩歌、故事。其目的是培養平民識字、處理應用文件之能力，以及民主與愛國之精神。

繼《平民千字課》之後，陶行知為推行普及教育運動，另

成都：四川教育出版社，1991，頁5。

❷ 陶行知：〈平民千字課編輯大意〉，見冀思雪等編：《陶行知全集》第5卷，成都：四川教育出版社，1991，頁204。

❷ 陶行知：〈編輯平民千字課的一點說明〉，見冀思雪等編：《陶行知全集》第5卷，成都：四川教育出版社，1991，頁206。

編輯《老少通千字課》一書。兩種識字課本因針對不同的閱讀對象所設計，因此在內容的編輯上是有所不同的。按陶行知的構想，《平民千字課》是針對十二歲以上不識字之人民所設計的，不甚適合年歲太小的兒童使用。而《老少通千字課》則是適合老人家和小孩子通用的通俗課本。就內容而言，《平民千字課》蒐錄較多的故事題材，《老少通千字課》則汲取較多的兒歌、謎語、諺語等民間文學題材。在教材的設計上，呈現出簡單化、生活化、趣味化等特色。就內容形式而言，則採取故事、兒歌、謎語、民歌、諺語等形式。

（一）傳說故事

陶行知在推行平民教育運動之際，主張以故事來編輯教科書。他認為以故事體裁編輯教科書，不僅可以引起學習的動機，同時可以培養國民愛國精神。他說：

> 現在的平民教育運動，是平民讀書的運動。目的在使平民一面讀一點書，一面得一點做人做國民的精神。……我們要想平民讀書，非但得其益處，且當注重於固有的精神如何發揮，固有的缺點如何補救。所以我們編輯教科書，就用故事的方法，使平民讀一課之後，看看某人很好，自己就自然而然的願意做那種人；看看某人很壞，自己就不願意做那種人。這是把公民和讀書的精神化合在一處，以培植其作國民的能力。現在這種平民教育運動，就是要使平民能夠讀書，而且要有做人做國民的精

神。㉘

可見陶行知在編輯教科書時，已注意到以故事來吸引民眾閱讀，以及藉故事來喚醒民眾效法前賢德行的主張。在《平民千字課》中，陶行知蒐錄了中、外人物傳說故事，其目的是透過人物的特殊性格的介紹，以發揮道德教育之功能。這類的人物傳說包括〈破缸救人〉、〈埋蛇免害〉、〈除三害〉、〈佛〉、〈瓦特〉⋯⋯等。如〈埋蛇免害〉是描寫孫叔敖之善行故事：

> 孫叔敖九歲的時候，帶了鋤頭到野外去遊玩。到了一處，見石洞中忽然游出一條兩頭蛇來，叔敖正要逃走，忽然想到人家說過，「看見兩頭蛇是要死的。」如今我看見了，性命一定不保。倘是我不把這蛇打死，別人見了，不是又要受害嗎？叔敖就拿起鋤頭，把蛇打死，把這死蛇埋在地下，免得別人看見。叔敖回到家裏，一見母親。就大哭起來，母親問他，他才說出埋蛇的事。並把「見了兩頭蛇，必定要死」的話，哭訴了母親。他的母親回答他說：「好孩子！你不要怕。你行了好事，必有好報。你既然把兩頭蛇打死埋掉了，免得人家受害，你自己是一定不會死了。」

當孫叔敖看見兩頭蛇時，原欲逃走，但是想起「見了兩頭

㉘　陶行知：〈長江流域平民教育運動之性質組織及方法〉，見金成林等編：《陶行知全集》第1卷，成都：四川教育出版社，1991，頁569。

蛇,必定要死」的傳說,又擔心他人亦因見蛇而遭遇相同命運,乃鼓起勇氣將蛇打死,以免他人受難。這種慮及他人安危之同理心,以及破除迷信思想,正是陶行知在推行平民教育運動時,所欲宣傳之公民道德思想。另〈老實人賣牛〉是寫司馬光命僕人誠實賣牛的故事,旨在培養國人誠實的道德觀念。

> 一個主人叫他的老家人把條牛牽出去賣,並對老人家說:「我這條牛去年生過肺病,如果有人要買,你要老實對他說,不要給人家上當。」老人家說:「是。」他就把牛牽出去賣。走了一天,賣不出去。等到太陽下山的時候,才有一個農夫來買他的牛。說好了價錢,農夫就把牛拿過來細細的看了一看,覺得沒有毛病,就一面收下來,一面拿錢給老人家。老人家拿了錢回去,一路走,一路想,越想越覺很難過。為什麼呢?他覺得沒有把牛生過肺病這句話對農夫說明白,總有點不對。一來是欺農人,二來是欺主人,三來是欺自己的良心。想到這裡,他就跑回去,把牛的病一五一十說給農夫聽,並和農夫說:「你如果不要買,我可以把銀子還給你。」農夫聽見這句話,自然是不要買了。看看天色已晚,老人家牽著牛走回家去,把這回事的經過,細細的對主人說了一遍。主人說:「你真是個老實的人!」這個主人是誰?就是司馬光。

司馬光叮嚀僕人須將牛犯肺病之實情告知買者,然僕人因

天晚急欲賣牛，而未告知買者，事後因良心發現，終將實情告知農人，並將錢退還農人。故事中，司馬光的誠實與僕人知錯能改之行為，即是陶行知所欲表彰之精神。而農人對於買賣之無知與不察，似乎也意味農人因未受教育而易受欺騙之事實。另〈除三害〉是描寫周處知恥改過之故事，亦是陶行知灌輸平民道德思想之題材。

> 周處少年的時候，無惡不作，鄉里的人，看見他就害怕，可是心裡都很恨他。他自己以為有勇力，一意橫行，全不知道人家對他怎樣。一天，他聽得鄉中年老的人說：「這鄉里有三個大害，如果不能除掉，一鄉的人是沒有太平日子過的！」周處問他：「有什麼三害呢？」他說：「第一是南山上的老虎，時常出來吃人；第二是長橋下的大蛟，時常興風作浪；第三就在眼前那個橫行鄉里的少年！」周處明明知道第三樣是說他的，他就一心一意改過，要代鄉人除去這三個大害。他便一人入山，先把那個老虎射死；再到水裡去斬蛟，三天才得成功。兩害除了之後，他自己就去拜陸雲做先生，一心求學去了。鄉里的人看他變得這樣好，也就愛重他了。

在現實生活中，「人非聖賢，孰能無過」，然知錯能改則需要勇氣與毅力，陶行知在編寫《平民千字課》時，亦將知恥的觀念，藉由故事以教育平民，使平民在閱讀中得到潛移默化之效，進而達到改善國民素質之目的。

此外，陶行知亦將外國的傳說故事，編寫成識字課本以供平民閱讀，內容或宣揚道德精神，或闡述科學觀念。如〈佛〉是寫釋迦牟尼的慈悲行為：

> 佛生在印度。他是一個國王的太子。國王非常喜歡他，十七歲就替他娶親，又起了一所很好的王宮給他住，服侍他的人又多。他在這裡過日子，真是可以沒有憂愁了。有一天太子出宮遊玩，走到東門看見一個老人，走路的時候，連氣都接不上來。他覺得老了真正可憐。後來走到南門，又看見一個病人，睡在地上，滿身生瘡，叫苦連天。又到西門，看見一家死了人，父母兄弟、妻子、兒女，圍著痛哭。實在可悲得很。最後走到北門，看見一個出家人，獨來獨往，一點牽掛也沒有。他就覺得人生在世，如果想離開生老病死的種種痛苦，非修行不可。所以他就要離開王宮，逃到山裡修行，天天坐在樹底下靜想，過了六七年就成了佛。他不貪世上的富貴安樂，丟了太子不做，一心一意想要普渡眾生。他的教訓，就是以慈悲兩個字。他情願自己到地獄裡去代替世人受苦，所以許多人被他感化了。

該則故事是流傳印度的民間故事，描寫太子釋迦牟尼捨棄榮華富貴，出家成佛的經過。陶行知編寫該則故事的用意，並非鼓勵世人出家，而主要是宣揚釋迦牟尼普渡眾生的慈悲行為，藉此培養百姓心存善念的精神。另〈佛蘭克林〉一文，是

宣揚科學知識的外國故事。

> 佛蘭克林是二百年前美國最有名的一個大人物。他曾幫
> 助華盛頓造成現在的美洲合眾國。又曾著過好些書,所
> 以大家都曉得他是一位大政治家、大文學家。我們現在
> 要說的,卻是他研究科學的一件故事。大家曉得夏天大
> 雷雨的時候,那種轟聲閃光,多麼可怕,所以我們的祖
> 先,都說雷有雷公,電有電母。上天若是發怒,就有雷
> 公電母出來嚇人了。可是在西曆一千七百五十二年的夏
> 天,佛蘭克林曾放一個風箏到空中,把天上的電氣引到
> 地下,證明那天上的電氣,和我們平常用來點燈通信的
> 電氣,原來是一件東西,並沒有什麼神秘。佛蘭克林死
> 後,有人在他的墓碑刻了幾行字說:「他從皇帝手中奪
> 來了政權,從天上奪來了電氣。」這兩句話,實在可以
> 表揚他平生的功業。㉙

　　故事中,陶行知特將中國雷公電母的傳說與佛蘭克林發明
電氣的事蹟相對照,藉以教育百姓科學知識與破除迷信的觀
念。可見陶行知在編寫《平民千字課》時,除以傳說故事培養
百姓道德精神外,亦以故事體裁介紹科學知識,使民眾在閱讀

㉙　以上所引之傳說故事係摘自陶行知:《平民千字課》,見龔思雪等編:
　　《陶行知全集》第5卷,成都:四川教育出版社,1991,頁96－97、80
　　－81、90－91、156－157、170－171。

之際，得以啓發科學觀念。

　　由此可知，陶行知在編寫《平民千字課》時，蒐錄了許多人傳說故事，其目的即是藉以寓教於樂。這種以說故事以引起讀者學習動機的方式，亦反映在陶行知編寫的其他讀物上。如他在創辦兒童科學通訊學校時，曾爲兒童編寫《兒童天文學活頁指導》，亦以說故事方式指導兒童認識天文星宿。其〈八月之星·織女與牛郎〉寫道：

　　　　相傳織女是天帝的孫女，自從嫁給牛郎就懶得織布。天帝於是發怒，把他們倆趕了出去，一個分發到天河之西，一個分發到天河之東，每年只許在七月七相會一次。天河無橋可渡。烏鵲為他們的誠心所感動，飛來渡他們過去。又有一說：一次有七個仙女在河裡洗澡，其中一個即是織女，牛郎趁著織女不在意將她的寶衣藏了起來。織女不能上天，只得嫁給牛郎。牛郎有老牛，感牛郎一生愛護之恩，臨死對牛郎說：「你把我的皮剝下來裝些黃沙，每天背在身上，能救你危難。」牛郎只得照辦。牛郎與織女結婚三年，生了一兒一女。織女騙得寶衣，馬上升天。牛郎急得無法，向背後一拍，正拍在牛皮包袱上，忽然騰雲駕霧，牛郎便拚命的跟著織女追。差不多追上了，織女撥了頭上金釵，向後面一畫，畫成一條大河。牛郎灑出黃沙，大河中就現出一條沙路。牛郎又沿著沙路拚命的追。織女看看又快趕上了，又把金釵一

　　畫，分出第二條大河，牛郎正在無法可想的時候，忽然
有一個白鬚仙子出來調解：「你們緣分未盡。我勸你們
一住河西，一住河東，每年七月初七相會一次吧。」這
個牛郎織女都答應了。據說七月初七不下雨則已，如果
下雨，就是他們滴下來的眼淚。

　　此為陶行知在指導兒童尋找牽牛織女星時，所講述兩個的
民間傳說故事。一則是介紹織女因婚後怠於織布，天帝將二人
徙居河之東西，透露出牛郎與織女情感之堅定與分離之無奈。
一則是描寫牛郎因偷藏織女寶衣，以致織女不能返回天庭。俟
織女騙得寶衣後，乃直奔天庭，不顧牛郎之苦苦追趕。故事意
味著牛郎因偷得寶衣而使織女耿耿於懷，以致二人貌合神離。
二則故事皆是民間對牛郎星與織女星的傳說。然陶行知介紹牽
牛織女星之民間傳說之目的，並非著重民間傳說之研究，而僅
是輔助科學教育的推展。另其介紹〈九月之星·找女宿虛宿危
宿〉時，亦以民間傳說介紹，其寫道：

　　女宿又名婺女，又叫須女，古時迷信說它是管人間布帛
裁制嫁娶之星。女宿之東是虛宿。虛宿有兩個星：一是
虛宿一，屬於寶瓶星座，一是虛宿二，屬於駒星座。虛
宿一西名Sadal Sund即寶瓶第二星。阿拉伯人稱它為最
幸運之星，中國人則說虛宿主死喪哭泣。同是一個虛宿，
阿拉伯人見它就以為要走運，中國人見他就以為要倒
楣，足見得這些話都是不可信。虛宿之東是危宿。危宿

有三星。危宿一屬於寶瓶星座，危宿二和危宿三屬於飛馬星座。危宿一西名Sadal Melik，即寶瓶第一星。阿拉伯人稱它為皇帝之福星，中國《觀象玩占》則說它危三星主墳墓宮室祭祠。

　　陶行知在介紹女宿、虛宿、危宿時，亦加入民間傳說以引起兒童學習興趣，並以中西方對星宿的不同看法，突顯傳說的迷信。在推展科學教育的過程中，民間傳說成爲他推展科學教育的方式之一。另在介紹〈九月之星·找愛箭與情梭〉，陶行知亦以說故事方式指導兒童找尋星座的位置。

　　你在影戲裡大概看過那位風流小天使吧。他的名字叫做Cubit，我給他取了一個中國名字，叫做風月兒。傳說他是一個又白又胖的小孩兒，身上生了一對翅膀，帶著弓箭，專門對著青年們的心窩射，誰被他射著，誰就要害相思病。這支箭傳說是在天上，我們把它找出來好不好？……織女回天的時候，牛郎急得跟在後面追，織女怕他追上，忙著把她織布的梭子向牛郎摔來，沒有摔中，這個梭子傳說還在天上，你願意看看嗎？❸

---

❸　以上所引之傳說故事係摘自陶行知：《兒童天文學活頁指導》，見龔思雪等編：《陶行知全集》第5卷，成都：四川教育出版社，1991，頁247－248、254、255。另按陶行知說法：「從輦道增七到河鼓二大約是一半路程光景，你可以看見四個星。那就是風月兒的愛箭，西國的箭星座Sagitta有一說是因此而得名，這個星座中國叫做左旗。……在河鼓二東

陶行知在指導兒童認識愛箭與情梭之位置時，曾以傳說故事以引起兒童學習科學的動機。而且他不僅以中國民間傳說的牛郎織女爲例，亦加入希臘愛神邱比特的傳說。可見他在提倡兒童天文學上，是以民間傳說爲引起動機之方式。

綜合言之，陶行知在編寫教材時，曾以故事形式宣傳道德與科學觀念，藉以輔助教育的推行，然其目的僅是藉由耳熟能詳之傳說故事，以引起兒童學習興趣，而非提倡民間傳說。事實上，陶行知甚至將這類傳說視爲不具科學意義的故事，因此在他介紹故事後，隨即寫上：「這些故事是有趣的。但是科學的小孩子決不相信有這麼一回事。你可以在七月七日約幾個孩子和鄉下人輪流的看，看牽牛和織女是否渡河相會。有人告訴你一個好聽的故事，你可以聽，但是如果他要你相信他的話，你可以對他說：『請拿證據來。』」❸可見陶行知在提倡科學教育之際，是以民間傳說爲引起兒童學習動機的方式，其目的是輔助教育的推行。

北十度光景有五個星，西名叫做海豚，中名叫做瓠瓜和敗瓜，便是織女想打丈夫而沒有打著的情梭。畫條直線到輦道增七引長二十度，或從輦道增七畫條直線織女畫到箭頭引長一倍，一找就找著敗瓜一，便是梭之一端。」陶行知：〈九月之星·找愛箭與情梭〉，見龔思雪等編：《陶行知全集》第5卷，成都：四川教育出版社，1991，頁255。

❸　陶行知：〈八月之星·織女與牛郎〉蒐於《兒童天文學活頁指導》，見龔思雪等編：《陶行知全集》第5卷，成都：四川教育出版社，1991，頁248。關於《兒童天文學活頁指導》係陶行知於1932年6月創辦兒童科學通訊學校時，爲該校高年級班所編寫的函授教材，旨在培養科學人才。

（二）寓言故事

在識字課本中，陶行知除以人物傳說以宣導道德觀念外，亦以虛構人物及故事來說明道理，這種寓言式的故事包括〈愚公移山〉、〈三個問題〉、〈好馬和寶刀〉、〈我待他還是很好！〉等。其中〈愚公移山〉是灌輸平民有志竟成的觀念，以期培養平民恆心與毅力。

> 太行、王屋兩個山，方七百里，高一萬丈。有個九十多歲的老人，叫做愚公，正對著這兩個大山住家，覺得進出很不便當！他就和家裡的人，開了一個會，對他們說：「我想和你們盡力把這兩個大山平掉去，你們看如何？」大家都說：「好！」只有他的夫人不大贊成，就對他說：「用盡你的力氣，就是很小的山，也是移不掉的，何況這樣的大山呢？就是你能把他平掉，這些泥土、石頭，放到哪裡去呢？」大家都說：「放到海裡去！」會開過了，愚公就帶了他家裡的人，去敲石頭，搬泥土，送到海裡去。鄰居有個孩子，年紀很小，也跑去幫他們的忙。智老知道這事，就對著愚公笑，勸他不要幹。愚公嘆了一口氣說：「你連個小孩子也不如！要知道，我雖然快要死，還有我的兒子活著；兒子會生孫子；孫子又會生兒子；孫子的兒子，又會生兒子。子子孫孫，是沒有窮盡的！這兩個山雖大，可是不會長起來的。搬了一塊，就少一塊，一代一代幹下去，還怕不能把他們平掉嗎？」

智老聽了，無話可說。

該則故事係陶行知以白話文改寫《列子·湯問》之〈愚公移山〉。[32]描寫愚公對移山的堅持，即使受到他人的質疑，亦不改其志的堅持到底。這種恆心與毅力，即是陶行知編寫該文所欲傳達之觀念。另〈好馬和寶刀〉是勸導為人要以德報怨的寓言故事。

> 一個老人，買了好馬十匹，寶刀一雙，和他的三個兒子說：「你們三個人出外，三個月回來！把路上所做最得意的一件事報告我聽。我要看那一個所做的事最好，就把好馬和寶刀給那一個。」他的三個兒子聽了，就動身

---

[32] 上引〈愚公移山〉一文係摘自《陶行知全集》第5卷，成都：四川教育出版社，1991，頁84—85。另按《列子·湯問第五》：「太形、王屋二山，方七百里，高萬仞，本在冀州之南，河陽之北。北山愚公者，年且九十，面山而居，懲山北之塞，出入之迂也，聚室而謀，曰：『吾與汝畢力平險，指通豫南，達于漢陰，可乎？』雜然相許。其妻獻疑曰：『以君之力，曾不能損魁父之丘，如太形、王屋何？且焉置土石？』雜曰：『投諸渤海之尾，隱土之北。』遂率子孫荷擔者三夫，叩石墾壤，箕畚運于渤海之尾。鄰人京城氏之孀妻，有遺男，始齔，跳往助之。寒暑易節，始一反焉。河曲智叟笑而止之，曰：『甚矣，汝之不惠。以殘年餘力，曾不能毀山之一毛，其如土石何？』北山愚公長息曰：『汝心之固，固不可徹，曾不若孀妻弱子。雖我之死，有子存焉；子又生孫，孫又生子；子又有子，子又有孫。子子孫孫，無窮匱也。而山不加增，何苦而不平？』河曲智叟亡以應。」見（周）列禦寇：《列子》，台北：廣文書局，1960。由此與陶行知改寫之〈愚公移山〉相較，可以發現陶行知是以白話文改寫該則故事。

出去。到了三個月，他們都回來了，老人就問他們每人所做最得意的事。長子說：「一個人把一包明珠放在我這裡。他並不知道有多少珠子，我若拿他幾個，他也不知道。但他回來的時候，我原封還了他。」老人聽了說：「這是該做的事。若是你暗地裡拿他幾個，你想你像一個什麼樣的人呢？」長子聽了這話不錯，就退了下去。次子接著說：「一天，我看見一個孩子落在水裡，我救他起來，他家裡的人要重謝我，我沒有受。」老人說：「這也是該做的事，若是見死不救，你心上過得去嗎？」次子聽了，也沒說話。最小的兒子說：「一天我看見一個病人睡在危險的山路上，一個翻身就要跌死。我走上前一看，原來這人是我的仇人，我幾次想殺他，都沒有機會；這回我若弄死他，真是不費一點力氣。我不願暗裡害他。我把他喚醒，送他回去。」老人不等他說完，就很鄭重地說道：「那好馬和寶刀，該給我知道正義的兒子。」

　　故事中，老人欲就三個兒子外出所做的事情進行考評，並決定將好馬與寶刀贈與表現最好的一位。結果，父親認為長子見寶物不起貪念；次子見人落水，勇於救人，都是應該做的事。只有三子見仇人熟睡路旁卻沒趁機報仇，反而將他喚醒，送他回去。這種以德報怨的精神，才是老人所嘉許的行為，也是陶行知編寫該文之寓意。另〈害了誰？〉亦是以寓言故事型態宣

傳回饋社會與重視衛生的觀念。

> 福建省有個富翁，名叫毛不拔。他寧可把金銀財寶埋在
> 地下，不肯拿來做公益的事用。一次，鄉里的人要辦個
> 學堂，因為他不肯出錢，就辦不起來。一般小孩子沒有
> 學堂進，天天不學好。後來就有幾個孩子專門做賊。一
> 天，他們聽見毛不拔收了五千塊錢租錢回家，大家就約
> 好了，把這些錢一起偷了去。又有一次，中華衛生會要
> 在他的鄉里提倡消滅蒼蠅的法子，要請他出錢買些滅蠅
> 藥，他不肯出。那年夏天，有個賣西瓜的到他的門口來，
> 西瓜上站著許多蒼蠅，他的兒子看見西瓜，一定要吃。
> 毛不拔就買了一塊給兒子吃。兒子吃了之後吐瀉不止，
> 當天晚上就死掉了。他只有一個兒子。是誰害死的？現
> 在兒子死了，留下這些錢給誰呢？❸❸

　　故事中，藉由富翁一毛不拔的吝嗇行為，突顯出農村社會
貧富不均的現象，陶行知編寫此文的目的，除教育平民應有回
饋社會的觀念外，並加入衛生教育的宣導。同時也告誡世人應
存善念，否則最後可能因小失大，結果害到自己。

（三）民間笑話

　　就兩本識字課本而言，陶行知也汲取民間笑話做為識字教

---

❸❸　以上所引之二則寓言故事係摘自《陶行知全集》第5卷，成都：四川教
　　育出版社，1991，頁111─112、123─124。

材。這些笑話或形式短小，以似是而非的對話方式，突顯笑話的詼諧性。如〈和尚吃雞蛋〉

> 和尚是吃素的，不可以吃雞蛋。有個和尚，吃了雞蛋，還說他是應當吃的。他說：「渾渾沌沌一團包，也無皮血也無毛。老僧送你西天去，免在人間吃一刀。」

和尚吃雞蛋本犯了食戒，但是卻以雞蛋「無血無毛」，吃了雞蛋反是成全它上西天之好事。這種藉由似是而非的邏輯觀念，以製造混淆的焦點，即是突顯笑點的方式。相同的例子亦表現在〈祖父打我〉這則笑話。

> 一個祖父打孫兒，父親看見了，就自己打起自己來。祖父問他說：「你為什麼打自己？」父親說：「你打我的兒子，難道我不能打你的兒子麼？」

一位父親因為兒子被祖父打，卻以打自己來平衡兒子被打的怒氣，當其父問他說：「你為什麼打自己？」他卻以「你打我的兒子，難道我不能打你的兒子麼？」來表示自己的作為是合乎公平原則，殊不知其行為是愚笨的表現。該則笑話亦是以似是而非的對話方式，突顯出邏輯上的矛盾，卻也藉此營造笑點。

此外，另有故事情節較完整之笑話題材，如〈是誰偷去的〉是諷刺黃大、楊二自以為聰明，然自旁人觀來卻是極為愚昧之行為。其情節頗令人莞爾。

　　黃大家裡只有他一個人，平日裡省吃儉用，有錢就積起
來。過了好幾年，居然餘了三十萬兩銀子！他因為有要
事出門去，不便把銀子拿著走，只得放在家中。又怕給
人家偷去，就想了一個方法，把銀子埋在牆底了，上面
用泥土蓋好了。他還不放心，在牆上寫了七個大字：「這
裡無銀三十兩。」寫好就動身去了。對門有個楊二，平
時知道他積了錢；一看牆上的字，就疑心他埋了銀子。
他馬上把牆底下的泥土弄開，細細地看了一看，果然有
銀子在裡頭。他快樂的了不得，就把銀子一起偷去了。
他怕黃大回來，要疑心他，也照著黃大的方法，在牆上
寫了七個字，就是：「對門楊二不曾偷。」

　　黃大將錢埋在牆底下，為怕別人偷走，竟畫蛇添足地在牆
上寫上「這裏無銀三十兩。」而楊二因看見牆上字，於是將銀
子偷走，卻怕黃大懷疑自己，也在自家牆上寫上「對門楊二不
曾偷。」這種宣告「此地無銀三百兩。」的笨黃大，與不打自
招之傻楊二，雖自以為聰明，實際上卻表現的極為愚蠢，該則
笑話即是對愚昧者的行為進行諷刺，以製造令人一笑之情節。
另〈倒美〉是諷刺壞人被罵王八而不自知的笑話。

　　有一個壞人，一天到晚不做事，倒要住好的房子，穿好
的衣服，吃好的飯菜。他好漂亮，打扮得像個妖怪一樣。
他時常問人說：「我美不美？」一次，他問一個鄉下先
生說：「我美嗎？」先生說：「你倒美。」他很歡喜，

逢人便說。一個小先生告訴他說：「美字倒過來是個『大
王八。』」他才明白。本來他就是一個大王八。聽我們
唱吧：「做壞事，吃好飯。什麼人？忘八蛋。」❸

　　故事中，壞人因喜愛打扮，而時常向人詢問：「我美不美」，
某日他得到「你倒美」的回應。便以為別人稱讚他而到處炫耀，
直到小先生告訴他：「美字倒過來是個『大王八。』」他才明
白別人對他的批評。該則笑話即是利用雙關語以諷刺壞人的愚
蠢，使人在閱讀之後，能夠豁然開朗以及達到娛樂與教育的效
果。

（四）謎語

　　謎語形式精巧，語言簡潔，是流行民間且具有娛樂及教育
的口頭藝術。陶行知在推行普及教育運動之際，亦以謎語做為
普及教育的教材。其中《老少通千字課》即蒐錄流行民間的謎
語。李楚材曾說：「陶先生在《老少通千字課本》裡寫的小謎
語和小故事，各有它的特點。謎語決不是雕蟲小技，決不僅是
猜謎遊戲。謎語可以發展兒童的想像力、推理力、判斷力。」
❸可見謎語不僅具有娛樂效果，同時具有啟發兒童思考的教育
意義。

---

❸　以上所引之四則笑話係摘自《陶行知全集》第5卷，成都：四川教育出
　　版社，1991，頁416、353、70—71、426。
❸　李楚材：《陶行知和兒童文學》，上海：兒童少年出版社，1990，頁282。
　　關於謎語的教育意義，另該文亦云：「例如〈影子〉，謎面是『有個黑

就《老少通千字課》所輯錄的謎語而言,這些謎語或以水、影子、雨……等大自然為謎底者。如〈水〉:「發風就皺皮,落雨就生瘡。不可以生吃,只可以燒湯。」以及「給你猜,給你猜,砍來砍去砍不開。另〈雨〉:「千根線,萬根線,落在河裡看不見。」〈影子〉:「有個黑姑娘,一身黑到底,拳頭打他他不痛;腳尖踢他他不理;繡花針也挑不起。」與「身體輕巧,隨我過橋;落水不溼,水燒不焦。」等。**㊱**

另有以植物為謎底者,如〈石榴〉:「千姊妹,萬姊妹;同床睡,各蓋被。」以動物為謎底者,如〈鵝〉:「頭戴紅頂子,身穿白袍子。說話像蠻子,走路像公子。」以及以器官為謎底者,如〈眼睛〉:「上邊毛,下邊毛,當中夾了一粒黑葡萄。到了夜裡毛對毛。」**㊲**

姑娘,一身黑到底,拳頭打她她不痛;腳尖踢她她不理;繡花針也挑不起。」孩子們首先在『黑』字上著想,深一層在不痛不理上去推想,再深入去猜想這個黑姑娘連繡花針挑不起。綜合三層意思就能作出正確的答案來。謎語還能豐富兒童的識見,如『水』的謎面裡有『不可以生吃,只可以燒湯。』猜過謎後,兒童更能記住水是不可以生吃的衛生常識。謎語還能滿足兒童的好奇心,例如〈眼鏡〉:『擋著人眼睛,格外看得清。』兒童可能會猜想望遠鏡、顯微鏡,因為上面有『希奇真希奇,鼻頭當馬騎。』所以只能是眼鏡了。」頁282。

㊱ 以上所舉之謎語係摘自陶行知:《老少通千字課》,見冀思雪等編:《陶行知全集》第5卷,成都:四川教育出版社,1991,頁335、421、432、371、421。

㊲ 以上所舉之謎語係摘自陶行知:《老少通千字課》,見冀思雪等編:《陶行知全集》第5卷,成都:四川教育出版社,1991,頁336、350、342。

　　此外，又有以日常生活器具爲謎底者，這類謎語蒐有〈漁網〉：「四角方方，落在長江；雙手舉起，眼淚汪汪。」〈一雙筷子〉：「兩個白姑娘，身材一樣長；慣與人親嘴，滋味它先嚐。」〈眼鏡〉：「希奇眞希奇，鼻頭當馬騎。擋著人眼睛，格外看得清。」〈蜘蛛網〉：「南陽諸葛亮，獨坐中軍帳；擺起八陣圖，要捉飛來將。」〈筆〉：「小時頭髮白，老來頭髮黑；無事戴帽子，有事光禿禿。」〈電燈〉：「城裡燈，一點油也無。洋火點不著，大火吹不烏。」〈桌〉：「有面沒有口，有腳沒有手。有人來吃飯，有人來吃酒。」〈燈籠〉：「身體輕飄飄，滿身細骨紙來包。人說我肥肥胖胖，那知我肚裡心焦。」〈秤〉：「小小年紀，陪人出門做生意。抓著我的小辮，要我猜謎，不許差一分一厘。」❸

　　由以上例子可以得知，陶行知在推行普及教育之際，曾以民間謎語爲教材，其目的即是想藉由這些形式短小，且帶有娛樂性及教育性的謎語，以發揮寓教於樂的功能。

（五）歌謠、諺語

　　以民間流傳的歌謠作爲識字教材，不僅可以使民眾在已知概念的基礎上，教導民眾識字，也可以引起民眾學習的興趣。陶行知在編寫《老少通千字課》時，即蒐錄了地方歌謠以爲識

---

❸　以上所舉之謎語係摘自陶行知：《老少通千字課》，見龔思雪等編：《陶行知全集》第5卷，成都：四川教育出版社，1991，頁337、344、349、352、363、364、374、387、417。

字教材,這種以生活化的歌謠為題材,正是其主張以生活為中心的教學理念。這類地方歌謠如:

> 採茶忙又忙,丟了茶筐趕插秧。插了秧來茶要老,採了茶來秧又黃。(〈採茶〉)

> 聽我唱個難上難:雞蛋上面堆鴨蛋,鴨蛋上面插竹竿,竹竿上面曬衣裳。(〈難上難〉)

> 大雪紛紛下;柴米都漲價。橋凳當柴燒,嚇得床兒怕。(〈窮人家〉)

> 我是窮光蛋,與你相何干?可恨勢利狗,單咬破布衫。(〈勢力狗〉)

> 月亮灣灣照九州,幾家歡樂幾家愁?幾家夫婦同羅帳?幾家飄零在外頭?(〈月亮歌〉)

> 檀樹扁擔鐵骨頭,挑頭花生挑頭油。挑頭花生妹香口,挑頭油來妹梳頭。(〈湖南民歌〉)

> 把一塊泥:捻一個你,塑一個我。將咱兩個:一齊打破,用水調和。再捻一個你,再塑一個我:我身中有你,你身中有我。(〈泥娃娃〉)

> 一張白紙飛過街,那個讀書哪個乖。人人讀書想官做,丟下秧田哪個栽。(〈貴州兒歌〉)

說你呆，你很呆，鬍子一把，樣子像小孩。說你呆，你不呆，把你一推你一歪，要你睡下去，你又站起來。（〈不倒翁〉）

春天不是讀書天。夏日炎炎正好眠。待到秋來冬又到，收拾書包過新年。（〈懶學生〉）

新來媳婦事體多，梳起頭來去洗鍋。提了升籮去量米，問聲婆婆量幾多？婆婆罵聲不中用：「有客三升米，無客二升多。」媳婦暗地說：「鑼靠鼓，鼓靠鑼，新來媳婦靠公婆。自從今日問過後，不再問你老婆婆。」（〈新媳婦〉）

搖搖搖，一搖搖到外婆橋。外婆叫我好寶寶。糖一包，果一包，還有餅兒還有糕。你要吃，自動手。吃不完，拿著走。（〈搖船〉）

三歲小孩穿紅鞋，搖搖擺擺上學來；板凳沒有坐得熱，「先生，先生，我要回家吃點奶。」（〈溫習一·三歲小孩〉）

阿媽娘，無商量，三歲賣我出去做梅香。做梅香，苦難當：吃末吃個薄粥湯；著末著個破衣裳；睡末睡個無腳床；走末走個黑弄堂；打末打個蠻巴掌。（〈梅香苦〉）

做花鞋送母親，石榴皮，青又青，做雙花鞋送母親。母

親懷我十個月，那個月上不當心。（〈溫習一·石榴花〉）

湯家太太做生日，家家為她拜壽忙。車滿門，客滿堂，
為何不殺羊？羊說道：羊毛年年剪得多，為何不殺鵝？
鵝說道：鵝蛋好吃不可殺，為何不殺鴨？鴨說道：白細
鴨絨好做衣，為何不殺雞？雞說道：五更天亮報時候，
為何不殺狗？狗說道：我看家門你玩耍，為何不殺馬？
馬說道：一年給人騎到頭，為何不殺牛？牛說道：我耕
田，你收租，為何不殺豬？豬說道：今天大家都快活，
為何只殺我？」（〈為何只殺我〉）等。❸

由以上所列之歌謠可知，陶行知在編寫《老少通千字課》
時，廣蒐地方歌謠融入教材，可見陶行知想藉由歌謠的普及性
及趣味性，以吸引一般民眾學習的興趣，以期達到寓教於樂的
功效。

此外，《老少通千字課》也蒐錄了一些民間諺語。例如諷
刺自私下場的「一個和尚挑水吃，兩個和尚抬水吃，三個和尚
沒得水吃。」勉勵人要團結的「三個臭皮匠，湊個諸葛亮。三
個摸黑路，湊個哥倫布。」「三人同心，可以斷金。」以及形

---

❸ 以上所舉歌謠係摘自陶行知：《老少通千字課》，見冀思雪等編：《陶
行知全集》第5卷，成都：四川教育出版社，1991，頁307、323、325、
327、354、379、380、381、376、393、394、400、403、406、413、418。
其中〈三歲小孩〉、〈石榴花〉二則歌謠在《老少通千字課》裡並無題
名，僅以〈溫習一〉為題，此處題名係參考《中國歌謠集成》。

容教育工作偉大的「十年樹木，百年樹人。」❹雖然收錄在識字課本上的諺語不多，但是可以發現陶行知在推行普及教育運動時，確曾運用諺語通俗及教育的特點。

三、編寫民間童話

　　童話，是兒童幻想世界中的兒童樂園，也是兒童啓蒙教育的輔助教材。孩提時代，母親常以童話故事哄騙小孩，它不僅豐富兒童的幼年生活，也活潑兒童的想像力。

　　兒童教育是陶行知教育事業的一環，他除了在《平民千字課》與《老少通千字課》編輯適合兒童閱讀的兒歌、人物傳說、謎語、笑話外。民國二十年（1931）以後，他在《兒童生活》雜誌，以署名時雨，陸續發表〈一隻鴿子〉、〈百花生日前一夜的梅香〉、〈烏鴉歌〉等三篇童話故事。❹〈一隻鴿子〉是

---

❹　以上所舉歌謠係摘自龔思雪等編：《陶行知全集》第5卷，成都：四川教育出版社，1991，頁332、351、374、382。

❹　關於陶行知創作童話的過程，據戴伯韜回憶：「我們共同研究了北歐童話作家格林弟兄、安徒生等的作品，研究了伊索寓言，又研究英國現代作家吉卜林的作品，和一位波蘭革命家寫的童話。對已經過時了的公主王子之類的濫調，不必去提了，大部分是含著封建毒素的，一部分是怪誕無稽，想入非非的，但也有一部分表現了人民對當時權貴的憎恨諷刺和自己的願望。舊童話之生動有趣，富於想像，是很合兒童蓬勃的生長力和好奇心理的。不過當時出版界所出的兒童讀物，只迎合這一方面，竭力灌注封建、迷信、怪誕無稽的思想，都非常有害。我們根據寫實，暴露黑暗，引向光明，爲理想而鬥爭的原則，開始寫童話、寓言、散文、詩歌等。陶氏寫了一篇童話白鴿，還寫了不少兒歌。不久，他提出：我

描述一隻被公主寵愛而處在金絲籠裡的鴿子，身在宮中，心在林裏。直到被王子放飛，才覺得自己是一隻真的鳥咧！之後，鴿子被獵人射殺，公主心疼而死，王子把公主與鴿子送回宮中合葬。故事中，陶行知還加入獵人引誘鴿子所唱的鴿兒歌情節。歌詞如下：

> 好鴿呀好鴿！穿得一身雪白！在鳥兒當中，要算它頂頂出色。……好鴿呀好鴿！穿得一身雪白！自古會送信，比綠衣信差負責。……好鴿呀好鴿！穿得一身雪白！前面去不得，留心十字路有賊。……好鴿呀好鴿！穿得一身雪白！稍微歇一刻，喝杯清水止止渴。……好鴿呀好鴿！穿得一身雪白！恕我太簡慢，幾條蟲兒我請客。❷

　　這篇童話，似乎暗喻中國兒童教育下的孩子，猶如金絲籠中的鴿子，即使受到百般呵護，仍舊覺得不快樂，故事結尾陶行知以「小朋友！這鴿子願意與公主合葬在一起嗎？」來詢問兒童的想法，似乎也意味著要兒童思考當下的教育優良與否？

　　以兒歌融入童話故事的寫法，同時也表現在〈烏鴉歌〉中，

們寫一篇東西，就要使這篇東西發生力量。因此，他認為第一流兒童讀物，應該具備使兒童想了又想的力量，應該有使兒童想了就動手幹的力量，應該使兒童想了，幹了使他和社會都產生新的益處。」見戴伯韜：《陶行知的生平及其學說》，北京：人民出版社，1982，頁53。

❷ 陶行知：〈一隻鴿子〉，見龔思雪等編：《陶行知全集》第5卷，成都：四川教育出版社，1991，頁621－622。

其寫作手法，類似老鼠娶親，都是經過一連串的故事鋪陳，最後回到起點。故事中，陶行知將北風化身爲白鬚老翁，大陽化身爲圓圓公子。故事穿插散文與兒歌，每個角色所唱的兒歌，即可串成故事的大意。如故事中烏鴉一開始唱道：「頭戴烏紗帽，身穿黑衣裳。鏡裡照一照，好了少年郎。誰家有小姐？待我討來做新娘。」顯出烏鴉的自戀與驕傲。後來遇到與他毛色不同的鳥類，白鵝笑他：「滿堂客，個個白，只有烏鴉身上黑。」白雞附和唱：「滿堂客，個個白，身兒黑的心也黑。」白鴨譏他：「滿堂客，個個白，白是客來黑是賊。」後來烏鴉爲了將自己的羽毛漂白，飛到天河洗澡，結果無效，又從白鬚老翁得到暫時變白的羽毛，結果遇到圓圓公子，又變爲黑色，在失望之餘，百鳥仙子鼓勵他時唱道：「身上一根毛，好比那仙草。生來不變色，便是無價寶。莫學黑姑娘，愛擦雪花膏。黑白不分勻，越擦越糟糕。白的固不壞，黑的也很好。你若愛你黑，自然無煩惱。」最後，烏鴉終於拾回自信心，高興的面對自己的長相。

　　故事中，陶行知以故事與兒歌並陳的寫法，使整個故事顯得活潑有趣。他透過詩歌，將故事中角色的喜怒哀樂，描寫的栩栩如生，頗令人玩味，例如描寫烏鴉埋怨鴿子騙他到天河洗白羽毛時，生氣唱道：「鴿呀鴿，騙人賊，臉兒白的心裏黑。」當他遇到下雪而誤以爲羽毛變白時，則高興唱道：「白頭一老翁，助我顯神通。鬍子搖一搖，刮陣西北風。烏鴉變白鴉，飛舞雪花中。從此白鳥兒，不敢罵公公。」而當他的羽毛因爲太

陽一曬,變成原來的黑色時,又生氣的罵道:「圓圓臉,忒陰臉,我當你是個好人,誰知你笑裡藏剪。」❸整篇故事中,陶行知以童趣的口吻,將烏鴉、百鳥仙子、白鴨、白鵝、白雞、白鴿、天河神、太陽、北風等,都以擬人化的手法,賦予他們人類的行為,他不棄鳥獸蟲語的為孩子創作童話,即是實踐以兒童為中心的教育。

〈百花生日前一夜的梅香〉是另一首創作童話。內容描述一位六歲的梅香,平日喜歡隨地摘花,在百花生日的前一天,梅香因為作夢,自己幻化為花,花幻化為人的經過。故事情節類似黃梁一夢、南柯一夢,都是藉由夢境來教育人們某種觀念,使人們能改過遷善的故事。以下所引的故事一段,即是描述梅香思過的情景,也是本篇童話的中心思想。

> 小姑娘戴著梅香變的花。拿了一面鏡子,照了一照,說:
> 「這花真不錯!百花生日有這枝好看的花戴在頭上,總
> 算是有福氣了。」梅香在鏡裡看著自己的頭分明是變了
> 一朵花,雖然插在這位如花美眷的頭髮上,回想從前做
> 人時,要戴什麼花便摘什麼花的威風,難免愁悶起來,
> 有時也懊悔當年不該糟踏這麼多的好花。他淚如泉湧,
> 不斷的從心頭滴出,不消幾個鐘頭,便把一副玉貌滴成
> 枯蕊。小姑娘在黃昏時把她從頭髮上取下,見她枯了,

---

❸ 陶行知:〈烏鴉歌〉,見龔思雪等編:《陶行知全集》第5卷,成都:
四川教育出版社,1991,頁627-633。

順手一下便把她摔在垃圾桶裡去了。梅香猛聽得澎通一
聲，只見自己的頭兒已滾在一堆東西裡面，臭得令人嘔
心。一驚而醒，幸虧是夢，摸摸頭兒，仍舊還在頭頸上，
然而嚇得滿身冷汗了。❹

　　陶行知所創的三篇童話，是為兒童營造一個快樂的幻想世
界。雖然為數不多，卻可以看出陶行知不反對以鳥獸蟲語來創
作童話的態度。李楚材曾批評說：「陶先生所寫的童話，雖只
有三篇，質量都是好的。他不避用公主和太子，不避用鳥言獸
語，不避用夢幻境界，而童話的含義，孩子們是會領會出來的。」
❺他雖然沒有明確的說明創作童話的目的，但是從〈創造的兒
童教育〉一文中可以推測出，他是要站在兒童的立場，以兒童
的語言寫出適合兒童閱讀的故事。他說：「我們曉得特別是中
國小孩，是在苦海中成長。我們應該把兒童苦海創造成一個兒
童樂園。這個樂園不是由成人創造出來交給小孩子，也不是要
小孩子單身匹馬去創造。……所以應該成人加入小孩子的隊伍
裡去，陪著小孩子一起創造。」又說：「我們加入到兒童隊伍
去成為一員，不是敷衍的，不是假冒的，而是要真誠的，在情
感方面和小孩子站在一條戰線上。」「我們要加兒童隊伍裡，

---

❹　陶行知：〈百花生日前一夜的梅香〉，見龔思雪等編：《陶行知全集》
　　第5卷，成都：四川教育出版社，1991，頁626。

❺　《陶行知和兒童文學》，李楚材編寫，上海：兒童少年出版社，1990，
　　頁281。

第一步要做到不失其赤子之心，做成小孩子隊伍裡的一分子。」
❹可見陶行知主張的「兒童樂園」，是由成人與小朋友共同創
造的。

第三節　以民間文藝輔翼教育

在陶行知所推行教育運動歷程中，除汲取民間文學素材編
輯識字課本外，還運用了民間文藝的形式，宣傳教育理念及愛
國精神。這類的民間文藝包括說書、連環畫、戲劇、無線電廣
播、中心茶園的等方式。

一、中心茶園

中心茶園，是陶行知在推行鄉村教育運動時，為教育民眾
所設立的一個消閒娛樂去處。江南地區由於飲茶風氣甚盛，茶
館、茶樓或茶園常是民眾消閒之處。「通常在茶館中均有說書、
評彈或皮影等娛樂活動。」❹因此，藉由舊瓶裝新酒的模式，

---

❹　陶行知：〈創造的兒童教育〉，見錢學文等編：《陶行知全集》第4卷，
　　成都：四川教育出版社，1991，頁537－538。另該文亦以一首小詩，描
　　寫成人在小孩隊伍中應有和不應有的態度，其詩云：「兒童園內無老翁，
　　老翁個個變兒童。變兒童，莫學孫悟空！他在獅馱洞，也曾變過小鑽風：
　　小鑽風，臉兒模樣般般像，拖著一條尾巴兩股紅。」頁538。
❹　熊明安、周洪宇主編：《中國近現代教育實驗史》，濟南市：山東教育

從民眾休閒娛樂中對民眾進行啓蒙、識字、科學新知介紹，是陶行知對民眾進行社會教育的方式。他在〈鄉村小學師範學校標準案〉中，曾提出「師範學校應設中心茶園、民眾學校或其他機關，使師範生練習實施成人教育。」⓰另在〈曉莊試驗鄉村師範的第一年〉一文中，說明設立中心茶園的經過。他說：

> 要想化農民，須受農民化。我們大家都抱著一個跟農民學的態度。起初有一種功課，叫做到民間去。後來大家覺悟到這個名詞不妥當，便改為會朋友去。恰巧創辦了一個中心茶園，我們便可以隨時約幾位農友來喝喝茶談談心，這才是結交朋友做自然的方法。中心茶園開幕之後，鄰村未染嗜好之青年農友都到這裡聽書下棋了。老太太們以為這是防避兒孫賭博豪飲的好法子，個個都為中心茶園捧場。這是出於我們意料之外的成功。⓱

中心茶園除提供農民一個談天、交朋友的處所外，更是教育鄉村民眾的一個課堂，希望從農民娛樂生活中，達到「爲農民教育之樞紐，是鄉村社會的中心。」的目的。

曉莊試驗師範學校先後成立佘兒崗、黑墨營等中心茶園。

出版社，2001，頁516。

⓰　陶行知：〈鄉村小學師範學校標準案〉，見蒲家駒等編：《陶行知全集》第2卷，成都：四川教育出版社，1991，頁394。

⓱　陶行知：〈曉莊試驗鄉村師範的第一年〉，見蒲家駒等編：《陶行知全集》第2卷，成都：四川教育出版社，1991，頁384。

茶園的教育及娛樂等活動，是由曉莊師範學校指導員及學生負責的。其中，佘兒崗茶園是與中華職業教育社合辦，採終日營業模式，並聘請當地農友陳金祿經理其事。佘兒崗茶園的活動「除了講新聞、侃故事、唱山歌、說笑話之處，大伙聽得最有興趣的便是說書。而『說書先生』呢，即是邵仲香和夏孟文兩位老師，前者主講《三國演義》，後者主講《精忠岳傳》，一人一天，輪流開講。每天說書之後，再教大家識字。這樣一來，這爿中心茶園也就成了名副其實的農民夜校。」⑩

此外，「茶園內備有乒乓球、石瑣（鎖）、圍棋、象棋、胡琴、笛子、圖書、畫報等文體用品，供農民閑暇時使用。」⑪農民在茶園裏「嘻嘻哈哈喝茶；嘰嘰咕咕談心。」⑫整個茶

---

⑩ 凱亞：〈陶行知和佘兒崗茶館〉，江蘇人民出版社，頁175。關於陶行知以說書教育農民識字的經過，另許宗元於《陶行知》一書中曾道：「農民在晚上或者雨、雪天等空閒時間，很喜歡到這裡來，邊喝茶邊海闊天空、東拉西扯，人越聚越多，茶園裡很是熱鬧。但等到開始教字、學文化，一個個熱情大減，陸續借故回家了。針對這種情況，陶行知和師生們研究良策。他是農村出生，知道農民喜歡聽說書，於是師生們就輪流在茶園裡說書—《三國演義》、《水滸》、《說岳》等等。農民非常愛聽。陶行知和師生們事先把當日要說的那段演義、故事中出現的人名、地名、物名寫在大卡片上。說書者一講到人名、地名、物名時，就停下來，把大卡片上的字教大家，教幾遍之後，接著說書，又說又教。農民要聽故事，自然不願離去，跟著認字。漸漸地，人們對認字發生了興趣，男女老少都來聽說書、識方塊字。識字教育由此而取得了成功。」見許宗元：《陶行知》，北京：人民出版社，1988，頁67。

⑪ 徐明聰編著：《陶行知評傳》，合肥市：安徽教育出版社，2001，頁60。關於中心茶園的活動，許宗元曾道：「開始，陶行知與熱心大眾職業教

園成爲民眾消閑娛樂之處，也成爲陶行知傳播文化、移風易俗的樞紐。凱亞在〈陶行知和佘兒崗茶館〉一文中，描述茶館裏的熱鬧情景。他說：「課前課後，也有拉胡琴的，也有吹笛子的，也有翻畫報的，也有下象棋的，還有玩石鎖、玩沙袋什麼的。至於那只大喇叭式的留聲機，更是大家所百聽不厭的：什麼《小放牛》啦，《孟姜女》啦，《無錫景》啦，京戲《空城計》啦，唱得格外叫人神迷，時不時也有人跟著亨唱的，或則請老師教，大伙學著唱的。」❸

育的黃炎培聯繫妥，由曉莊學校與中華職業教育社合開設了佘兒崗中心茶園。佘兒崗是曉莊附近的一個村莊。農友陳金祿擔任這個茶園的經理，陶行知親任指導。茶園兼有茶館、俱樂部、文化室的性質。在這裡，可以喝茶、談心。茶座之外，設有乒乓球、唱機、琴、棋、圖畫、書刊、標語等等。曉莊學生在這裡跟陳金祿、農友一起當爐燒茶，跟陶行知、邵仲香等先生一起開展農民教育活動。」見許宗元：《陶行知》，北京：人民出版社，1988，頁66－67。

❺❷　戴自俺、周曉平：〈陶行知對聯研究〉一文曾提及：「南京農村的男子在農閑時有上街坐茶館的習慣，他（陶行知）就主動和農友商量，派出學生協助農友，在學校附近的佘兒崗辦起了佘兒崗中心茶園，白天供過路人喝茶聊天，晚上爲勞累了一天的農民提供業餘生活和文化娛樂的場所。……陶行知先生也抽空到中心茶園與農友一起喝茶、談心。中心茶園推選農友陳金祿爲經理，陶行知、馬紹季爲指導。陶行知還特地爲茶園撰寫了三副對聯：『爲農民教育之樞紐，是鄉村社會的中心』；『多謝你來幫助，少了我也不行』；『嘻嘻哈哈喝茶，嘰嘰咕咕談心。』」見北京市陶行知教育思想研究會編：《陶行知研究》，北京：陶行知先生紀念委員會，1946，頁367。

❺❸　凱亞：〈陶行知和佘兒崗茶館〉，江蘇人民出版社，頁175。

　　陶行知以中心茶園提供農民休閒場所，並結合民間文藝來進行社會教育的推展。反映出他對民眾生活的觀察入圍，與對民眾教育的不遺餘力。他要藉由中心茶園來戒除農民賭博、飲酒、抽鴉片的陋習，並透過茶園裏的說書、說故事等民間文藝來寓教於樂。他以茶園來進行流動民眾的教育，可說配合民間文藝的運用，所實施的社會教育事業。

二、說書

　　說書是流行民間的文藝之一，由於它是說故事形式，又是民眾喜愛的娛樂，因此也就成為民初知識分子用來宣傳教育的工具之一。根據民國二十年，南京政府所公布的〈教育部關於全國社會教育設施概況報告〉中，曾將公園、劇場、評書及鼓詞場、新劇團、民眾茶園……等列入「偏於情及德的社會教育事業」。❺❹可見在當時社會中，說書與民眾生活關係是密切的。

　　二、三十年代，陶行知所實施的平民教育、鄉村教育、普及教育，也曾主張運用說書來輔助社會教育的推展。他在〈全國平民教育之現狀〉一文中，曾主張以說書人說書的機會，宣

---

❺❹　根據民國二十年（1931）3月3日，教育部所公佈之〈教育部關於全國社會教育設施概況報告〉，就所調查之社會事業，分為「偏於知的社會教育事業」、「偏於情及德的社會教育事業」、「關於體的社會教育事業」。其中「偏於情及德的社會教育事業」包括公園、劇場及電影場、評書及鼓詞場、新劇場、民眾茶園……等十二項。見中國第二歷史檔案館編：《中華民國史檔案資料匯編》第5輯第1編，江蘇古籍出版社，頁715－716。

傳平民教育。他說：「社會上對於平民教育能出力的人很多很多，只怕我們不會把他們找出來。南京全城說書的共有五十餘人，經總務董事王伯秋先生之勸導，他們就答應盡力幫忙。現在他們於每月三、六、九、十三、十六、十九、二十三、二十六、二十九日分區宣傳。其餘的時候，就一面說書，一面乘機宣傳，聽說結果很好。我想各地方若能運用各種人出來推行平民教育，結果一定比現在大得多。」❺❺另在〈平民教育概論〉也說：「南京有五十幾位說書人，在說書的時候，把讀書的好處，夾在說書當中勸導聽者。他們還逢三、六、九的日子，到四城演講讀書的重要。他們還編道情（Folk Lore or Popular Songs）唱給人民聽，勸他們讀書。這些說書人最明白平民心理，真是最好的平民教師。」❺❻再者，他在曉莊師範學校時期，指導農民成立的中心茶園，也曾運用說書的模式，提供民眾娛樂與受教育的機會。這中心茶園裏所舉行的說書活動，可說是陶行知化民成俗的模式之一。

此外，他在推行普及教育運動時，還提出文化網與文化細胞的概念，他說：「文化細胞雖是最下層的組織，但是光棍的細胞是沒有多大用處，我們必須把一個個的『文化細胞』聯合起來，結成一個文化網。」「……某街某村之『文化網』，必

---

❺❺　陶行知：〈全國平民教育之現狀〉，見金成林等編：《陶行知全集》第1卷，成都：四川教育出版社，1991，頁613。

❺❻　陶行知：〈平民教育概論〉，見金成林等編：《陶行知全集》第1卷，成都：四川教育出版社，1991，頁679－680。

得運用說書，灘簧、留聲機等等，把『文化細胞』的分子，每星期號召來開一次會，以磨擦出來新的精神。範圍較大的區域，更可運用演戲、電影、無線電話來號召。我們要寓教育於娛樂，才能發揮這『文化網』的作用。」⑰

　　從陶行知的生活教育理論中可以發現，他是要打破傳統教育的束縛，他認為「生活即教育」，是承認一切非正式的東西都在教育範圍以內。他說：「我們相信沒有專能教的老師，只有比較經驗稍深或學識稍好的指導，所以農夫、村婦、漁人、樵夫都可做我們的指導員，因為我們很有不及他們之處。」⑱由他的言論可以看出，他是肯定說書人與說書在社會教育所扮演的角色。他以說書來輔助社會教育的推行，除反映出當時民眾對說書文化的喜好外。也反映出陶行知在推展普及教育運動的不遺餘力。

三、地方戲劇

　　清末之際，知識分子取法西方經驗，以小說、戲劇等通俗文藝形式來輔翼教育的做法，逐漸成為開化民智的宣傳教育方式。如梁啓超曾指出，日本之變法，賴俚歌與小說之力。他肯定小說的教育價值，並藉由小說來輔助社會教育的推行，在啓

---

⑰　陶行知：〈文化網〉，見金成林等編：《陶行知全集》第3卷，成都：四川教育出版社，1991，頁323－324。

⑱　陶行知：〈試驗鄉村師範學校的兩個特點〉，見蒲家駒等編：《陶行知全集》第2卷，成都：四川教育出版社，1991，頁344。

迪民智的工作上，小說是其重要的宣傳工具之一。然當時中國
存在廣大文盲問題，以致小說影響層面未臻理想。相較於小說，
戲劇是另一種宣傳社會教化的工具。陳獨秀曾說：「現今國勢
危急，內地風氣不開，慨時之士，遂創學校，然教人少而功緩。
編小說、開報館，然不能開通不識字之人，益亦罕矣。惟戲曲
改良，則可感動全社會，雖聾可聽，雖盲可聞，誠改良社會之
不二法門。」㊾戲劇感人之深，影響層面之廣，是當時知識份
子借重的通俗文藝形式。其在喚醒民眾與改造社會的歷史使命
下，確曾發揮輔助社會教育的功能。

　　民間戲劇具有通俗性與教育性，即使目不識丁的文盲，透
過戲中人物的故事演義，仍可收道德教化之效，這是迥異於其
他文藝之處。戲劇雖然有益，然亦有落於俗套與神佛迷信的傳
統包袱。因此，為求益於人類之戲曲，須對戲曲之內容、形式
有所取捨。西元1905年，陳獨秀於〈論戲曲〉一文中，已體認
到戲曲對教育民眾的重要性，同時對於戲曲內容也要求符合時
代需求。他認為戲曲未來的走向，應該著重在「宜多新編有益
風化之戲」、「採用西法」、「不可演神仙鬼怪之戲」、「不
可演淫戲」、「除富貴功名之俗套」等五項改良。「若能依上
五項改良，則演戲決非為遊蕩無益事也。」㊿這裡所說的採用

㊾　陳獨秀：〈論戲曲〉，見周靖波主編：《中國現代戲劇論上卷·建設民
　　族戲劇之路》，北京：北京廣播學院出版社，2002，頁16。

㊿　陳獨秀：〈論戲曲〉，見周靖波主編：《中國現代戲劇論上卷·建設民
　　族戲劇之路》，北京：北京廣播學院出版社，2002，頁16。

西法，即所謂汲取西方話劇的優點。

　　陶行知以小說、戲劇來宣傳愛國精神與教育理念，並進行社會改造之工程，可說是運用通俗文藝以進行道德教化。民國七年（1918），他在《南京高等師範學校教育研究會會刊》，就曾發表〈戲劇與教育〉一文，他指出「……故教育之目的不徒教人作業，抑且教人消閑。有正當之作業，有正當之消閑，庶乎無大過矣。美國駐德公使威特先生謂德國有三寶，其一即公共戲園，蓋人民有此消閑之所，無慮失德矣。故能樂而不淫，哀而不傷，則戲劇誠人人必需之游息也。於此時而寓教焉，則社會教育事半功倍矣。」又說：「……然則戲劇有利無弊乎？曰：唯唯否否。益生者，戲能演之能教之；害生者，戲亦能演之能教之。戲之能力則大矣！善用，則社會可以改良；不者，用之風化足以敗壞。是不可以不慎也。然不善用戲劇，遂咎其為不可用者，又戲劇之罪人也。」❻他認為戲劇具有社會教育的功能，是開化民智的輔助工具。善用之可以移風易俗，不善用之，則可能使社會風氣頹喪。因此，對於戲劇的內容，須有所取捨。陶行知對戲劇與社會教育關係的觀點，可說是繼陳獨秀的觀點，做進一步的闡述。

　　陶行知借重民間戲劇的教育性，與他對戲劇的喜愛，有其因果關係。即使是聽戲，他仍不忘思考如何運用戲劇教育來推

---

❻　陶行知：〈戲劇與教育〉，見金成林等編：《陶行知全集》1卷，成都：
　　四川教育出版社，1991，頁283－284。

展普及教育。他在寫給桃紅、小桃的信中，曾寫道：

> 我前天晚上和幾位朋友去看戲，聽見一個三花臉說了幾
> 句話，很有意思。我現在把它們修改一下，寫出來給你
> 們看看：「你說你公道；他說他公道。公道不公道：自
> 有天知道。」這首詩只有二十字，生字也只有十個。我
> 們很想把它放在《千字課》裏，請你們問問熊太太和晏
> 先生贊不贊成。⑫

　　陶行知從看戲中，得出以三花臉的口白做爲識字課本的素
材的靈感，即是取戲劇之娛樂性與教育性。此外，他在《申報·
自由談》中，也仿寫三花臉的上場白，諷刺當時的時政。他說：
「人類正在排演一齣空前的歷史劇，懶得動與高興動的人都是
劇中人。我不會寫劇本；寫幾句開場白，請一位三花臉出台唱
一唱吧：『老夫也曾革過命，於今懶動怕人動。誰要大膽動一
動，俺就斷他是反動。』」⑬他以三花臉的口白做爲識字教材
或抒發情感，反映出他運用民間戲劇形式來宣傳教育的努力。
此外，他還改良民間小戲《鳳陽花鼓》的唱詞，來宣傳戒賭、
戒菸、戒纏足的思想。其唱詞如下：

---

⑫　陶行知：〈三花臉的白話詩—給桃紅、小桃的信〉，見游仲倫等編：《陶
　　行知全集》第8卷，成都：四川教育出版社，1991，頁106。

⑬　陶行知：〈一齣歷史戲的開場白〉，見蒲家駒等編：《陶行知全集》第
　　2卷，成都：四川教育出版社，1991，頁173。

你打鑼，我打鼓。打鑼打鼓，聽我來唱歌。別的歌兒我們不會唱，單唱一只《鳳陽歌》。鳳陽是鳳陽歌呵，綺雅海。得兒郎當飄一飄，得兒郎當飄一飄，得兒郎當飄飄一飄又一飄。

說鳳陽，道鳳陽。鳳陽本是個好地方。帝國主義跑進來，十年倒有九年荒。九是九年荒啊，綺雅海。得兒郎當飄一飄，得兒郎當飄一飄，得兒郎當飄飄一飄又一飄。

我命苦，真正苦。一生一世嫁不著好丈夫，人家的丈夫苦吃又苦做，我家的丈夫偏偏死要賭。賭是死要賭啊，綺雅海。得兒郎當飄一飄，得兒郎當飄一飄，得兒郎當飄飄一飄又一飄。

我命薄，真正薄。一生一世討不著好老婆，人家的老婆管家又讀書，我家的老婆是個小腳婆。是個小腳婆啊，綺雅海。得兒郎當飄一飄，得兒郎當飄一飄，得兒郎當飄飄一飄又一飄。

我可憐，真可憐。我的心中好比滾油煎，人家的丈夫織布又種田，我家的丈夫只會抽大烟，只會抽大烟啊。噲雅嗨。得兒郎當飄一飄，得兒郎當飄一飄，得兒郎當飄飄一飄又一飄。

沒奈何，沒奈何。一生一世討不著好老婆，人家的老婆

繡花又繡朵，我家的老婆開口就罵我，開口就罵我啊。
綺雅海。得兒郎當飄一飄，得兒郎當飄一飄，得兒郎當
飄飄一飄又一飄。

好哥哥，你回頭波。自家吵嘴有什意思啊！只要你不抽
大烟不賭博，我們兩個子一定能合作，一定能合作啊。
綺雅海。得兒郎當飄一飄，得兒郎當飄一飄，得兒郎當
飄飄一飄又一飄。

好妹妹，你說得對。抽烟賭博都是我的罪。從今戒掉去，
醒了不再睡。和氣兒一團，特別有滋味，特別有滋味啊。
綺雅海。得兒郎當飄一飄，得兒郎當飄一飄，得兒郎當
飄飄一飄又一飄。

好哥哥，回家波。你賣掉阿英，遇著老虎婆。我一想到
她，心裡很難過，少吃一口飯，弄她回來波，弄她回來
波啊。綺雅海。得兒郎當飄一飄，得兒郎當飄一飄，得
兒郎當飄飄一飄又一飄。

好妹妹，說得對，逼我賣女兒，貪官是有罪。若追根，
帝國主義是罪魁。打鼓回家啊，把公敵打退，把公敵打
退。綺雅海。得兒郎當飄一飄，得兒郎當飄一飄，得兒
郎當飄飄一飄又一飄。❻❹

---

❻❹　陶行知：〈鳳陽花鼓改作〉，見吳正賢等編：《陶行知全集》第7卷，

此外，他還編寫《朱大嫂送蛋》小型秧歌歌劇詞，並由崔牛譜曲，戴愛蓮編舞。劇詞如下：

> 母雞下雞蛋哪，咯達咯達叫，朱大嫂收雞蛋進了窯依呀嘿。這裡的雞蛋都拿出來依呀嘿。十個雞蛋剛剛好，手拿著雞蛋照了照，扭扭捏捏扭扭捏，照了照依呀嘿。

> 出了村子口呀，過了大石橋，走了三里地，到了大風庄依呀嘿。把雞蛋給小先生呀依呀嘿。再問聲小先生教人辛苦了，小先生聽了大聲笑，嘻嘻哈哈嘻嘻哈，朱大嫂真正好。

> 先生拿雞蛋呀，唱著歌兒笑，謝謝你好意的朱大嫂依呀嘿。咱們小先生要教人呀依呀嘿，不教人對不起朱大嫂。只要你教得好，圓圓雞蛋，圓圓雞蛋管吃飽依呀嘿。㊺

陶行知以戲劇作為推行普及教育的工具，是肯定民間文藝的教育與娛樂功能，這種思想與他所提倡的生活教育理論，是相輔相成的。從陶行知運用戲劇形式來輔助教育的情況看來，也反映出當時民間戲劇的普及與民眾對戲劇的歡迎。

四、話劇

成都：四川教育出版社，1991，頁199－204。

㊺　陶行知：〈朱大嫂送蛋〉，見吳正賢等編：《陶行知全集》第7卷，成都：四川教育出版社，1991，頁993－994。

　　民初在西方民主、科學的影響下，傳統戲劇面臨改良的衝擊。西方話劇以其白話通俗的對話表演方式，成爲知識分子改良社會的另一種寄託。陶行知在推行鄉村教育運動時期，即以「藝術的興趣」，列爲曉莊學校的生活教育目標之一。他要以戲劇來培養學生藝術的興趣，而這裡所說的戲劇指的應該就是話劇。他說：「生活教育的目標，分析開來，在鄉村小學裡，應當包含五種：一、康健的體魄；二、農人的身手；三、科學的頭腦；四、藝術的興趣；五、改造社會的精神。我主張以國術來培養康健的體魄，以園藝來培養農人的身手，以生物學來培養科學的頭腦，以戲劇來培養藝術的興趣，以團體自治來培養改造社會的精神。」❻❻爲使學生能培養藝術的興趣，民國十八年，（1929）一月，陶行知邀請田漢與南國社同仁赴曉莊公演，他在寫給田漢的邀請函中提到：

　　　　自從諸先生來到首都，城裡民眾喚不醒，鄉下民眾
　　睡不著。喚不醒，連夜看戲，早上爬不起來也；睡不著，
　　想看戲，路遠，無錢也。諸先生以藝術天才，專攻白話
　　劇，必能爲中國戲劇開一新紀元。知行謹代表曉莊農友、
　　教師、學生向諸先生致一最高敬禮，並歡迎諸先生下鄉
　　現身說法，以慰渴望。此地有千仞崗，可以振衣；萬里
　　流，可以洗腳。下鄉一遊，亦別有樂趣。茲公推陳金祿、

---

❻❻　陶行知：〈這一年〉，見蒲家駒等編：《陶行知全集》第2卷，成都：
　　四川教育出版社，1991，頁444。

　　趙顏如等三先生前來奉約，如蒙俯予接見，不勝感激之
至。敬祝康樂！⑰

　　陶行知邀請田漢與南國社同仁下鄉現身說法，除提供曉莊
學生借鏡學習的機會外，也介紹鄉村民眾另一種娛樂的形式，
其目的是寓教於樂。他在歡迎南國社到曉莊學校首次演出時的
致詞時說：「今天我是以『田漢』的資格歡迎田漢。曉莊是為
農民而辦的學校。農民是曉莊師生的好朋友。我們的教育是為
種田漢辦的教育。我們犁宮前的一副對聯，說明我們辦學的態
度：和馬牛羊雞犬豕做朋友；對稻粱菽麥黍稷下功夫。所以，
我是以一個『種田漢』代表的資格在這兒歡迎田漢。」⑱南國
社在曉莊演劇期間，曾演出田漢創作的《賣花女》、《湖上的
悲哀》、《蘇州夜話》，以及莎士比亞的《約翰的頭》等白話
劇。

　　受南國社演出白話劇的影響，陶行知於曉莊學校成立曉莊
劇社，並兼任社長，親自創作《香姑的煩惱》、《愛的命令》、
《生之意志》、《死要賭》等獨幕劇。⑲，並在《生之意志》
中，親自登台飾演老父的演出。他在曉庄二週年時，發表曉莊

---

⑰　陶行知：〈歡迎下鄉現身說法─致田漢及南國社〉見游仲倫等編：《陶
　　行知全集》第8卷，成都：四川教育出版社，1991，頁278。

⑱　陶行知：〈田漢歡迎田漢〉，見蒲家駒等編：《陶行知全集》第2卷，
　　成都：四川教育出版社，1991，頁438。

⑲　何國華：《陶行知教育學》，廣州：廣東高等教育出版社，2002，頁235
　　－236。

劇社的成立經過。他說：

> 南國社同志第一次到曉莊來的那一天是最可紀念的。那
> 天晚上我們看見革命的藝術初次下鄉與革命的教育攜
> 手。不久，我們便成立了曉莊劇社，把農民生活捧上舞
> 台。陰曆正月從元旦起演了五天。連賭場烟館的民眾，
> 都被我們吸收來了，這是多麼痛快的事啊！而且受著公
> 演的壓迫，演員對於音樂、文學、國語、應對以及種種
> 人生藝術，都可借以一日千里的前進。我們深信戲劇有
> 喚醒農民的力量。從心頭滴下來的眼淚是能感動人的。
> ❼⓿

　　曉莊劇社成立後，陶行知曾於「一九二九年十一月到鎮江、
無錫、蘇州、常熟、寶山、上海、杭州、蕭山等地演出一個多
月，共演出三十四場。演出的《賣花女》、《香姑的煩惱》等
悲劇深深打動了觀眾，很多觀眾深受感動而流淚，當地報紙也
曾評述說：『曉莊劇社賺了許多觀眾的眼淚。』足見曉莊學校
藝術實踐取得的巨大成績。」❼❶陶行知深信白話劇具有喚醒民
眾的力量，並透過演劇的方式對民眾進行教育。這種以白話文
演白話劇的戲劇改良，在陶行知的普及教育運動中，也成為開

---

❼⓿　陶行知：〈這一年〉，見蒲家駒等編：《陶行知全集》第2卷，成都：
　　四川教育出版社，1991，頁445－446。

❼❶　何國華：《陶行知教育學》，廣州：廣東高等教育出版社，2002，頁236。

化民智的方式之一。

　　無論是採用民間戲劇或白話劇形式，陶行知以戲劇作爲輔助教育的工具，即是取其寓教於樂的功能。從曉莊鄉村教育時期起，陶行知即主張以戲劇培養藝術的興趣，在其後的教育運動中，更陸續將戲劇列爲課程設計之中。如在〈教學做合一之教科書〉一文中，他提出將編劇、演戲、布景等課程編入生活用書或教學做指導的主張。另在育才學校的課程設計中，將戲劇組列爲六組特修課之一，聘請章泯擔任主任。「開設課程有表演、發音、化裝、舞蹈、排演、戲劇講話、舞台技術。後來逐步增設戲劇藝術、藝術概論、中國新劇歷史、表演藝術論、世界戲劇史綱、導演藝術論、劇作概論、心理學等。教學設備除購置不少書籍和道具外，還自製一些道具。」⓻（三）在重慶社會大學文學系課程中，延請黃芝崗講授《民間戲劇》，每週授課時數二小時，以及聘請孟超講授《戲劇選讀》、屈楚講授《戲劇概論》等。⓽

　　抗戰期間，在陶行知的指導下，育才學校戲劇組師生以演劇方式，宣傳抗日團結的思想，並將表演所得做爲籌措育才兒童戲劇運動的經費。「一九四二年一月二十日至二十五日，他們首次在重慶中國電影製片場抗建堂公演五幕名劇《表》，曾

⓻　何國華：《陶行知教育學》，廣州：廣東高等教育出版社，2002，頁249。

⓽　熊明安、周洪宇主編：《中國近現代教育實驗史》，濟南：山東教育出版社，2001，頁617。

轟動了山城的各界人士。一九四三年四月二十四日至二十六日，在北碚民眾會場上公演四幕劇《小主人》，五月初還往合川公演。他們的演技出色，被公認爲是重慶演出的佳劇之一。一九四五年五月四日至七日，爲紀念五四運動，並爲實踐農村方言劇的推廣和號召戲劇下鄉運動，該組在北碚民眾劇場公演了自編自導的四川方言劇《大不平》、《啷格辦》。他們成功的演出，被贊爲『是藝術走向群眾，走向農村大後方的最初的也是最勇敢、最認眞的實踐。』」❼此外，「他們還創作了《農作舞》、《打倒豬狗王八蛋》等進步歌劇，在重慶公演，飲譽滿城。」❼

　　在陶行知所推行的教育運動中，戲劇是其教育民眾的宣傳方式之一，從他發表〈戲劇與教育〉的看法，以及提倡演劇與戲劇課程的編排等。可以看出，無論民間戲劇與白話劇，在推展普及教育之際，戲劇是其宣傳工具之一。

五、連環畫

　　連環畫又稱小人書、牙牙書，是一種適合青少年及大眾閱讀的通俗讀物。清末民初，隨著戲劇小說與出版印刷事業的發展，以圖畫與民間傳說故事相結合的連環畫，逐漸發展爲圖文

---

❼　何國華：《陶行知教育學》，廣州市：廣東高等教育出版社，2002，頁249。

❼　中國陶行知研究會編：《陶行知教育思想研究集》，北京市：人民教育出版社，1986，頁82。

並陳的連環圖畫小說。早期的連環畫取材自歷史、神怪小說，這種圖書館不藏，博物館不收的通俗讀物，曾被部分人士視爲難登大雅之堂的通俗品。但是由於它兼具圖畫的藝術性與民間故事的文學性，在民眾文化程度普遍不高的當時社會，曾被視爲輔助民眾教育的重要工具。

在陶行知所推展的教育事業中，也曾視圖畫爲輔助教育的工具。他認爲圖畫、畫報、連環畫都具有啓迪民智的功效。早期，他在推行平民教育運動時，曾運用圖畫來輔助教育的推行。如他所編輯的《平民千字課》中，可以看出他是運用圖畫來指示全課要義。他說：「圖畫是輔助了解課文和引起學習興味的工具。我們要盡力使圖畫符合課文的精神並充分包含課文的情節；我們還希望借圖畫逐漸的培養些美術觀念。」❼他以圖畫來輔助社會教育的推行，主要是藉由圖畫來引起學習的興趣與學習的效力。他說：「你必定要用圖畫來抓住你的學生。假使沒有錢買圖畫書，可以向朋友借。若無處可借，還有一個經濟的辦法，可以自做圖畫書。」❼他教人剪輯舊報圖畫，製作圖畫書，並將圖畫書當作教材教人，即是肯定圖畫的教育功能。

此外，他還主張以連環畫來做爲推行普及教育的工具。他形容當時民眾對連環畫的喜愛程度。他說：「民眾歡喜看圖畫，

---

❼ 陶行知：《平民千字課》的編輯大意，見龔思雪等編：《陶行知全集》第5卷，成都：四川教育出版社，1991，頁204－205

❼ 陶行知：〈怎樣做小先生〉，見金成林等編：《陶行知全集》第3卷，成都：四川教育出版社，1991，頁231－232。

你只要走到街頭巷角的書攤旁邊看看就知道了。那些連環圖畫把民眾的心靈都吸收去了，連小學生都把這些書租去看。」**㊆**又說：「民眾歡喜看連環畫和民眾歡迎看戲是一樣的道理。連環畫可以說是最經濟的戲。沒有錢看戲的人，只須拿一本連環畫看看，就好比是過了看戲的癮兒。因此我們知道，連環畫一定要畫得像啞巴戲和無聲電影一般才容易成功。如果要把文字插在圖畫裏，那麼就得跟著『話劇』和『有聲電影』學。這樣，連環畫就成了手上舞台或袖珍電影，一定可以成爲普及初步教育之有意義有趣味之工具，而受大眾的歡迎。」**㊆**

陶行知抓住青少年與民眾愛看連環畫的心理，提倡以連環畫來教育民眾。他主張運用小先生的方式，引起其他人學習的動機，並藉由連環畫的故事情節，發揮潛移默化的教育作用。他說：「每一個小先生都應當想法子多找一些圖畫書去指導學生。你要想多得學生，並且教你的學生高興看書，把書看上癮，必須借重圖畫。」**㊀**此外，他還呼籲作家與出版界出版一種大眾能看得懂的大眾畫報。而這種畫報必須具備五種條件：即（一）灌輸現代知識，培養前進思想；（二）用大眾語寫，要趣味勝

㊆　上引二文係摘自陶行知：〈怎樣做小先生〉，見金成林等編：《陶行知全集》第3卷，成都：四川教育出版社，1991，頁231。

㊆　陶行知：〈連環畫〉，見金成林等編：《陶行知全集》第3卷，成都：四川教育出版社，1991，頁398。

㊀　陶行知：〈怎樣做小先生〉，見金成林等編：《陶行知全集》第3卷，成都：四川教育出版社，1991，頁231。

過正經；（三）用連環畫寫，要圖畫多於文字；（四）編排清
楚；（五）價格便宜。⑧

　　陶行知主張以圖畫、畫報及連環畫來輔助教育的推行，主
要是著眼於當時不識字者多，借重圖畫的感染力，實有助於識
字教育與公民教育的推行。他抓住民眾愛看戲的心理，提出以
連環畫來輔助教育的主張，是掌握當時社會流行連環畫的趨
勢。而他肯定連環畫的價值，即是實踐生活即教育，社會即學
校的主張。

---

⑧　陶行知：〈大眾畫報〉，見金成林等編：《陶行知全集》第3卷，成都：
　　四川教育出版社，1991，頁376。

第四章　民初教育家晏陽初

　　民初的平民教育運動，是知識分子開啟民族希望的實驗工程，也是中國近代教育史上一個特殊的歷史現象。民國以前，教育一直為少數人所能享有的權利，鄉村普遍存在著嚴重的文盲問題。晏陽初是揭開中國平民教育序幕的教育家，曾留學耶魯大學及普林斯頓大學，並獲碩士學位，其教育事業肇始於法國的華工識字教育運動，其後與朱其慧、陶行知等籌組中華平民教育促進會總會，並致力於中國平民教育運動的推行。晏陽初的教育理論主要包含四大教育與三大方式，他認為愚、窮、弱、私是中國所存在的四大弊病，因此他設計出以文藝教育、生計教育、衛生教育、公民教育等四大教育，結合學校式、社會式、家庭式等三大方式來改造中國。

　　晏陽初對國家社會的無私貢獻，獲得國際高度的肯定，先後榮膺「現代世界最具革命性貢獻的十大偉人」與「當代全球最重要一百名人」等殊榮。❶雖然其定縣實驗最後未能成功，其教育事業並未因而中斷，反而繼續於菲律賓、泰國、瓜地馬

---

❶　吳相湘：《晏陽初傳》，台北：時報文化出版事業有限公司，1981，頁634。

拉、迦納等國家生根萌芽，而其教育理論也影響中國日後的教育發展。

第一節　橫跨中西推動教育

一、幼承庭訓肄習西學

　　晏陽初，本名興復，乳名雲霖，又名遇春，❷其父以「旭日之初」，賜字陽初，因以字行。四川省巴中縣人，生於清光緒十六年（1890），十月二十六日，（陰曆九月十七日）。父親晏樂全，字美堂，精通經、史、詩、文。嘗於鄉里設塾講學，因兼諳中醫之學，鄉人尊之為儒醫。母親吳太夫人，教子嚴明，育有四男三女，晏陽初排行最末。❸先生幼承庭訓，從父親習讀《四書》、《五經》等古書。「民為邦本，本固邦寧。」之

---

❷　遇春一名，取自楊遇春，（1762－1837），四川重慶人，先後平定內亂
　　外患多次，封朝勇侯。晏陽初：〈九十自述〉，見宋恩榮編：《晏陽初
　　全集》第2卷，長沙：湖南教育出版社，1992，頁505。

❸　按晏陽初〈九十自述〉云：「晏族子弟取名，照族譜排行『名正言順，
　　事成禮樂興；聲鴻室大，世代文章盛。』遠祖晏順寶、晏事叩、晏成才、
　　晏禮忠，父親諱樂全，字美堂，承繼先人之業，是塾師，兼諳中醫學，
　　能看病開方，鄉人敬重他的仁心仁術，按照傳統，稱之為儒醫。母親娘
　　家姓吳，經濟景況似乎比晏家稍強。……不識字、小腳、持家勤儉、教
　　子嚴明。」見宋恩榮編：《晏陽初全集》第2卷，長沙：湖南教育出版
　　社，1992，頁493。

思想與「憂以天下，樂以天下」之胸懷，自幼即萌芽於心。其〈九十自述〉曾回憶道：

> 我讀的古書，雖然有限，但它們卻悄悄地，在我幼小的心田中，埋下一粒微妙的火種，要經過一二十年，我才發現它的存在和意義。那是什麼呢？就是儒家的民本思想和天下一家的觀念。平民教育運動、鄉村建設運動，不論在中國，或是在海外，都是民本思想的實踐，而以天下一家為最高宗旨。❹

　　幼年的古書教育，灌輸晏陽初儒家民本思想與天下一家的觀念，這股哲學思想之力量，除帶給他正確的人生觀外，也是支撐其日後推展平民教育與鄉村教育的精神力量。

　　清末西方勢力東漸，西學成為傳教士傳播福音的途徑之一。晏美堂素與傳教士往來，洞悉古書之外，西學乃時代潮流之所趨。遂使晏陽初得以接觸西方之學。年方十三，晏陽初在雙親的支持下，赴閬中縣中國內地會創辦的西學堂，從英國傳教士姚牧師學習英語、算學、化學、歷史、地理等課程，並養成唱聖詩與運動之習慣。❺光緒三十三年（1907），晏陽初自

---

❹　晏陽初：〈九十自述〉，見宋恩榮編：《晏陽初全集》第2卷，長沙：湖南教育出版社，1992，頁495。

❺　晏陽初：〈九十自述〉云：「從那時到現在，我生活中最大的享受，也是我唯一的娛樂，是晚間唱幾首聖詩，或聽聖咏的唱片，借以解除疲勞，暫忘憂患，舒暢胸懷。溫厚從容的聖樂，給我多少心寧的安慰和精神的

西學堂畢業，旋入成都華美高等學校學習二年，然「因爲這學校不重道德教育，缺乏基督精神。學生賭博、喝酒，還有其他不好的事。」**⑥**未卒業即離開。宣統三年（1911），晏陽初經由姚牧師介紹，認識年輕牧師史梯瓦特（James Stewart），任輔仁學社助手，辦理文化與娛樂活動以輔導青年。是年九月，保路運動、辛亥革命相繼發生，中原板蕩，晏陽初銜父母之命，返回鄉里。並應巴中中學之聘，任短期英文教師一職。翌年，民國肇建，晏陽初重返輔仁學社，並在史梯瓦特的建議下，於民國二年（1913），以晏遇春（Yu—chuen Yan）之名於香港聖史梯芬孫學堂註冊，同年九月，以第一名考取香港大學，並榮膺英皇愛德華第七獎學金之殊榮。然因不滿獎學金條款「得獎人必須爲英國屬民」之歧視，憤而拒絕領獎。「獎學金事件」不僅突顯了殖民地的歧視待遇，更揚起晏陽初救國、愛國的精神。其選擇就讀香港大學政治系的原因，正反映出身爲知識分子的歷史使命。他說：

> 香港的環境和個人的經歷，使我深體國弱民貧的悲哀。
> 如何育民、富民以為強國之本，這大問題經常縈繞我的

鼓勵，沒有它，生活是寂寞的。……我們想像自己是基督的十字軍，征討世上的罪惡和不平，以必勝的決心，無畏地前進。」見宋恩榮編：《晏陽初全集》第2卷，長沙：湖南教育出版社，1992，頁503。

⑥ 晏陽初：〈九十自述〉，見宋恩榮編：《晏陽初全集》第2卷，長沙：湖南教育出版社，1992，頁505。

腦際。這問題牽涉很廣，國民經濟和政治組織是其中的
大端。要想負起改造中國的責任，必須具有政治和經濟
學的基本知識。一向相信事在人為，而且基督教的戰鬥
精神和積極的人生觀深入我心。所以，「邦無道則隱」
之說，我是不以為然的。如果人人都去隱居，獨善其身，
無道者更橫行無忌，邦國每況愈下，那更不堪設想。「國
家興亡，匹夫有責。」救國與救世，都是義不容辭的事。
因有此心，所以探索尋求方法，這是我讀政治系的基本
原因。❼

　　香港的特殊歷史背景，讓晏陽初有比較中西文化和社會的
機會，體驗國勢衰微的種種悲哀。基督教的戰鬥精神與積極的
人生觀激起他改造中國社會的使命感，而強烈的民族意識則加
深他對國家的責任感。然因獎學金事件與史文軒的去世，燃起
晏陽初離港赴美的動機。民國四年（1915）夏，晏陽初與徐淑
希商議連袂負笈奧柏林學院（Oberlin College），途中因得耶
魯校友萊夫（Ralph）之議，轉向耶魯。同年九月，以晏遇春之
名於耶魯大學完成註冊，並以勤工儉學的方式完成大學學業。
攻讀耶魯大學政治系期間，威廉·塔夫特（William H·Taft）
教授的教誨，讓晏陽初更進一步體驗民主的真諦，而美國民主
氣氛的薰陶與安定繁榮的景象，則堅定他日後教育救國與改造

---

❼　晏陽初：〈九十自述〉，見宋恩榮編：《晏陽初全集》第2卷，長沙：
　　湖南教育出版社，1992，頁514－515。

社會的理念。他說:

> 我在川中時,只有抽象的國家民族觀念。到香港後,敗
> 國之民的羞辱,促進了民族意識的發生。我開始深切體
> 會國之重要,已有改造社會的願望。再進而看到美國的
> 繁榮安定,華裔工商的屈居人下,又回想祖國的貧愚落
> 後;我比較三種不同的生活方式,孰高孰下,優劣為何。
> 我的看法,讀者大概可以猜得到的。我從沒想過獨善其
> 身。我不忍想像在中國的土地上再出現香港式的殖民
> 地。苦難的中國,需人解救,我立志貢獻己力。❽

相較於美國的安定繁榮,華裔工商屈居人下與中國的貧愚
落後,激起晏陽初改造中國社會的宏願。民國七年(1918)夏,
晏陽初完成大學學業,旋應基督教青年會戰時工作會之號召,
前往歐洲為華工服務,這是他為民族貢獻己力的開始,也是其
平民教育事業的開端。

二、教育華工識字掃盲

積極的人生觀、與蒿目時艱的因素,引領著晏陽初走向世
界的舞台。民國五年(1916),英、法兩國因戰爭需要,與中
國擬定招工章程,在華招募勞工遠赴歐洲從事裝卸糧食、挖掘

---

❽ 晏陽初:〈九十自述〉,見宋恩榮編:《晏陽初全集》第2卷,長沙:
 湖南教育出版社,1992,頁526。

戰壕、埋葬屍體、修路等戰場工作。然因語言隔閡，屢有誤會之情事發生。基督教青年會戰時工作會鑒於美國各大學學生具雙語能力，是現成的翻譯人才，乃號召青年到歐洲戰場服務。民國七年（1918），晏陽初受了愛國之心、愛人之心與愛主之心的感召，毅然投入服務華工的行列，是年六月，抵達法國北部的布朗（Bonlogue）。當時駐紮布朗的華工約莫五千餘人，多來自華北，且多不識字，而華工最需要的服務，即是匯錢、寫家書。晏陽初鑒於單憑個人之力，每天幫華工寫信、代辦匯錢手續，並非是解決問題的做法，乃決定從根本上著手—即教華工識字。他回憶當時的情景：

> 那一晚，是我生平中很難忘的一晚。在公共食堂裡，幾個華工和我圍坐一張飯桌。我的面前放著一張小石板、一枝石筆。我對他們說：「我先教你們認數目字，這樣你們才會認錢、數錢，慢慢再學匯錢。人生在世，不是為賺錢，可是為了生活不能不賺錢。你們冒險來這裡，辛辛苦苦地做工，為的是賺錢養家。好不容易賺了錢，自己卻不會寄回家。我願意為你們匯錢，但是我知道，你們覺得不好意思總是求人。求人不如求己。認字不是什麼難事，只要肯用心，天下沒有什麼學不會的事。大家都是天生下來一個腦袋。放著現成的腦袋不用，不是很可惜嗎？父母給我們腦，並不是叫我們頂在頭上加重量；如果只是白白地頂著，等於是無腦。你們是願意做

有頭有腦的人呢？還是做有頭沒腦的人呢？」❾

　　為了解決華工寫信與匯錢的問題，晏陽初決定推行華工識字教育。當時約有四十餘名華工參加識字行列，他們利用每晚一小時左右，經四個月的學習，計有三十五位華工，光榮領取畢業證書。成功的試驗，堅定晏陽初信心，為了讓更多華工識字，晏陽初以這三十五位的畢業生為教學種子，解決了師資的問題，而這種以學生引導學生的新教法，即是所謂的「導生制」教學法，亦即日後晏陽初在中國推行識字運動的教學基本原則。

　　華工識字運動的經驗，促使晏陽初思考教材的來源，他有感過去中國童蒙書有些字彙過於艱深，乃思索一種適合華工識字的教材。他說：

　　　　當時在法國工營，每天忙於各種繁瑣事務，書籍缺乏，而且我和其他服務的中國學生，都沒有編寫教科書的經

---

❾　晏陽初：〈九十自述〉，見宋恩榮編：《晏陽初全集》第2卷，長沙：湖南教育出版社，1992，頁532。關於晏陽初推行華工識字教育的動機，該文亦云：「華工最需要的一項服務，是替他們寫信。我到布朗後不久，一天晚上，一個華工來找我，膽怯地問：『晏先生，你能不能替我寫封家信？』我替他寫了。第二天，有四五個人來找我寫信。一個月後，每天晚上有幾百人來找我。他們的信很簡單，報平安外，就定兌錢回家。但每天晚上，寫百餘封信，代辦匯錢手續，也需相當的忍耐。幾個月後，我覺得這不是辦法。靈機一動，我召集了一個大會，把5000華工都拉去開會。我站在台上，對他們說：『從今天起，我不替你們寫信了，也不講時事了。……我要教你們識字、寫信』。」頁531。

驗。在這種情形下，我從一本中文字典和國內寄來的一
些報章中，選擇了極常用的單字和複詞，再加上華工的
通俗口語及平常家信習用的詞句，總共合起來約千餘
字，作為華工識字的教材。❿

晏陽初認為，《三字經》、《千字文》雖然是中國幼童的
啓蒙書，但是當中部分的難字與道理，華工不易馬上學會，並
不適合作為華工識字教材。然而，選擇千餘字作為初學讀本的
構想，卻是值得參考的。因此，他從字典、報章、書信與華工
的口語中，挑選適合華工教育用的千餘字作為識字教材，這種
以千餘字作為識字教材的概念，即是日後平教會編寫各種千字
課本的思想起源。

民國七年（1918）十一月，第一次世界大戰結束，晏陽初
為了提供華工識字與繼續教育，另創辦了《華工週報》，內容
包含論說、祖國消息、歐美近聞、歐戰小史、世界奇聞、名人
傳略，以及華工近況一欄。其創刊號的〈本報特告〉開宗明義
的說：

> 本報是特為開通華工的知識、輔助華工的道德、聯絡華
> 工的感情辦的。知我駐法同胞，無論在青年會任幹事，
> 或在工營中當翻譯，以及在工廠碼頭做傭工，都是急公

---

❿　晏陽初：〈九十自述〉，見宋恩榮編：《晏陽初全集》第2卷，長沙：
湖南教育出版社，1992，頁535—536。

好義的人，必願擔任義務，爲本報謀進步發達。不致坐觀成敗，置之於不顧。況事方萌芽，需助為急，非得同胞諸先生的贊助，萬難辦得有成效的。著作不拘短長，本報無不歡迎的。但文字以用官話為合宜，題論以進德智為標準。⓫

晏陽初教育華工識字，解決他們寫信、匯錢的困難，而《華工週報》的發行，除提供華工課外讀物外，也緊緊聯繫華工彼此的感情，同時更開闊華工的識見與增進道德的培養。這些實驗教育的經驗，成為日後晏陽初在中國境內實施平民教育的借鏡。民國八年（1919）五月，晏陽初結束在法的服務工作，返美繼續深造。

三、深入民間推動平教

民國八年（1919）六月，晏陽初離法赴美。同年秋，進入普林斯頓大學研究院，主修歷史學，翌年，獲碩士學位。留美期間，美國的民主繁榮與中國的落後貧窮，讓晏陽初不停思索如何改造中國社會的問題，而華工的識字經驗，讓他體會到非實施識字教育以掃除文盲，無以改造中國社會。因此，他決定將華工識字運動的經驗應用在中國社會。他在〈九十自述〉回憶道：

⓫　晏陽初：〈九十自述〉，見宋恩榮編：《晏陽初全集》第2卷，長沙：湖南教育出版社，1992，頁536。

要在中國建立民主政治與安樂社會，非一舉可成，而當
從基層做起，掃除文盲，普及教育。……胡適和陳獨秀
等，當時在國內提倡文學革命，推行白話文運動，實已
為消除文盲工作躍進一大步。我覺得，還當努力改進教
育工具，把在法國編行的華工識字課本，重加修訂，適
用于一般平民。同時，應當廣招博延志願的教員，在各
處舉辦為期四個月的識字班，希望在短期內掃除中國的
文盲。⑫

晏陽初認為，要在中國建立民主政治與安樂社會，必須先
掃除中國的文盲，而華工識字運動的經驗，是可資參考的範例。
晏陽初改造中國的構想，獲得當時北美基督教青年會協會副總
幹事福勒且爾・薄克曼（Fletcher Brockman）的認同，並指示
他上海的中華基督教青年會全國協會總幹事余日章，可以提供
協助。此時，又值家中來信告知母親生病，晏陽初乃從美國返
國，並開啓中國掃盲識字的平民教育運動。

民國九年（1920），晏陽初懷抱救國理想返國推行平民教
育，並利用一年餘的時間，遊歷十九省，視察各省平民教育的
實施現況，並將視察結果進行分析檢討，以為日後推行平民教
育運動的參考依據。他認為，要在中國推行平民教育，有三大
困難必先解決，「第一是『窮難』，因為他們窮，一天到晚忙

⑫　晏陽初：〈九十自述〉，見宋恩榮編：《晏陽初全集》第2卷，長沙：
　　湖南教育出版社，1992，頁546。

於生計，無暇接受教育；第二是『忙難』，他們終日忙碌，沒有多餘時間上學；第三是『字難』，中國文字太難學習。」❸因此，要解決三大困難，必須使平民教育成爲合乎經濟的、簡單的、基礎的三個條件的苦力教育，才容易推行。

爲了使平民教育合乎經濟的、簡單的、基礎的三個條件，晏陽初自編了《平民千字課》，以爲推行平民教育的教材。並先後於長沙、煙台、嘉興、武漢三地等地推行識字教育。民國十二年（1923）八月，中華教育改進社於北京清華大學舉行年會，通過籌組中華平民教育促進會總會，推舉朱其慧爲董事長，陶行知爲書記，晏陽初爲總幹事。

初期的平民教育實驗主要偏重於城市實驗，然中國以農立國，農民文盲亦佔多數，晏陽初鑒於此，乃於民國十三年（1924）聘請傅葆琛回國擔任鄉村教育部主任。並將全國鄉村劃分爲華北、華南、華中、華東、華西、華北和西北七大區。民國十五年（1926），平教會決定以定縣作爲實驗中心，其後一群博士下鄉與農民爲伍，落實了當時知識分子「到民間去」的理念。民國十八年（1929）七月，中華平民教育促進總會由北平遷入定縣考棚，晏陽初亦舉家遷居定縣。民國二十六年（1937），抗日戰爭爆發後，晏陽初與部分平教同仁，乃遷往華西、華中繼續試驗。民國三十八年（1949）十一月，晏陽初赴美定居，

---

❸ 晏陽初：〈平民教育運動的回顧與前瞻〉，見宋恩榮編：《晏陽初全集》第2卷，長沙：湖南教育出版社，1992，頁258。

自此，轉而獻身國際平民教育運動，指導菲律賓、泰國、瓜地馬拉、迦納等國家之平民教育事宜。民國七十九年（1990）一月十七日，晏陽初走完人生的旅程，長眠於紐約，享年一百歲。

第二節　平民教育運動歷程

平民教育運動，最初著眼於多數民眾的識字教育，由城市實驗開始，逐漸轉為農村教育，進而求農村建設之改造與縣政之改革。晏陽初說：

> 識字教育僅是一種基本教育，其目的不在使民眾識字，而在使其達到整個生活改造的目標。所以文字教育以後，便應該繼之以民眾生活的改造。中國民眾當然以農民為先。他們大都居住在鄉間，我們要知道他們所需要的是什麼教育，我們必須鑽入民間，到農民生活中認識他們的生活。如此才能明白他們所需要的。❶

晏陽初認為，識字教育只是平民教育的起點，平民教育的目的是要達到生活的改造，中國農村是人口聚集之處，農民佔極多數，因此要改造生活，勢必走入民間，才能找出解決之法。晏陽初在〈平民教育促進會工作演進的幾個階段〉一文中，將

---

❶ 晏陽初：〈平民教育促進會工作演進的幾個階段〉，見宋恩榮編：《晏陽初全集》第1卷，長沙：湖南教育出版社，1989，頁390。

工作演進分成文字教育的階段、農村建設的階段、縣政改革的階段。另湯茂如在〈平民教育的經過〉一文中，將中華平民教育運動的歷史分成平民教育運動的胚胎時代、提倡時代、研究實驗時代等三階段。平民教育運動的初期，主要為識字教育的推展，其目的是掃除文盲，以為建設共和國之基礎。至中華平民教育促進會成立後，逐漸進入鄉村平民教育試驗與縣政改革階段。綜觀晏陽初的平民教育運動歷程，依其性質，實可區分為城市平民教育階段、鄉村平民教育階段、縣政改革階段等三期。**⓯**

一、城市平民教育階段

晏陽初所提倡的平民教育運動，可說是近代知識分子教育救國的表現，其推動平民教育的歷史，可溯及歐戰期間於法國推行的華工識字教育。他在〈中華平民教育促進會定縣工作大

⓯ 關於晏陽初平民教育歷程，湯茂如在〈平民教育的經過〉一文中，區分成平民教育運動的胚胎時代（民國7年至8年在法國；民國9年至11年在中國）、平民教育運動的提倡時代（民國11年至14年）、平民教育的研究實驗時代（民國14年秋至……）等三階段。由於該文發表於縣政改革階段之前，因此，並無縣政改革階段。該文刊於1927年，《教育雜誌》第19卷第9號，今本係合刊影印本。台北：台灣商務印書館，1975，頁1。另近人周春燕在〈晏陽初與平民教育運動〉一文中，將晏陽初所提倡的平民教育運動分為城市平民教育階段與鄉村建設階段。見周春燕：〈晏陽初與平民教育運動〉，《鎮江市高等專科學校學報》，第13卷第1期，2000，頁37—44。

概〉一文中曾說：

> 平教運動的發端，是在歐戰時候，當時各國招募華工，
> 到歐洲工作，兄弟從美國到法國，辦理華工教育，目睹
> 華工不識字之痛苦。從那時，得了一些經驗，同時聯想
> 到國內一般不識字文盲關係國家民族前途的重大，所以
> 回國以後，就從事提倡識字運動。❶

　　晏陽初認為，華工識字教育是其推動平民教育的濫觴，而
華工識字教育的成功經驗與關心國家民族發展的使命感，則是
促使他立志回國投入平民教育的原動力。

　　平民教育運動，肇始於一次大戰期間。與之同時，中國境
內亦瀰漫著新文化運動的改革浪潮，如胡適和陳獨秀等人，提
倡白話文學運動，發行平民刊物等。在掃除文盲的工作上，與
晏陽初編輯白話識字課本教育華工的做法，有著不謀而合的默
契。❷民國九年（1920），晏陽初自美返國，應中華基督教青

---

❶　晏陽初：〈中華平民教育促進會定縣工作大概〉，見宋恩榮編：《晏陽
　　初全集》第1卷，長沙：湖南教育出版社，1989，頁245。另晏陽初在〈平
　　民教育運動的回顧與前瞻〉一文中也說：「這種開發中國80％以上平民
　　『腦礦』的大運動，是胚胎於第一次世界大戰（1914－1918年的歐戰）
　　時期。」見宋恩榮編：《晏陽初全集》第2卷，長沙：湖南教育出版社，
　　1992，頁253。

❷　湯茂如：〈平民教育運動的經過〉一文曾說：「民八以後，共計三年，
　　有美國教育哲學家杜威博士在全國各大學校講演平民主義與教育，又有
　　國立北京高等師範教育研究科的教授和學生在民國九年創辦平民教育

年會全國協會總幹事余日章之聘,任職青年會平民教育部,並
利用一年多的時間,跨越十九省,以調查研究各地通俗學校、
平民學校、工讀學校的實施情形。研究考察發現,國內平民與
華工相異之處有四,即「(一)華工作工時間一定,國內工商
人等終日忙碌;(二)華工生活問題已經解決,負擔比較又輕,
國內工人,奔走衣食不暇,又有家庭重負;(三)華工在法國
所受刺激甚多,有讀書的志願,國內平民所受刺激不深,不覺
有讀書需要;(四)華工人數有限,全是工人,所需要的教材
簡單,國內失學平民,有三萬萬以上之多,各項職業,男女老
幼,富貴貧賤都有,所需要的教材複雜。」❶⑧

　　晏陽初比較華工與國內平民的相異處後,認為華工教育的
方法與教材,已不適合國內平民教育的方法。他發現在中國辦
平民教育存在「窮難」、「忙難」「字難」等三大困難,因此,
他認為必須根據國情與民情,辦理經濟的、簡單的、基礎的苦
力教育。其研究所得的結果,乃決定於每日午後或晚間工作之
餘,以至多兩小時的時間,利用掛圖和幻燈的工具,教育多數
的平民學習白話文的千字課,計畫於四個月內讀完千字課,完

週刊,鼓吹教育平民主義化。國內這一切的運動和理論上的鼓吹好像是
按照一個預定的計畫先在全國製造空氣,然後由晏陽初等返國提倡從平
民生活裡產生出來的平民教育。」湯茂如:〈平民教育運動的經過〉,
見《教育雜誌》第19卷第9號,台北:台灣商務印書館,1975,頁3。
⑧　湯茂如:〈平民教育運動的經過〉,見《教育雜誌》第19卷第9號,台
北:台灣商務印書館,1975,頁3。

成基本的識字教育。

爲了使識字教育合乎經濟的、簡單的、基礎的條件，晏陽初首先進行選字工作，「搜集民眾日用的文件以及中國白話文的書刊，如小說、戲劇、民歌、帳簿、文契、告示、甚至街名、商店、招牌……等。前後動員五十餘人，一共搜集了一百五十萬字的材料。」❶後經統計，選出出現次數最多的常用字，並將選字結果與陳鶴琴所編的《語體文常用字彙》相參証，最後選出一千餘字，以做爲編寫《平民千字課》字彙，晏陽初將編成後的《平民千字課》，除了於上海試教工人及車夫小販外，分別以長沙、煙台、嘉興、杭州等城市爲實驗城市，試圖藉由不同城市的實驗，找出適合全國各地方的平民教育方法。

民國十一年（1922）春，晏陽初於長沙實施第一次的平民教育試驗，其進行步驟是首先拜訪各界領袖請求贊助，並聯合各界領袖七十餘人組織總委員會，以及經濟、學生、校址、教職、宣傳等五個委員會，決定於一週內舉行全城平民教育運動。其次動員全城大學生、中學生進行遊行宣傳、張貼宣傳圖畫、散發說明傳單等工作，每一遊行隊伍以喊話的方式向街旁群眾喊出「你們識字不識字！」「不識字就是瞎子！」「我們辦平民學校是醫瞎子的！」等口號，意使識字與不識字的民眾一起覺醒。再者，將全城區分五十二段，以勸學的方式，上門找學

---

❶ 晏陽初：〈平民教育運動的回顧與前瞻〉，見宋恩榮編：《晏陽初全集》第2卷，長沙：湖南教育出版社，1992，頁259。

生。此外，商借行會、機關、寺廟、住戶的空房子等處，以做為平民學校校舍，最後召開全城中小學教師會議，解決師資問題。❷經過宣傳後開始試辦，結果「開辦了平民學校六十餘處，招收學生一千三百二十名，並請得義務教師八十人，從三月起到七月畢業。赴畢業考試的有一千二百名，考試及格領有得證書的有九百六十七人。他們的年齡，由八歲到四十二歲。他們的職業，代表五十五種。畢業那天，有湖南省長到場發給『識字國民』證書。參觀的人莫無嘆爲空前的盛舉。」長沙試驗的成功，使經驗得以推行到各縣，具統計「先後成立縣平民教育促進會和鄉村平民教育促進會共百餘處。已成立平民學校和平民讀書處共一千七百一十八所，共有學生五萬七千六百六十二人。」❷

民國十二年（1923）春，繼長沙的經驗之後，晏陽初應山東煙台青年會之邀，著手煙台的平民教育實驗，煙台的規模雖較長沙爲大，然因有長沙經驗爲基礎，工作進行較爲順利。其

---

❷ 參見晏陽初：〈平民教育運動的回顧與前瞻〉，見宋恩榮編：《晏陽初全集》第2卷，長沙：湖南教育出版社，1992，頁259。

❷ 上引二文係摘自湯茂如：〈平民教育運動的經過〉，見《教育雜誌》第19卷第9號，台北：台灣商務印書館，1975，頁3，4。另晏陽初於1946年發表的〈平民教育運動的回顧與前瞻〉一文中，說道：「幾年後，長沙一地的平民受過識字教育的，有20萬之多。」可見當時長沙平民教育運動，有一定的試驗成績。晏陽初：〈平民教育運動的回顧與前瞻〉，見宋恩榮編：《晏陽初全集》第2卷，長沙：湖南教育出版社，1992，頁260。

實施方法乃採用長沙經驗模式，如舉行全城遊行，由招生隊進行勸學等步驟。「舉行全城遊街運動那一天，全埠各界人士都來參加，各學校、各工廠都停工休業一天，計參與遊行的有一萬五千餘人。」㉒是年七月，舉行畢業考試，總計一千六百餘人赴考。一千一百四十七人及格。由熊希齡夫人朱其慧頒予「識字國民」證書。會中，熊夫人感慨地說：「今天這個畢業典禮，我從未看見過，畢業學生中有六十四歲的老婆婆，有十歲的小孩，有成百的家庭婦女，破皮的赤足的，男的女的……這才是真正的平民教育。」㉓煙台平民教育試驗，不僅規模較長沙爲大，同時，有三百七十二名婦女經畢業考試及格，使平民教育的理想，獲得進一步地落實。

㉒　湯茂如：〈平民教育運動的經過〉，見《教育雜誌》第19卷第9號，台北：台灣商務印書館，1975，頁4。另該文亦云：「招生隊由各校選擇男女學生，……三日內，男生隊招得學生1466名，女生隊招得學生633。請得義務教師100名，男教師70人，女教師30人。是年七月，舉行畢業考試，所招之2099人中，有1600餘人赴考。考試及格的有1147人。……領到證書的男生有775人，女生計有372人。」頁4。

㉓　晏陽初：〈平民教育運動的回顧與前瞻〉，見宋恩榮編：《晏陽初全集》第2卷，長沙：湖南教育出版社，1992，頁261。除長沙、煙台、嘉興外，晏陽初另與熊夫人於武漢三鎮推動識字教育，該文云：「招生時學生多達2萬餘人，因之教師大成問題，由陳什先生（時任中華大學校長）等協助，東約武漢中小學教師，假中華大學禮堂，舉行會議，估計至多能到400人，結果開會時坐滿禮堂，到會達1200人，平民學校實需教師800人，就於說明要聘請義務教師後，請自願接受平民學校教員的約請的站起來，出乎意料，竟全體立起，教師問題就這樣解決了。武漢的工作倍極熱烈，更轟動了全國。」頁261。

　　晏陽初除了赴長沙、煙台進行平民教育的實驗外，另委派傅若愚於杭州籌備實施平民教育。民國十二年（1923）九月，舉行大規模運動，參加人數一萬餘人，期間，杭州警察廳長特派警察八百餘人爲招生員，協助平民教育的宣傳。「結果於兩日內招得男女學生兩千餘名，共設立平民學校八十四所。四個月後，考試及格畢業的共有一千四百二十九人。學生年齡最低的十二歲，最高的六十歲。」❷❹

　　長沙、煙台、杭州所試驗的平民教育是以單班教學法和掛圖教學法進行試驗教學，然爲試驗教師少學生多的地區，晏陽初選定浙江嘉興城爲實驗區，試驗幻燈教學法的可行性。由秀州中學選派教師四名，每兩名輪流教授一平民學校。當時嘉興設立的平民學校共計城南、城北二所，以幻燈教學法教授。招生結果「共有學生二百餘人，七月二十日舉行畢業禮，及格畢業有一百四十餘人。……正當嘉興幻燈班開辦後，熊朱其慧夫人同陶行知先生親自到嘉興參觀幻燈教學法，皆大受感動。」❷❺幻燈教學法試驗成功，證明教師少，文盲多的小城市與鄉村，

---

❷❹　湯茂如：〈平民教育運動的經過〉，見《教育雜誌》第19卷第9號，台北：台灣商務印書館，1975，頁5。另該文亦云：「他們的職業，據調查所得，除開339人未有報告外，其餘畢業學生中，有606人爲手藝匠，208人爲粗工，135人爲商販，29人爲學徒，14人爲兵士，餘274人爲無職業的。」頁5。

❷❺　湯茂如：〈平民教育運動的經過〉，見《教育雜誌》第19卷第9號，台北：台灣商務印書館，1975，頁4。

亦可藉由視聽媒體的輔助，推行平民教育運動。

　　除城市平民教育的推行外，晏陽認爲，士兵是集體生活的有組織民眾，對士兵施以識字教育，實有助於的開闢平民教育園地。民國十三年（1924），晏陽初至東三省推展士兵教育，以軍官爲導師，以連單位，利用兩個月時間教完平民千字課。他說：「我們教學的辦法是把所有的的軍官自連長起到團長止，召開一個講習會，要他們當教員，用群眾教育法，發幻燈。以一連爲單位，先作一個識字測驗，分成組，每組約一百人，連長爲教員。先放畫片，然後放課文，課文是解釋圖畫的，於是就可由圖而懂到了全文意義。這種教學法可說是溫習舊字而不是認識新字。」❷此外，晏陽初又應馮玉祥、李宗仁之邀請，先後前往包頭、漢口等軍營實施士兵識字教育。平民教育運動深入軍營，不僅提升士兵的識字能力，也助於民族意識的覺醒。

　　歐戰期間，晏陽初赴法國教育華工識字，是其開展平民教育運動的胚胎期，自其返國後，則投入國內平民教育運動的行列。在此期間，晏陽初主要以城市做爲識字教育的實驗區域，至民國十三年（1924）後，晏陽初延請傅葆琛擔任鄉村教育部主任，並逐漸建將平民教育的重心，由城市轉移至鄉村。

二、鄉村平民教育階段

---

❷　晏陽初：〈平教運動的回顧〉，見宋恩榮編：《晏陽初全集》第2卷，長沙：湖南教育出版社，1992，頁182。

　　自古以來，中國人對於土地的認同，表現在安土重遷的生活型態上。生於斯，長於斯的觀念，使中國農村，成為人口聚集的地方，同時也存在嚴重的文盲問題。晏陽初認為，要想普及中國平民教育，勢必走向民間，才能落實真正的平民教育。自民國十三年（1924）起，他逐漸建將平民教育的重心，由城市轉移至鄉村，並延請傅葆琛擔任鄉村教育部主任，以著手規劃鄉村教育的改造計劃。是年九月，傅葆琛回國，十月赴北京就職，平教總會提倡鄉村平民教育運動，於焉展開。

　　中國鄉村範圍廣大，鄉村情形各異其趣。平教會為實施鄉村平民教育，首先將全國劃分為華北、華南、華中、華東、華西、東北、西北七大區，並計畫分期在每區內作普遍的提倡與徹底的或集中的提倡。❷民國十三年（1924）十一月起，平教會先後於直隸保定道、京兆區內作普遍性的提倡，並計劃於通縣實施徹底的提倡，然因內戰發生，通縣實驗遂告停頓。❷

---

❷　湯茂如：〈平民教育運動的經過〉云：「普遍的提倡，只協助各地方自動推行平民教育，隨時在平民教育學術上作指導和訓練工作。徹底的提倡，係在一區內選擇一個中心的地方，由總會負責直接實施平民教育的三種教育：文字教育、生計教育和公民教育，以作一區內推行平民教育的模範。」見《教育雜誌》第19卷第9號，台北：台灣商務印書館，1975，頁6。

❷　湯茂如：〈平民教育運動的經過〉云：「鄉村平民教育徹底提倡的工作擬在通縣舉行。民國十四年春會在該縣舉行平教運動，已將平民教育空氣製造起了。馮梯霞、甘博、李景漢諸先生又會調查該縣的社會狀況，擬租借該縣演武廳作鄉村師範院校址，和創設普及農業科學試驗的地

　　民國十五年（1926）十一月，鄉村教育部主任傅葆琛、生計教育科主任馮銳，偕同幹事金善榮，步子厚，蔣滌歸，于東汶，潘東沛等五人，赴定縣調查該縣生活狀況、教育與農業情形，並聯絡當地士紳與地方機關，說明平民教育的目標與縣單位實驗之必要。研商結果受到縣政府各局與地方士紳米迪剛等人之認同，乃邀請平教會至翟城辦理實驗工作。平教會得此贊助，遂決定以翟城區為起點，以為定縣平民教育之建設基地。❷平教會所以選擇定縣為華北實驗區之實驗縣，除了通縣實驗因戰事中斷外，自有其特殊之處。其因為：「第一、以定縣的農民生活，鄉村組織，農業情形，經濟狀況，可以代表華北各縣，第二，以定縣各村辦理識字教育，頗有基礎；第三，定縣

方。後因戰事發生（國民軍與奉直魯聯軍），進行終止。」湯茂如：〈平民教育運動的經過〉，見《教育雜誌》第19卷第9號，台北：台灣商務印書館，1975，頁6。

❷　李景漢：〈回憶平教會定縣實驗區的社會調查工作〉云：「翟城村很早就是一個實驗村。當地人米迪剛在日本留學時看到了日本人搞的實驗村，認為很不錯，回國後便在本村試行。從其父米鑒三開始在翟城村自辦學校，後米迪剛辦自治村。都頗見成效。一九二四年，定縣縣長曾授予其『模範村』之稱。」見李濟東編：《晏陽初與定縣平民教育》，石家莊：河北教育出版社，1990，頁448。另〈平教會到定縣的動機經過及組織〉一文云：「米氏昆仲，對於村治，素極熱心，對於翟城本村，亦多所計畫，頗有設施，平教會得此贊助，遂決定實驗工作，先以翟城區為起點，地址在翟城村東南隅一所破廟內，此廟既為定縣實驗工作發祥地。」該文原出自平教會：《定縣平民教育農村運動考察記》，今蒐入李濟東編：《晏陽初與定縣平民教育》，石家莊：河北教育出版社，1990，頁87。

距大都市較遠，人民生活不致受都市影響。定縣南行一千華里，始達鄭州，東北四百里，始達北平。其它各方面皆無大都市，四周皆農村，可代表農村社會的典型；第四，以定縣公共機關人民團體及當地士紳如米迪剛，米階平、白瑞啓諸氏皆竭力歡迎平教會來定縣工作，並贈借公共房屋田畝贊助籌備，以利進行。」❸⓿

　　由於定縣具有代表華北各縣的地理環境，以及農村社會的典型，加上村治建設已有基礎，因此成爲平教會實施徹底提倡平民教育的實驗區。

　　民國十五年至十八年（1926－1929）間，平教會雖然於定縣開辦了平民學校、社會調查、農業改良、衛生教育等工作，然而因爲人力有限，實驗規模較小，因此成績自然有限。❸① 「爲了籌畫平教會新階段的工作，晏先生在董事會改組完成後，便

---

❸⓿　〈平教會到定縣的動機經過及組織〉，見李濟東編：《晏陽初與定縣平民教育》，石家莊：河北教育出版社，1990，頁86。

❸①　按堵述初：〈平教會運動在定縣〉云：「一九二九年以前，平教會雖然開展了一系列的工作，如辦平民學校、辦社會調查、辦農業改良、辦衛生教育等等。但規模極小，連定縣實驗區包括在內，其工作人員總共不過二十人。定縣實驗區辦公處，不過租用了幾間破舊民房，辦公、住宿都擠在一起。」見李濟東編：《晏陽初與定縣平民教育》，河北教育出版社，1990，頁424。另〈平教會到定縣的動機經過及組織〉刊載：「民國十八年以前，平教會在定縣之工作，……從性質上言，此爲實驗工作的準備時期，且爲平民教育促進會的部分工作，人才經濟，皆未能集中，故無顯著特殊的成績。」見李濟東編：《晏陽初與定縣平民教育》，石家莊：河北教育出版社，1990，頁87。

約各部分的負責人陳筑山、馮銳、湯茂如、熊佛西、瞿菊農、
鄭綱裳、李景漢諸先生等連續開了幾天會議。最後決定，集中
全會的人力、物力，大辦定縣實驗區。把原來以市民、農民和
士兵爲對象的平民教育，轉變爲單以農民爲主要對象的平民教
育。」❸民國十七年（1928），晏陽初延請李景漢主持社會調
查部工作，並全面調查定縣人口、經濟、文化、政治、風俗習
慣、衛生等狀況。以提供平教會各部參考，作爲制定工作的依
據。晏陽初曾說：

> 定縣的實驗目標是要在農民生活裡去探索問題，運用四
> 大教育、三大方式完成農民所需要的教育與農村的基本
> 建設，而一切教育工作與社會建設必須有事實的根據，
> 才能規劃實際方案。定縣實驗的首要工作即是社會調
> 查。要以有系統的科學方法實地調查定縣一切社會情
> 況，使平教會對於農民生活和農村社會的一般的與特殊
> 的事實和問題，有充分的了解與明確的認識，然後各方
> 面的工作才能依據事實制定辦法。❸

　　晏陽初爲解決定縣農民的四大弊病，延請李景漢主持社會

---

❸　堵述初：〈平民教育運動在定縣〉，見李濟東編：《晏陽初與定縣平民
　　教育》，石家莊：河北教育出版社，1990，頁424。

❸　此段文字係李景漢回憶當時與晏陽初的對話。李景漢：〈回憶平教會定
　　縣實驗區的社會調查工作〉，見李濟東編：《晏陽初與定縣平民教育》，
　　石家莊：河北教育出版社，1990，頁447。

調查工作，並特別針對農民愚、窮、弱、私四種現象，隨時整理分析，以提供平教會各部參考與制定出解決方案。定縣的社會調查工作，是中國歷史上首次以縣爲單位的實地調查，其所得的調查資料，正提供晏陽初實施鄉村改造時的重要依據。

　　民國十八年（1929），平教會獲定縣地方人士之贊助，將總會遷入定縣考棚辦公，晏陽初亦攜家眷遷居定縣。至此，平教會集中財力、人力於定縣，積極展開定縣實驗區的工作。一群具有博士身分的平教會同仁，亦紛紛投入定縣實驗工作的行列。他們深入民間工作，與農民生活在一起，試圖藉由實際的調查與試驗，以解決農村愚、弱、私、貧四大弊病。這股博士下鄉運動，在根本上響應了當時知識分子「到民間去」的口號。當時北京一家報紙曾評論道：

> 這是迄今為止中國歷史上最宏大的一次知識分子遷往鄉
> 村運動，帝制科舉出身持有者、中國大學教授、學院院
> 長和國家機構退休工作人員，以及許多美國重點大學的
> 博士和碩士們，紛紛離開城裡的職位和舒適的家，來到
> 偏僻的定縣農村，尋找復興古老落後的人民生活和途
> 徑，從根本上實現民主。❸❹

　　定縣實驗所掀起的博士下鄉運動，是知識分子教育救國的

---

❸❹　晏陽初：〈中國平民教育運動的總結〉，見宋恩榮編：《晏陽初全集》
　　第2卷，長沙：湖南教育出版社，1992，頁210。

表現，他們放棄舒適環境與職位，前往窮鄉僻壤的定縣。是一種基於愛民族愛同胞的人道關懷，也是追求真正民主的表現。

三、縣政改革階段

四大教育中的公民教育是為培養人民行使共和國權利與義務的教育，鑒於當時政治的腐化，晏陽初認為，定縣實驗要能成功，必須要對地方進行政治改革，訓練人民自治的能力，使人民力量能參與政治，實現平民政治。他說：「我們本不想幹政治，可是為了實現我們改造社會的最後目的，為了事事能得到法的根據，使民眾的力量表現得合法化，事實的情勢使我們不能不鑽入政治。」❸

民國二十一年（1932），時任內政部次長甘乃光至華北各省考察縣政，以為定縣工作極為可取，乃於第二次全國內政會議提出縣政改革案，會中決議各省設縣政建設研究院，指定一縣做實驗縣，縣長由院長推薦；人才經費有困難的省份，可先設縣政建設實驗區。❸翌年，河北省縣政建設研究院於定縣成

---

❸　晏陽初：〈平民教育運動的回顧與前瞻〉，見宋恩榮編：《晏陽初全集》
　　第2卷，長沙：湖南教育出版社，1992，頁295。

❸　按晏陽初：〈平民教育運動的回顧與前瞻〉云：「內政部次長甘乃光先
　　生到華北各省考察縣政，主要是來看定縣，他在定縣住了4天，以為定
　　縣工作極為可取，認為這才是真正的縣政內容。所以返京後，就在1932
　　年12月召開第二次全國內政會議，提出了縣政改革案。……這個提案的
　　提出，就是甘乃光先生在定縣要我們擬定的。」見宋恩榮編：《晏陽初
　　全集》第2卷，長沙：湖南教育出版社，1992，頁295。

立，由晏陽初任院長，並推薦霍六丁擔任實驗縣縣長。自此，定縣鄉村建設由原先以學術指導建設，走向與政治合流的縣政改革階段。❸

在定縣進行試驗的同時，晏陽初亦著手規劃將平民教育試驗向華中、華西繼續推展。民國二十五年（1936），晏陽初、瞿菊農、彭一湖與湖南省政府主席何鍵、教育廳長朱經農、財政廳長何浩若等研商，決定成立湖南省實驗縣政委員會，由省政府委員與四廳長與平教總會會代表晏、瞿、彭三人組成委員會，選定湖南衡山縣做為實驗縣。是年七月，湖南省衡山實驗縣舉行成立典禮，由彭一湖擔任縣長。❸

衡山實驗縣的成立，意味著當時中國一千九百餘縣中，直接由平教總會以定縣模式做為表證實驗的第一縣，也意味著平教運動與鄉村建設經驗繼續推向華中等地區。是年十月，為了培養鄉村建設人才，晏陽初亦於湖南省創辦湖南省立鄉村師範學校。學校課程以鄉村改造為宗旨，其課程分為社會調查、軍事訓練及自衛、民眾教育與民眾組織、鄉村學校、農業、鄉村

---

❸ 晏陽初：〈平民教育運動的回顧與前瞻〉云：「要把學術深入到民間去，最理想的是政治要學術化，學術要實踐化，最好是學術與政治合流。定縣縣政建設研究院，就是一般學者都鑽入政治政治中去，研究以往政治，為什麼效率那樣低，為什麼貪污那樣多，就是要做到學術與政治、政治與學術打成一片，真正合流。」見宋恩榮編：《晏陽初全集》第2卷，長沙：湖南教育出版社，1992，頁298。

❸ 參見宋恩榮編：《晏陽初教育思想研究》，瀋陽：遼寧教育出版社，1994，頁26。

改造活動等。❸希望藉由鄉村師範學校的設立，培養鄉村小學教師與農村改造的人才。

　　除了衡山實驗縣外，平教會亦著手規劃四川省的實驗計畫。民國二十四年（1935）秋，國民政府電促晏陽初，以期迅速於四川推行平民教育鄉村改造工作。同時，四川省政府主席劉湘也急電晏陽初，延請協助四川省的建設工作。民國二十五年（1936）六月，晏陽初爲就近指導湖南與四川的實驗工作，亦將平教會南遷至湖南長沙。民國二十九年（1940），晏陽初爲培養平民教育與鄉村建設人才，於重慶北碚區創辦私立中國育才院，並任院長一職。民國三十四年（1945）八月，育才院升格爲獨立學院，改名爲中國鄉村建設學院，自此，中國有了專門培養從事實際鄉村建設之高等學府。

　　民國三十八年（1949），晏陽初即赴美定居，中斷了他在大陸的平民教育與鄉村建設。五十年代，他轉而致力於國際平民教育運動，先後於亞洲、非洲、拉丁美洲等部分國家指導各國的平民教育與鄉村建設的工作，並將中國的定縣經驗推展到國際舞台上。

第三節　救弊之四大教育理論

---

❸　宋恩榮編：《晏陽初教育思想研究》，瀋陽：遼寧教育出版社，1994，頁28。

　　農村教育是教育農民生活所需的知識與能力，以解決農民
生活上所遭遇的困難與問題。解決問題之前，首先要發覺問題
的所在。晏陽初認為，愚、窮、弱、私四大弊病是中國農村普
遍存有的現象，是阻礙中國進步的癥結所在，要改造中國社會，
必須徹底改善民眾的四項缺失。他說：

> 在定縣，我們研究的結果，認為農村問題，是千頭萬緒。
> 從這些問題中，我們又認定了四種問題，是比較基本的。
> 這四大基本問題，可以用四個字來代表它，所謂愚、貧、
> 弱、私，……在這幾個缺點之下，任何建設事業，是談
> 不到的。要根本解決這四個基本問題，我們便要從事四
> 種教育工作，這四種教育是：（一）文藝教育；（二）
> 生計教育；（三）衛生教育；（四）公民教育。❹

---

❹　晏陽初：〈中華平民教育促進會定縣工作大概〉，見宋恩榮編：《晏陽
初全集》第1卷，長沙：湖南教育出版社，1989，頁247。關於中國衰弱
的原因，梁漱溟則認為，「文化失調」是造成社會構造崩潰的原因。他
說：「自中西兩個不同的文化相遇之後，中國文化相形見絀，老文化應
付不了新環境，遂不得不改變自己，學西洋以求應付西洋；但結果學西
洋沒有成功，反把自己的老文化破壞了，把鄉村破壞了。老文化破壞殆
盡，而新文化未能建立，在此青黃不接前後無歸的過渡時期，遂陷於混
亂狀態。這是中國最痛苦最沒有辦法的時候；所以現在最要緊的就是趕
快想法子創造一個新文化，好來救活舊農村。『創造新文化，救活舊農
村』這便叫做『鄉村建設』。」梁漱溟：〈鄉村建設大義〉，見中華文
化書院學術委員會編：《梁漱溟全集》第1卷，濟南：山東人民出版社，
1989，頁615。另千家駒在〈定縣的實驗運動能解決中國農村問題嗎？〉

　　針對中國民眾普遍存在的愚、窮、弱、私，晏陽初認爲在識字教育後，必須繼續施以四大教育，即文藝教育以救愚，生計教育以救窮，衛生教育以救弱，公民教育以救私。以教育的力量，改變中國人的陋習，完成農村改造的目標。

一、文藝教育以救愚

　　文藝教育的目的，旨在培養民眾的智識力，以解決民眾愚的問題。晏陽初曾說：「關於文藝教育的工作，是要謀解決愚的問題的。從文字及藝術教育著手。使人民認識基本文字，得到求知識的工具，以爲接受一切建設事務的準備。凡關於文字研究，開辦學校，教材的編製，教具教學方法的研究，以及於鄉村教育制度的確立，都是屬於這部分工作範圍以內的。」**④**

一文中，亦質疑晏陽初的理論，他說：「我們必須指出：定縣平教會對中國社會的整個認識是錯誤的。他們以爲中國社會的根本病根是占百分之八十五以上的農民之『愚、窮、弱、私』，所以要救中國必須針對這四個字著手。可是他們從沒有想到『愚、窮、弱、私』祇不過是中國社會病態之一個表現，其真實的原因，是深深的埋在這四個字的底裏的。……平教會的人們是不敢正視這些問題的，因爲誰要真正探究起『愚、窮、弱、私』的社會經濟基礎來，他就不能不承認資本帝國主義之長期的經濟侵略與國內封建勢力之殘酷的剝削，是造成中國今日農村破產之主要原因。」千家駒編：《中國農村經濟論文集》，見《民國叢書》第2編，經濟類第35卷，上海書店，1990，頁25－26。

④　晏陽初：〈中華平民教育促進會定縣工作大概〉，見宋恩榮編：《晏陽初全集》第1卷，長沙：湖南教育出版社，1989，頁247。關於「文藝教育以救愚」的理論，費孝通於〈文字下鄉〉一文中，提出另一種看法。

他在〈中華平民教育促進會定縣實驗工作紀要〉一文中,將文藝教育劃分為平民文學、藝術教育、戲劇教育三項。

(一)平民文學方面:

分別進行文字研究、平民文學研究、課本編輯、平民讀物編輯、平民科學教育研究等工作。晏陽初認為,文字研究的目的,是要知道中國文字中,何種字是平民生活所必要,何種字為次要,何種字為不必要。待文字研究得到結果後,以為編輯課本、平民讀物、刊物之參考依據。研究之初,首先從搜得的平民書報、應用文件,按出現次數多寡,抽繹出三千二百四十字,做為通用字表。並參照陳鶴琴之《語體文常用字彙》,製成一千三百二十字之基本字表。並根據平民用詞與新民用詞,製成平民辭典。同時,為方便農民書寫起見,研究並實施簡筆字等。

平民文學研究方面,為了解平民的文法及思想內容,平教

他說:「我決不是說我們不必推行文字下鄉,在現代化的過程中,我們已開始拋離鄉土社會,文字是現代化的工具。我要辨明的是鄉土社會中的文盲,並非出於鄉下人的『愚』,而是由於鄉土社會的本質。我而且願意進一步說,單從文字和語言的角度中去批判一個社會中人和人的瞭解程度是不夠的,因為文字和語言,祇是傳情達意的一種工具,並非惟一的工具,而且這工具本身是有缺陷的,能傳的情、能達的意是有限的。所以在提倡文字下鄉的人,必須先考慮到文字和語言的基礎,否則開幾個鄉村學校和使鄉下人多識幾個字,也許並不能使鄉下人『聰明』起來。」費孝通:《鄉土中國》,見《民國叢書》第3編,社會科學總類第14卷,上海書店,1991,頁14。

會即著手蒐集定縣流行的民間文學。包括從劉洛便口中，採集秧歌四十八齣，田三義口中採集大鼓詞二百零三段，另蒐集歌謠、歇後語、謎語、諺語、故事、笑話等。這些蒐集得來的平民文學，依目的分為兩種出版方法，孫伏園在〈定縣的平民文學工作略說〉一文中曾說：「對於民間文學的出版，分為兩種辦法：一種是供研究用，那是越近於真實越好，無論思想陳腐而至於愚陋，言辭濃豔而至於淫穢，我們一概不避；一種是供推廣用的，那是含有教育意義，民間採來的文學依舊放還到民間去，不但在描繪技術及內容問題上曾加一番注意，萬不得已的時候也不惜更加一番刪改。對於秧歌如此，對於其他民間文藝也如此。」❷平教會所蒐集的定縣平民文學，一方面除提供民間文學研究者研究外，一方面則作為平民讀物的編輯參考資料。其結果，不僅編輯出適合平民閱讀的讀物外，也保存當時定縣的民間文學。

　　課本編輯方面，平教會依讀者職業與程度的差異，分別編成四種千字課本、三種自修用本、兩種文藝課本等。另依據農民需要的立場，編輯各種平民讀物，計畫出版平民讀物一千冊，其中百分之七十常識，百分之三十是文藝。平民科學教育研究方面，工作內容分編輯、訓練、表演三分面，除將自然科學、社會科學、應用科學等常識，編入平民讀物外，並訓練平民教

---

❷　〈定縣的平民文學工作略說〉，《國立北京大學民俗學會民俗叢書》108卷，臺北：中國民俗學會複印，1987，頁48。

師與小學教師實作等科學相關實驗，以及赴各鄉村遊行表演。此外，平教會指導畢業同學會編輯發行《農民週報》，以提供民眾抒發情感與閱讀新知的管道，並藉此凝聚畢業同學會的向心力。

（二）藝術教育方面：

分成圖畫、音樂、廣播無線電等三部分。圖畫教育部份，分採搜集、編輯、繪製、實施等步驟。首先蒐集民間刺繡、染印、編線等實用書以及家庭年畫等民間純藝術繪畫，以爲提高圖畫知識與技能之教材依據。其次，將蒐集得來的民間繪畫，編輯成畫冊。再者，進行繪製工作，包括繪製千字課、平民讀物插圖，以及歷史圖說、掛圖、幻燈片等，以及輔助四大教育進展之布掛圖、壁畫等。最後，進行實施工作，分家庭、社會、學校等三方面實施，如家庭以掛圖代替年畫，歷史圖說代替通俗小說等。❸

音樂教育部份，分採製造、研究、教育三程序。如自製風琴、木棒琴、笛子、留聲機唱頭等樂器，以減少經費支出。並研究民間歌曲、樂器、樂譜等，以編成普村同唱歌集與創作歷史圖說歌譜。在音樂教育工作上，則組織音樂研究會，以改良小學唱歌等。廣播無線電部分，除自製價格低廉的機件外，在廣播節目的安排上，也著重在民眾需要及符合四大教育的內

---

❸ 參見晏陽初：〈中華平民教育促進會定縣實驗工作報告〉見宋恩榮編：《晏陽初全集》第1卷，長沙：湖南教育出版社，1989，頁321。

容。晏陽初在〈中華平民教育促進會定縣實驗工作報告〉一文
中，曾說：

> 利用廣播無線電為工具，以普及社會教育，效力極宏。
> 我們的辦法，是以四大教育為內容，制定節目，按時廣
> 播，就農民好奇的心理，無形中使之受到所需的教育。
> 現正準備完成四大教育講演材料，及選編唱片故事，並
> 研究利用此等工具。❹

晏陽初以廣播無線電為工具，主要著眼於廣播的社會教育
功能，他運用無線電廣播宣傳教育理念，並利用通俗的故事吸
引民眾收聽，即是捉住農民的好奇心，無形中灌輸以四大教育
的思想。

（三）戲劇教育方面：

戲劇是農民農閑的娛樂，藉由娛樂形式來寓教於樂，是晏
陽初實行平民教育的方法之一。他雖然也肯定農村小戲的藝術
研究價值，但是在戲劇教育的提倡上，主要是以話劇形式來實
施平民教育。他認為，戲劇在平民教育上具有喚發農民意識向
上、舒發農民情感、介紹一般的常識、施行公民訓練、提高農
民的語言等五種力量，因此以戲劇來推行平民教育，是可行的
方法。晏陽初為了以戲劇輔助教育的推行，曾聘請美國哈佛大

---

❹　晏陽初：〈中華平民教育促進會定縣實驗工作報告〉見宋恩榮編：《晏
　　陽初全集》第1卷，長沙：湖南教育出版社，1989，頁321。

學博士熊佛西，負責定縣戲劇工作的推展。自民國二十一年至二十三年（1932－1934）三月止，共計遊行公演二十餘村，訓練十一個農民劇團，演員一百八十餘人。並於平教會禮堂舉行過十三屆公演，觀眾三萬餘人，並編製《屠戶》、《鋤頭健兒》等劇本二十一齣。❹

　　晏陽初以話劇來喚起民眾意識向上的做法，是基於戲劇感人的功效，希望藉此達到四大教育的目的。為了使話劇能發揮更大的教育功能，平教會更組織同學會於定縣西建陽村、東不落崗村等地籌建實驗露天劇場，這些露天劇場不僅提供話劇表演，也供做舊劇、武術、電影、露天戲劇等使用，對於農村娛樂及游藝活動，提供一個表演的使用場所。

　　文藝教育是晏陽初針對農民「愚」的問題，所設計的教育理論，從平教會所實施的文藝教育工作看來，它是一個有計畫的設計，不僅針對平民識字問題做研究，對於平民文學、民間藝術、農村戲劇等，也別進行分析探討，試圖從農民熟悉的語言、藝術，培養農民進步的思想。就當時的定縣實驗而言，文藝教育是晏陽初實施農村改造的治愚方案。

二、生計教育以救窮

　　中國以農立國，農村長期存在地主與佃農間的矛盾，地主

---

❹ 參見晏陽初：〈中華平民教育促進會定縣實驗工作報告〉見宋恩榮編：
　《晏陽初全集》第1卷，長沙：湖南教育出版社，1989，頁322。

的壓榨與田賦的繁重，加上天災人禍，多數農民的生活，往往處於貧窮落後的景象。晏陽初爲改善定縣農村經濟問題，提倡生計教育，試圖從農業生產、農村經濟、農村工業著手，以謀解決窮的問題之道。他在〈中華平民教育促進會定縣工作大概〉一文中，曾說：

> 關於生計教育工作，是要謀解決窮的問題的。我們從農業生產、農村經濟、農村工業各方面著手。在農業生產方面：注意到選種、園藝、畜牧各部分工作。應用農業科學，提高生產，使農民在農事方面，能接收最低限度的農業科學。在農村經濟方面：利用合作方式教育農民，組織合作社，自助社等。使農民在破產的農村經濟狀況下，能得到相當的補救辦法。在農村工藝方面：除改良農民手工業外，並提倡其他副業，以充裕其經濟生產能力。❹

　　晏陽初的生計教育理論，主要圍繞在農業生產、農村經濟、農村工業三分面。他認爲生計教育的目標，是要以現代科學知識與技術訓練農民，以增加其生產力。並以創設農村合作經營組織，培養農民意識與控制經濟環境之能力。同時，要以表證農家的方式，推廣其他副業，以提高農村的經濟生產能力。

---

❹　晏陽初：〈中華平民教育促進會定縣工作大概〉，見宋恩榮編：《晏陽初全集》第1卷，長沙：湖南教育出版社，1989，頁248。

　　由於生計教育關係定縣的經濟命運，晏陽初根據定縣生計的調查狀況，提出農民生計訓練、縣單位合作組織制度、植物生產改進、動物生產改進等救窮方案。其一，就農民生計訓練而言，平教會設立生計巡迴訓練實驗學校，按四時節令，授與農民不同的農業訓練。其中所授的生計訓練科目，包括植物生產類、動物生產類、農村經濟、家庭工藝等課程。❹訓練結果由平教會擇優選出表證農家，並將經驗或心得教授其他農民，使農民了解如何選種，如何栽培作物，進而謀求農村經濟之改善。

　　其二，就推動合作組織制度而言，組織自助社、合作社、合作社聯合會等經融機構。晏陽初說：「在合作訓練未能完成，合作社尚未組織之前，先組織自助社。自助社之性質，實為合作社之準備，社員不必繳納股金。成立之後，可以用自助社之名義，向倉庫抵押棉麥等農產品，通融資金。……合作社採取兼營方式，按農民之需要，逐漸經營信用、購買、生產、運銷四方面之經濟活動。……各村成立合作社既多，必須賴有合作

---

❹　按晏陽初：〈中華平民教育促進會定縣實驗工作提要〉一文云：植物生產類包括土壤肥料、小麥選種、玉米選種、梨樹整枝……等訓練。動物生產類包括選擇雞種、改良雞舍、選擇豬種、改良豬舍、家畜疾病的預防及治療、新法養蜂、介紹新品種等。農村經濟包括家庭記帳、農場管理、農產市場、合作社等。家庭經濟則主要為棉花紡織訓練。晏陽初：〈中華平民教育促進會定縣實驗工作報告〉見宋恩榮編：《晏陽初全集》第1卷，長沙：湖南教育出版社，1989，頁324。

社聯合會以爲後援，經營始能便利。」晏陽初主張設立合作組
織制度，即是爲解決農民缺乏資金及高利貸之苦。而爲使合作
組織制度得以健全發展，晏陽初特別強調「合作社之組織，仍
注意以農民受合作教育之訓練爲基礎，推行合作社之工作，尤
注意於業務之視導，以指導社會之進行，核其會計，並繼續授
以合作教育之訓練。」❽

　　其三，就植物、動物生產改進而言，晏陽初特別強調科學
簡單化，農民科學化的精神。例如植物生產改進方面，平教會
探育種、園藝兩方面設計，分別就棉花、小麥、穀子、高粱、
玉蜀黍等進行育種試驗研究，以及就白菜、梨樹整枝、葡萄栽
培、土壤肥料等進行改良研究，動物生產方面，針對豬種、雞
種進行改良實驗，以期選取最佳品種，改善農民經濟，提高農
民生計。

　　綜而言之，晏陽初的生計教育理論，是爲改善中國農業生
產、農村經濟、農村工業等問題，希望藉由科學知識與技術改
良物種，並透過合作組織解決農民資金問題，以及提倡副業以
充裕生產力，其最終目的即爲解決農民貧窮的困題。

三、衛生教育以救弱

---

❽　關於「合作社組織」之二則引文，係摘自晏陽初：〈中華平民教育促進
　　會定縣實驗工作報告〉見宋恩榮編：《晏陽初全集》第1卷，長沙：湖
　　南教育出版社，1989，頁324，325。

　　農村存在的衛生問題，是造成多數農民體弱多病的原因，也是造成農村經濟貧窮的因素之一。晏陽初爲改善農民虛弱的弊病，提出衛生教育以救弱的教育主張，並於平教會設立衛生教育部，延請陳志潛擔任主任，以主持該部工作。爲了瞭解定縣的衛生環境及醫療問題，陳志潛曾對定縣衛生環境進行觀察，並發現定縣普遍存在「清潔習慣不良」、「環境衛生不良」、「醫藥狀況不良」、「婦嬰衛生不良」、「傳染病處置不良」等問題。❹他在〈如何敲擊農民的健康問題〉一文中，曾描述當時定縣的環境狀況是廁所小便橫流、豬吃人糞、人畜同住一屋的景象。他說：

---

❹　關於定縣普遍存在「清潔習慣不良」、「環境衛生不良」、「醫藥狀況不良」、「婦嬰衛生不良」、「傳染病處置不良」等問題。陳志潛描述當時定縣民眾的清潔習慣是：「許多小孩子冬季鼻涕流在嘴唇上，把上唇都爛破了，還沒洗下去。頭上長蝨子，皮膚上長膿瘡的也隨地可以發現。」醫藥狀況是：「藥舖掌櫃從來沒有受過學術上的訓練，甚至於有不識字的文盲。他間或也能用針挑皮，用水書符，這就算有特別技能的人物。」婦嬰衛生方面：「年輕婦女有了孕，……大多數請一位鄰居老太婆來幫忙。通常這位老太婆……眼睛看不清楚，手指頭動不息，十個手指甲裝滿了污垢，……隨便摸索探取。小孩呱呱落地，她用一把髒剪子把臍帶割斷，若是臍帶出血，就用點灰土把他塞著，若是胎盤不下來，就用手去抓拿。」傳染病方面：「家裡沒有害病的老幼也同樣睡在一塊。一家人繼續不斷的發天花，一村人接接連連的鬧霍亂，這都是在村裡可以觀察出來的情景。」陳志潛：〈如何敲擊農民的健康問題〉，見李濟東編：《晏陽初與定縣平民教育》，石家莊：河北教育出版社，1990，頁321－322。

村街狹窄兩旁有露天廁所，小便橫流，夏日坑內有無數的蛆蟲，坑外有無數的蒼蠅。人家都有天井壩，壩內廁所連著豬圈，豬吃人糞，天井或與豬圈鄰近，或彼此相距數尺。井邊無圈，夏日大雨，地面髒水盡量沖入。住室四面土牆一面有窗，都用紙糊緊，室內黑暗，四壁被一層黑灰遮蓋。一家老幼，同睡一炕，室內臭氣濃厚。甚有雞豬禽畜也有同住一屋的。鍋灶與吃飯器具骯髒，更是不用細述。夏天白日蒼蠅雲集，夜裡蚊蟲滿屋皆是，這就是定縣大多數民眾的環境狀況。❺

定縣農民的窮與衛生知識的不足，是造成體弱多病的原因。要了謀求解決民弱的問題，晏陽初認爲必須提倡衛生教育，其方法是以科學的方式實施衛生教育以及設立衛生保健制度，使農民可以得到衛生知識與醫療的機會，得到康健的身體。他說：

關於衛生教育工作，是要謀解決弱的問題的。我們注重大眾衛生與健康，及科學醫藥之設施。使農民在他們的經濟狀況之下，有得到科學治療的機會，能保持他們最低限度的健康。確立一個鄉村保健制度，由村而區而縣成一個有系統的、整個的縣單位保健組織。全縣有一個

---

❺ 陳志潛：〈如何敲擊農民的健康問題〉，見李濟東編：《晏陽初與定縣平民教育》，石家莊：河北教育出版社，1990，頁321－322。

保健員。保健員就是平民學校畢業生同學會會員，受過
短期訓練的。他們帶著保健箱子，到村裡各家去施診，
使各村農民，都有受得科學醫藥治療的機會。❺

定縣農村既存在窮與弱的問題，因此在實施衛生教育時，
晏陽初提出須有一套經濟、簡單、普遍的平民化的辦法。這種
適合平民的衛生教育，必須顧及農村經濟、人才與衛生組織。
「一方面實施衛生教育，使人人成為健康的國民，以培養其身
心強健的力量；一方面要創建農村醫藥衛生的制度，以節省各
個農民的醫藥費用，改進今日醫藥設備的分配狀況，以促成公
共衛生的環境。」❺其實踐的方法即是建立一套村、區、縣三
級的保健機制，藉由防疫宣傳與衛生訓練，以達到培養人民強
健力的目標。

按晏陽初衛生教育理論而言，村保健員、區保健所、縣保
健院是定縣保健制度的三級組織，保健員是每村莊最低限度的
衛生事業，「其來歷，係從每個村中受過教育的青年農民所組
織的平校同學會中，遴選會員一人，充當保健員。」❺同時須

---

❺ 晏陽初：〈中華平民教育促進會定縣工作大概〉，見宋恩榮編：《晏陽
初全集》第1卷，長沙：湖南教育出版社，1989，頁248。

❺ 晏陽初：〈中華平民教育促進會定縣實驗工作報告〉見宋恩榮編：《晏
陽初全集》第1卷，長沙：湖南教育出版社，1989，頁330。

❺ 關於保健員的產生方式，除了從平校畢業學生遴選一人充當外，其遴選
的資格包括須以熱心服務、忠實可靠、身體健全，而年齡在20歲以上，
35歲以下者始為合格。〈定縣的實驗〉，見李濟東編：《晏陽初與定縣

受保健所十日之初期訓練，保健員的工作範圍包括負責宣傳衛生常識、報告出生死亡、擔任種痘工作、改良水井建築以及簡易的急救醫療等工作。區保健所是村單位保健工作的中心組織，負責掌握訓練指導之責。保健所之工作範圍包括保健員之訓練與監督、疾病治療、衛生教育、急性傳染病之預防等。保健院是縣單位衛生行政最高之組織，負責執掌衛生行政事項、住院醫療、衛生教育之研究、醫護人員之訓練等工作。整個保健體系除了以提供農民衛生教育及疾病醫療的服務外，晏陽初特別強調應灌輸農民預防重於治療的觀念，他說：

> 談衛生教育，有兩方面要大家注意：一就是消極的治療，二是積極的預防。我所要講的特別注重在預防。在一般的情形，多注意在消極的治療，很少有人知道這預防工作。不知要免除疾病，不知預防疾病，保持身體健康的水準，預防實勝於治療。定縣的衛生教育工作就捉住了這一點。㊴

晏陽初認為，衛生教育單靠消極的治療，不足以改變農民弱的問題，必須透過平民讀物的宣導，以及三大教育方式的運用，輔以積極的預防，才能創造農民的強健力。

平民教育》，石家莊：河北教育出版社，1990，頁223。
㊴ 晏陽初：〈平民教育運動的回顧與前瞻〉，見宋恩榮編：《晏陽初全集》第2卷，長沙：湖南教育出版社，1990，頁290—291。

　　晏陽初的衛生教育理論，是在貧窮的有限條件裏，提出以簡單、經濟、普遍的辦法，解決民眾弱的問題。對於定縣農民衛生觀念的啓發教育與疾病醫療的服務，提供實質的幫助，也有助於農民強健力的提升。

四、公民教育以救私

　　公民教育的目的，旨在培養民眾團結力，改善自私自利的陋習。晏陽初認爲，多數中國人雖然重視家庭倫理，但是對於國家社會，則缺團結力與合作精神。因此，要提高民眾的道德觀念與國家民族意識，須施以公民教育。他在〈中華平民教育促進會定縣工作大概〉一文中，進一步說明公民教育的目的。他說：

> 關於公民教育的工作，是要謀解決私的問題的。我們激起人民的道德觀念，施以良好的公民訓練，使他們有公共心、團結力，有最低限度的公民常識、政治道德，以立地方自治的基礎。我們辦教育，固然要注意文藝、生計、衛生，但是我們不要忘記了根本的根本，就是人與人的問題，大家要都是自私自利，國家就根本不能有辦法，絕沒有復興的希望。所以我們辦公民教育，用家庭方式的教育，在每個分子裡，施以公民道德的訓練，使每一個分子，了解一個人與社會的關係，以發揚他們公共心的觀念，其次我們在這困難嚴重的局面下，還要注

意喚醒人民的民族意識，把歷代偉大人物，可歌可泣的故事，用通俗的文字寫出來，用圖畫畫出來，激勵農民的民族意識。㊻

晏陽初認為，公民教育是解決人與人之間的根本問題，藉由公民教育的訓練，不僅可以培養民眾的公共心與團結力，同時，可以喚醒民眾的民族意識。至於公民教育的實施辦法，他指出，除透過家庭方式的教育，施以公民道德的訓練外，還須藉由歷史感人故事，以激發農民的愛國精神。

晏陽初為激起人民的道德觀念，與喚醒民眾的民族意識，曾於平教會設立公民教育部，以謀解決民眾私的弊病。並延請陳筑山任主任，負責國族精神的研究工作。陳筑山曾說：「個人雖不能有不死的身體，卻能有不朽的精神；……古來許多志士仁人，為國家捐了軀殼，其精神永在天壤之間，使後之人讀了他的史事與歌感泣，上千古下千古的人心，於此相纏結而成一不可解無物不感人無人不動的精靈，為國家為社會一切破壞與建設的原動力，這才是國族精神。」㊼為了提倡國族精神，

㊻　晏陽初：〈中華平民教育促進會定縣工作大概〉，見宋恩榮編：《晏陽初全集》第1卷，長沙：湖南教育出版社，1989，頁248—249。

㊼　原為陳筑山〈國族精神〉一書中的說法。轉引自堵述初：〈歷史圖說〉，《民間》第1卷第14期，1934，頁21。關於〈歷史圖說〉內容形式，堵述初於〈歷史圖說〉亦云：「將我國歷史上某一種人物的一生事蹟，分成若干段，每段加以簡要的說明；又根據說明，每段繪製一圖，分置於說明之上，然後依次排比，類如摺葉，首葉有封面的題字，末頁有創作

平教會公民教育部編纂了《歷史圖說》，作為喚醒民族意識的
宣傳讀物，至於歷史人物事蹟的選取上，平教會強調必須合乎
現代精神的國族精神。曾經參與歷史圖說編輯的堵述初曾說：

> 我們選輯歷史圖說中的人物的時候，除了根據於國族精
> 神的標準而外，尤注重適合於現代精神這一點，……譬
> 如忠君，在君主專制時代，當然是一種國族精神的表現，
> 但在現代，卻失了時代的意義。所以那為爭帝位的繼承
> 問題不惜以屍諫的大臣，不為我們所取，而獨取死國不
> 死君的晏嬰。又如孝，也是國族精神的一種，但是那般
> 割股療親的行為，我們以為是非人道的；必須像漢朝的
> 緹縈，寧願犧牲自己的一切，追隨入京，冒險自陳，以
> 救老父之難，結果竟得肉刑的廢除的，然後方可為現代
> 孝道的模範。❺

由此可知，平教會在提倡國族精神時，特別著重歷史上志
士仁人的感人事蹟。在歷史人物事蹟的選輯上，則強調符合現
代社會精神，既不提倡屍諫的盲忠，亦不支持割股療親般的愚
孝，而是主張死國不死君與緹縈救父般的忠孝行為。

平教會所編製的《歷史圖說》，總計選輯四十七位的歷史

的歌詞，以石印出版，每一人物，單獨印成一套。這就是中華平民教育
促進會編製的歷史圖說。」頁21。

❺ 堵述初：〈歷史圖說〉，見《民間》第1卷第14期，1934，頁22。

人物，其中包含臥薪嘗膽，誓雪國恥的句踐；不爲利誘，不爲
威屈，抱爲國而死之志的晏嬰；精忠報國的岳飛；與敵投江而
亡，長留天地之氣的胡阿毛等。這類志士仁人，或捨身取義、
或知恥復國，都是歷史上國族精神的表現。九一八之後，平教
會爲喚醒民眾共赴國難的精神，連續編輯了《精忠報國的岳
飛》、《殺身成仁的文天祥》、《廉藺之交》、《郯股之會的
孔子》、《荊軻刺秦王》等內容的歷史圖說，共約二十種。❸
並將這些歷史圖說編成《公民課本一冊》，以爲高級平民學校
教材。在烽火連天的三十年代裏，平教會藉歷史圖說，發揚忠
孝節義等國族精神，即是喚起民族精神與愛國意識的具體做爲。

　　除了以《歷史圖說》，發揚國族精神外，平教會還擬定農
村自治研究工作，以研究村自治之內容與組織，訓練自治基本
人才，指導人民組織自治所應行之事務等。並著手公民教育材
料研究、公民活動指導研究、家庭式教育研究等工作，以期培
養村民的公共心與團結力，「使他們無論在任何團體，皆能努
力爲一個忠實而有效率的分子，一方要在人類普遍共有的良心
上，發達國民的判斷力、正義心，使他們皆有自決自信，公是
公非的主張。」❺

　　由此可知，晏陽初所推行的公民教育，一方面藉由歷史圖

---

❸　參照堵述初：〈平民教育運動在定縣〉，見李濟東編：《晏陽初與定縣
　　平民教育》，石家莊：河北教育出版社，1990，頁431。

❺　晏陽初：〈中華平民教育促進會定縣實驗工作報告〉見宋恩榮編：《晏
　　陽初全集》第1卷，長沙：湖南教育出版社，1989，頁329。

說及平民讀物，宣傳愛國教育以醒民眾的民族意識，一方面藉由自治訓練，培養自治人才與自治精神，其目的即為解決中國人自私自利的問題。

第四節　平民教育的三大方式

　　晏陽初的四大教育，是針對農村普遍存在的愚、窮、弱、私等四大弊病，所設計出來的教育理論。四大教育理論要能落實鄉村改造的理想，則需要藉由學校式、社會式、家庭式等三大方式，使農村每一個分子皆能受到教育的啟發，實現整個生活的改造。晏陽初說：

> 本會最初欲祛除一般人的愚昧，而啟發其智慧，所以有文藝教育以培養「知識力」，嗣後感覺人民之愚與窮有莫大之關係，且人民之愚尚能苟延殘喘，窮則不保朝夕，乃又有生計教育以培養「生產力」。後又感覺人民體弱多病而死亡率高，實為民族前途之憂，乃又有衛生教育以培養「健強力」。同時感到一般人民自私心重，因之生活散漫，不能精誠團結，於是又有公民教育以培養「團結力」。所謂四大教育，實為根據實際生活之要求，逐漸演進而創出之新民教育內容之犖犖大端。其實施方式，有學校式，教育青年為主要工作，因青年是國家今日建設之主力軍；同時又顧到教育兒童，因兒童係民族

復興的後備隊。學校式之外有社會式及家庭式，其目的
在使整個社會盡是教育的環境，以免一暴十寒這弊害。
⑩

　　晏陽初就農村普遍存在的愚、窮、弱、私等四大弊病，提
出文藝教育、生計教育、衛生教育、公民教育等四大教育理論。
並以學校式、社會式、家庭式等三大教育方式，作爲培養農民
智識力、生產力、強健力與團結力的途徑。就性質而言，四大
教育是改造鄉村的方針，三大方式是落實四大教育的實施方
式。其理論架構的形成，則建築在其平民教育思想之上的。

一、三大方式

（一）學校式教育

　　晏陽初所主張的學校式教育，主要是以青年爲教育對象，
學校層級主要分爲初級平民學校、高級平民學校、巡迴生計訓
練學校等三種形式。初級平民學校與高級平民學校同是爲期四
個月的學制。初級平民學校是利用農民業餘時間，運用導生傳
習制的方法，以《農民千字課》課本，爲青年實施識字教育。
高級平民學校是爲初期平民學校畢業生所設置的繼續教育，但
在實施的意義上，並非普通的升學教育，而是培養執行鄉村建
設計畫的村長及幹部。

---

⑩　晏陽初：〈中華平民教育促進會定縣實驗工作報告〉見宋恩榮編：《晏
　　陽初全集》第1卷，長沙：湖南教育出版社，1989，頁308。

　　巡迴生計訓練學校是培養表證農家所設立的學校，學制一年，學生來自於民眾學校之優等生及小學畢業生。其設立的著眼點，「在使農民在農村中取得應用於農村當前實際需要的訓練，以生活的秩序，為教育的秩序，順一年時序之先後，施以適合的教育，授以切實的技術。」就方法上而言，生計巡迴訓練學校將一年分成三期，並依時令來實施不同的生計訓練。「第一期在春季三個月，為植物生產訓練。第二期在夏季八、九個月，為動物生產訓練。第三期在冬季十一、十二、一、二各月，為農村工藝及經濟合作訓練。……訓練之處，即切實分別規定農家實施表證設計，由原來訓練人員，分負視導檢查之責，其成績較良之農民，足為其他農民之表證者，認為表證農家。」❻由於表證農家是農業推廣的中心，又是農村經濟的樞紐。因此，平教會選拔表證農家的標準規定頗高，例如年齡的限制上，須介於是以二十五歲至五十歲之間；在鄉里有相當地位，且具有領導能力及熱心農事改良者；成績須為生計巡迴學校成績優良者；須有二十畝田地以上者等。

　　無論初級、高級平民學校，或是生計巡迴學校，都是以提高農民素質、改善農民生活為目的，並配合推行四大教育的教育方式。學校式教育的學制雖然不長，但是在當時的時代裏，

---

❻　上引二文係摘自晏陽初：〈中華平民教育促進會定縣實驗工作報告〉見宋恩榮編：《晏陽初全集》第1卷，長沙：湖南教育出版社，1989，頁323，324。

確也曾負起掃盲識字與農村改造之任務。

（二）社會式教育

鑒於學校式教育與家庭式教育具有一定範圍的限制，晏陽初提出以社會式教育來輔助平民教育的推行。民國二十年（1931），平民教育促進會正式成立社會式教育委員會，並於民國二十二年（1933），改爲社會教育部。晏陽初所主張的社會式教育，是以組織平民學校的畢業生，成立畢業同學會，以爲訓練民眾，組織民眾，協助推動平民教育爲工作重點，他說：

> 平校或民校學生，畢業之後，苦無適當學校可入，如置之不理，則所學本已無多，日久必致荒廢，前功盡棄，寧不可惜！本會有鑒於此，乃有同學會之組織，爲接受繼續教育之團體。但同學會卻非純爲一般會員繼續接受四大教育，而更要使其參加四大教育的活動，推動或介紹四大教育到鄉村民眾，同時，更有一個重要意義，便是養成青年農民求知的欲望與團結的力量，爲農村建設的中間分子。⑫

同學會的組織，除了提供平校畢業學生繼續學習的機會外，也藉由組織凝聚村民的團結心與向心力，成爲輔助平教會推動平民教育與鄉村建設的中間分子。

---

⑫　晏陽初：〈中華平民教育促進會定縣實驗工作報告〉見宋恩榮編：《晏陽初全集》第1卷，長沙：湖南教育出版社，1989，頁339。

在畢業同學會的組織設計中，每村的同學會，設立委員長一人，再依四大教育之內容，分設文藝委員、生計委員、衛生委員、公民委員各一人，協助處理平教會所推行的事務以及活動。就活動內容而言，包括文藝教育方面：成立讀書會、演說比賽、演新劇、練習投稿等；生計教育方面：成立自助社、合作社、農產展覽會；衛生教育方面：推行種牛痘運動、防疫注射、拒毒運動、武術團，公民教育方面：推行禁賭、造橋鋪路、植樹、自衛等工作。就同學會的設備而言，成立平民角，做為存置圖書、報章等用品之處所。並發行《農民周刊》，以為喚醒農民之民族意識與愛國精神，提供農民抒發輿論與閱讀報章之管道。㉖

此外，為提供農民更多閱讀的機會，利用圖書擔的方式，選定通俗淺顯且適合農民閱讀的讀物，將書籍分裝兩個木櫃內，並由同學會會員定期挑至各村，以供農民閱讀。另成立巡迴文庫，定期巡迴送書到不同村落。文庫內分置平民讀物與應用工具兩種。讀物包含平教會出版的平民讀物，內分故事類、小說類、劇本類、大鼓詞類、談話類、傳略類……等。以及各書局出版之通俗讀物，包括公民訓練講話叢書、大眾文庫、我的叢書、新生活叢書等。㉗

㉖ 參見晏陽初：〈中華平民教育促進會定縣實驗工作報告〉見宋恩榮編：《晏陽初全集》第1卷，長沙：湖南教育出版社，1989，頁339—340。

㉗ 關於巡迴文庫的內涵，按殷子固說法：「本會出版的平民讀物，內分：故事類、小說類、劇本類、大鼓詞類、談話類、傳略類、科學常識類、

　　據民國二十四年（1935），平教會內部統計，「經過三個多月的工夫，巡迴了一百三十八個村莊……閱讀的人數，計共一萬零三百六十九人，平均每個村莊閱讀者有八十六人……至於閱讀書籍的類別，根據統計的結果，就中以故事、小說、鼓詞為最多。在故事中以三國演義及岳飛兩書，最受歡迎；而民族常識中，看東三省及日本兩書的，也是很多。就此，可以窺測農民閱讀興趣的趨向，並可證明他們對於國家觀念的一斑了。」❻農民經由巡迴文庫的巡迴下鄉，得到更多的閱讀機會，不僅有助於農民得到繼續教育的機會，也避免因畢業而走回文盲的地步。

　　平教會所提倡的社會式教育，是在學校式教育與家庭式教育外，利用畢業同學會組織所實施的一種教育方式，它可以補學校式與家庭式教育之不足，又可以提供平教會以外的人力支援，形成一股聯絡教育網絡的力量，有助於平民教育與鄉村建設之推行。

農工業常識類、社會科學常識類、衛生常識類、軍事常識類、自衛常識類、民族常識類、史地常識類、商業常識類、國際常識類、法律常識類、國難叢刊……。每個文庫裡面，都放有：書籍目錄表、看書登記表、每日閱覽統計表、注音國語字典各一本，此外還有鉛筆一枝，已備應用。」參見殷子固、王仲元：〈定縣同學會管理下的巡迴文庫〉，《民間》第2卷第3期，1935年，頁2。
❻　〈定縣的實驗〉，見李濟東編：《晏陽初與定縣平民教育》，石家莊：河北教育出版社，1990，頁207。

（三）家庭式教育

家庭式教育，是晏陽初在學校式教育與社會式教育之外，所提出的另一種教育方式。他說：「家庭在中國社會尤其是在農村社會裡，佔極重要地位。家庭式教育是聯合各個家庭中地位相同的分子施以相當的訓練。一方面是要使家庭社會化，一方面是見到教育必須以全民爲對象，要使在家庭中的老少男女，都能得到相當的教育。」他所主張的家庭式教育，是一種橫向的組織聯繫，試圖藉由家庭會的組織教育民眾，消弭學校與家庭間的矛盾，減少家長對兒童教育與青年婦女教育的阻撓。以期達到家庭社會化，全民教育化的目的。其中，設置「家庭會」即是實施家庭式教育的工作組織。他進一步指出：「家庭會爲研究家庭式教育的方法與材料，並研究家庭實際問題及改良家庭日常生活之方法，以期達到家庭社會化之目標。」⑥在平教會的設計裏，家庭會分別有家主、主婦、少年、閨女、幼童等五種集會，使家庭中的每一成員，可以得到相當的教育。

各種集會的教育內容是依據文藝、生計、衛生、公民等四大教育而設計的。其目標有四：「（一）要將各個獨立自私自利的家庭，變化爲各家聯合互助的社會生活。（二）要將各家天眞熱烈狹小的血族的生命愛，擴大爲鄉族爲國家的生命愛。

---

⑥ 以上關於「家庭會」之二則引文，係摘自晏陽初：〈中華平民教育促進會定縣實驗工作報告〉見宋恩榮編：《晏陽初全集》第1卷，長沙：湖南教育出版社，1989，頁330。

（三）要使農民從家庭的集會之中，得到共同生活共同集會的練習。（四）要從家庭會的組織達到全村男女老幼都同受四大教育。要在家庭裡與家庭分子的聯合上造成一種新風氣：一方面是家庭的社會化，一方面是要家庭教育化。」[67]

晏陽初經由實地的農村調查，發展出四大教育與三大方式，就性質而言，四大教育理論是實踐鄉村改造的指導方針，三大教育方式是實施途徑。晏陽初以四大教育與三大方式連環進行鄉村教育的工作，實為當時農村提供一股改造的希望。

二、平民教育思想

（一）民為邦本本固邦寧

民國以來，共和國雖告成立，然內憂與外患的紛擾，仍阻礙著中國的建設。外在的政治環境，雖是造成中國百廢待舉的重要因素之一。而內在國民素質的低落，亦是影響建設牛步的關鍵。國民素質所以無法提升，導因於民智未開。故喚起民眾，實為當時救亡圖存的必要條件。中國多數的文盲，是民智閉塞的主因，文盲的產生，則因多數民眾未受教育之啟蒙。晏陽初曾說：「現在全國只有少數的人民得受教育，其餘最多數的人民全沒有教育。依中華教育改進社的調查統計，不識字的人民佔全國總數百分之八十以上，就是全國四萬萬人中有三萬萬兩

---

[67]　吳相湘：《晏陽初傳》，台北：時報文化出版事業有限公司，1981，頁243。

千萬不識字的人。」**❻⑧**眾多不識字的文盲，在兵馬倥傯的民國初年，既窮且貧，成爲國家財政嚴重的負擔。一次大戰期間，離鄉背井遠赴歐洲的華工，因不識字而在外國蒙羞的例子，激起晏陽初掃除文盲的動機。

二、三十年代，晏陽初在中國推行平民教育運動，目的之一，即是掃除文盲。他認爲「現在中國害了三種病，即瞎、聾、啞。國民大部分不識字，不能讀書報，非瞎而何？不受教育的不知社會情形，所以有耳也等於無耳，非聾而何？社會弄到這樣，發言的是何人，大多數是不作聲的，非啞而何？別人還說我們又老，這樣的國家何以能造成國家？現在的萬靈丹就是在讀書識字。」**❻⑨**唯有教育國民讀書識字，才能解決中國瞎、聾、啞的問題。因此，推行平民教育不僅是中國的救星，亦是教育者的責任。平民教育運動既掃除文盲爲第一要務，必須施以民眾文字教育，蓋「文字是傳播知識的工具，也是尋求知識的鎖鑰。欲傳播知識，須先傳授文字；欲得知識，必須認識文字。」**❼⓪**待國民識字後，須兼之以文藝、生計、衛生、公民等教育，以爲建設民主共和國之基礎。晏陽初分析當時中國的情況：

---

❻⑧ 晏陽初：〈平民教育概論〉，見宋恩榮編：《晏陽初全集》第1卷，長沙：湖南教育出版社，1989，頁121。

❻⑨ 晏陽初：〈平民教育〉，見宋恩榮編：《晏陽初全集》第1卷，長沙：湖南教育出版社，1989，頁50。

❼⓪ 晏陽初：〈平民教育概論〉，見宋恩榮編：《晏陽初全集》第1卷，長沙：湖南教育出版社，1989，頁123。

吾國民數雖號稱四萬萬，但未受教育的，竟多至三萬萬以上，其「智識力」如何不待言。舉國之人，勇於私爭，而怯於公戰，輕視公義，而重視私情，其「團結力」公共心如何不待言。國民身體脆弱，疫癘繁興，其「強健力」如何不待言。以如是的國民，來建設二十世紀的共和國家，無論採用何種主義，施行何種政策，一若植樹於波濤之上，如何可以安定得根！ ❼

晏陽初認為，中國教育一日不普及，則中國人缺乏智識力、團結力、健強力的問題則無法解決，唯有普及教育才是治國之根本。平民教育運動以識字教育為掃除文盲為出發點，其目的並非僅止於民眾識字，而是以造作新民、培養國民的元氣，鞏固國家基礎為正鵠。他說：

> 吾輩所以努力於平民教育的目的，正為培養國民的元氣，改進國民的生活，鞏固國家的基礎；無主義的主奴，無黨派的左右，無宗教的成見，無地方的畛域，無個人的背景，無新舊的界限；但期望三萬萬以上失學的同胞，普遍的得到做二十世紀的人最低限度必不可少的基礎教育。雖以愛國為精神，而不偏於狹隘的國家主義；雖以愛世界為理想，而不偏於廣漠的世界主義；至於宗教上

---

❼　晏陽初：〈平民教育的宗旨目的和最後的使命〉，見宋恩榮編：《晏陽初全集》第1卷，長沙：湖南教育出版社，1989，頁117。

　　或黨派的信徒，尤其任國民的自由意志去選擇，絕不挾
　　入平民教育內來宣傳，這亦是同人良心上的主張，人格
　　上的自信。❼❷

　　由此可知，晏陽初所推行的平民教育，所持的態度是超然
的，是無受階級、黨派、宗教所影響，亦無區域之分別。其動
機是出於愛國救國的使命感，是以改進國民的生活，鞏固國家
的基礎為目標的基礎教育，其目的是造就可以適應新時代，為
共和國服務的新國民。

（二）深入民間發現問題

　　中國農村人口佔全國百分之八十以上，是亟待開發民智的
地方。因此，思及改造民眾生活，當以農村生活為先，農村之
中，尤須注意青年的教育，晏陽初說：「在三萬萬的農民當中，
年老的已成過去，自難達再造的目的；年幼的又尚屬將來，目
前等不及他來擔負國家急切的重任。所以今日農村運動的主要
目標，要特別注重在農村的青年男女。這些青年他不但可以為
繼往的好手，又可以為開來的良工。他們真可做救護中國的生
力軍，改造中國的挺進隊。」❼❸農村青年是農村動力的支柱，
是繼往開來的關鍵，推行農村教育運動，首重農村青年男女的

---

❼❷　晏陽初：〈平民教育的宗旨目的和最後的使命〉，見宋恩榮編：《晏陽
　　初全集》第1卷，長沙：湖南教育出版社，1989，頁117—118。

❼❸　晏陽初：〈農村運動的使命〉，見宋恩榮編：《晏陽初全集》第1卷，
　　長沙：湖南教育出版社，1989，頁295。

教育。此外，要積極推動農村運動，藉由深入民間、認識農村問題，進而研究問題、協助平民解決問題。晏陽初說：

> 中國今日的生死問題，不是別的，是民族衰老，民族墮落，民族渙散，根本是「人」的問題；是構成中國的主人，害了幾千年積累而成的、很複雜的病，而且病至垂危，有無起死回生的方藥的問題。……農村運動，就是對著這個問題應運而生的。它對於民族的衰老，要培養它的新生命；對於民族的墮落，要振拔它的新人格；對於民族的渙散，要促成它的新團結新組織。所以說中國的農村運動，擔負著「民族再造」的使命。❼❹

中國存在著民族衰老、民族墮落、民族渙散等問題，這些問題肇因於中國具有廣大無知的民眾。因此，欲改變現狀，須改造中國社會，欲改造社會，則以農村為先。晏陽初認為，中國三萬萬兩千萬以上人口分散於農村，是極待開發的「腦礦」，唯有開發中國過去忽視的這片「腦礦」，❼❺中國才能救亡圖存。

---

❼❹　晏陽初：〈農村運動的使命〉，見宋恩榮編：《晏陽初全集》第1卷，長沙：湖南教育出版社，1989，頁294。

❼❺　關於開「腦礦」的必要性，晏陽初於〈平民教育概論〉亦云：「中國現在不是沒有人才，是民眾的『腦礦』未開，有許多『豪傑』、『智士』、『哲人』和其他有用的人，都埋沒在不識字的人腦海中了。平民教育是開『腦礦』最簡單最適用的工具，使大多數人民均有受教育的機會，然後從多數人中產生人才。有了真正的人才從民眾中產生，然後才有多數人去負擔國家各種的責任。所以欲謀國家發揚光大，惟有推行平民教育

此開發「腦礦」之教育即是推行農村教育，亦即實驗地改造民族生活的教育。晏陽初說：

> 只有實驗地改造民族生活的教育，才能造成國家中興發強剛毅有作為有創造的民族。何以叫改造民族生活的教育呢？這種教育，以培養民族的新生命，振拔民族的新人格，促進民族的新團結新組織新目標，以適應實際生活，改良實際生活，創造實際生活為內容。前者「教育即生命」，使接受這種教育的人，自己決心要改造他的身心，來發揚民族的精神；後者「教育即生活」，使接受這種教育的人，自己決心要改造他的生活，來適應民族的生存，所以叫做改造民族生活的教育。❼

「教育即生命」是透過教育，使民眾自我啟發新觀念與民族精神；「教育即生活」是藉由教育改造自己的生活，以適應民族的生存。然要實現「教育即生命」、「教育即生活」的原則，則教者與學者必須走入民間，親身體驗生活。像這樣在實際生活上，教者與學者一同去歷練的教育，晏陽初稱之為實驗地改造民族的教育。

從華工識字教育、平民識字教育、至定縣實驗教育，晏陽

之一法。」見宋恩榮編：《晏陽初全集》第1卷，長沙：湖南教育出版社，1989，頁128。

❼　晏陽初：〈農村運動的使命〉，見宋恩榮編：《晏陽初全集》第1卷，長沙：湖南教育出版社，1989，頁297。

初發現最大的「腦礦」在中國農村，鄉村教育就是要開發「腦礦」與民力。過去知識分子與農民中間，存有一條鴻溝，中國所需要的即是在彼此之間建築一座橋樑，使農民能接受四大教育，達到鄉村改造的目的，而鄉村教育運動即是扮演這個角色。因此他強調，「爲實現民族再造的使命而創造的改造生活的教育，斷不能不深入鄉間從農民實際生活裡，去找問題去找材料去求方法來研究實驗，否則坐在都市的圖書館裡講農村教育，那就是等於閉門造車，隔靴搔癢。」[77]唯有深入民間，與農民生活在一起，才能發現問題。他說：

> 我們的基本認識即國家社會的基礎是人民，大部分的人民在廣大的鄉村，所以要到鄉村去，我們的工作不是烘托，粉飾，供人欣賞，參觀。主要是讓我們的對象「人」能自覺，由自覺進而知道自己改革，自己創造，自己建設。[78]

晏陽初認爲，要改造農村，必須深入民間，去認識鄉村問題，去給農民當學生。換言之，在教育農民之前，要先教育自己，亦即要先農民化，才能化農民。傅葆琛、孫伏園、熊佛西、鄭綱裳、陳志潛、瞿菊農等人士，都是在定縣實施平民教育期

---

[77]　晏陽初：〈農村運動的使命〉，見宋恩榮編：《晏陽初全集》第1卷，長沙：湖南教育出版社，1989，頁299。

[78]　晏陽初：〈平民教育運動的回顧與前瞻〉，見宋恩榮編：《晏陽初全集》第2卷，長沙：湖南教育出版社，1990，頁278。

間，同晏陽初實踐「到民間去」口號的知識分子。與之同時，黃炎培、梁漱溟、陶行知亦分別於江蘇昆山徐公橋、南京曉莊、山東鄒平等地實施鄉村建設實驗。他們願意放棄都市舒適的生活，回到農村與農民為伍，在當時形成一股博士下鄉的風潮，同時也為中國社會開啟一道希望的曙光。

第五章 晏陽初民間實踐

五四時期，知識分子在西潮「民主」、「科學」的衝擊下，在文學上掀起文學改良運動，並帶動民間文學的研究發展；教育上則興起到民間去的平民教育熱潮。在民智普遍低落的時代裏，以民間文學題材作爲實施民眾教育的教材，是當時存在的社會現象。關於教育與民間文藝關係的論述，魯迅早在民國二年（1913），就曾提倡「當立國民文術研究會，以理各地歌謠，俚諺，傳說，童話等；詳其意誼，辨其特性，又發揮而光大之，並以輔翼教育。」❶其後，董作賓在〈爲民間文藝敬告讀者〉一文中，也提出「我們要改良社會，糾正民眾的謬誤的觀念，指導民眾以行爲的標準，不能不研究民間文藝。」❷魯迅提出組織研究會以蒐集、研究民間文藝，並作爲輔翼教育的主張，與董作賓提倡研究民間文藝，以資社會改良的觀點，就研究民間文藝的目的而言，與晏陽初的文藝教育理論，實有其相近之處。

---

❶ 魯迅：〈擬播布美術意見書〉，見《魯迅全集》第7卷，北京：人民文學出版社，1958，頁275－276。

❷ 董作賓：〈爲民間文藝敬告讀者〉，見苑利主編：《二十世紀中國民俗學經典·學術史卷》，北京：社會科學文獻出版社，2002，頁296。

第一節　採集秧歌、鼓詞

　　晏陽初以民間文藝作爲輔助平民教育的做法，除受當時思潮的影響外，另一因素則與他從小受民間文學的耳濡目染有關，他說：「我自己就是在中國農村長大的，我的歷史和文學知識就是首先從流浪街頭的說書人和山邊小廟前的戲臺上學來的。」❸因此，在他思考爲民眾提供讀物的時候，仍不忘從民間文藝中汲取養分。他說：

> 我們對民歌和民間文學做了專門研究，……那些是真正有生命力的民間文學，雖然從來沒有文字記載，但却代代流傳。我們從那些能背誦或會唱某些民間文學的人那裡得到它們，並讓我們的作家逐字逐句地將其記錄下來。這種學習有助於我們的作家更好地了解我們民族的文化。從民間文學中，他們發現我們中國人的許多真、善、美的品德。❹

---

❸　（美）賽珍珠女士訪問晏陽初時，曾提及：「自然，那些巡迴演出的民間劇團和到處漂泊的說書人也給了你們不少的幫助。」而上引文係晏陽初的回答。顯示晏陽初幼時的歷史與文學知識，曾受民間文學的啓蒙。賽珍珠：〈告語人民〉，見宋恩榮編《告語人民》，廣西師範大學出版社，2003，頁329－330。

❹　賽珍珠：〈告語人民〉，見宋恩榮編：《告語人民》，廣西師範大學出版社，2003，頁330。

　　民間流行的說書、戲劇在晏陽初的眼中，不僅是農民農閒的娛樂，同時是具有道德教化的社會教育功能。他認為「既然要為一般農民寫讀物，就非到民間去搜集材料，學習民間話的文學不可！」❺因此，在實施定縣平民教育之時，晏陽初組織研究部門以調查定縣民間文藝，並研究改編成平民讀物。復以巡迴文庫的方式將平民讀物介紹至民間，以提供農民繼續教育的機會。晏陽初汲取民間文藝形式以輔助教育的主張，也使當時的定縣民間文藝得以保存。

一、定縣秧歌

　　秧歌是定縣農民農閒時重要的娛樂之一，也是富含民俗文化的民間戲劇。關於它的起源，相傳是蘇東坡貶謫定州時，見農民辛苦農事，乃編俚歌以抒發情感、忘卻疲倦。其後，經由農民傳唱改編，逐漸發展為戲劇形式的秧歌。瞿菊農認為：「現在的秧歌，應該認為是戲劇，……是從兩方面構和成功的。一方面，起初不過是農民的有自然音節韻調的歌曲（如南方人所謂山歌），一方面是與農民宗教生活有關係的音樂扮演，在各

---

❺　晏陽初為編輯適合農民閱讀的平民讀物，乃設立平民文學部，由孫伏園先生主持，負責蒐集定縣民間文藝，及編輯平民讀物，至西元1937年，編成將近1000本的平民讀物，並以巡迴文庫的方式介紹至各村。平民文學部的設立，不僅蒐集了定縣的民間文藝，也提供農民閱讀民間文藝的機會。晏陽初：〈平民教育運動的回顧與前瞻〉，見宋恩榮編：《晏陽初全集》第2卷，長沙：湖南教育出版社，1992，頁285。

種影響之下,逐漸演化,採用故事材料綜合而成爲有唱有白的
戲劇,而唱辭還略保存著農歌的單調的節奏。而所採的材料,
即是尋常在民間流傳的故事,傳說與趣話乃至於戲劇。」❻李
景漢、張世文更進一步指陳:「定縣的秧歌,從歌曲變爲表演
的方式,大約是始而仿效唱對花,蓮花落或蹦蹦戲之類,繼而
摹仿普通大戲。不但在固定地點演唱,而且有棚有臺,出將入
相,有在『高腔』、『梆子』、『二簧』等戲外另樹一幟之勢。」
❼由此可以推論:(一)定縣秧歌的形式,最初是農事間的俚
歌,其後演變爲與宗教生活有關的音樂扮演。在發展過程中,
經由農民的口傳、加工,以及受唱對花,蓮花落、蹦蹦戲、大
戲的影響,逐漸演變成有唱有白的戲劇。(二)定縣秧歌的內
容汲取民間故事、傳說、趣話,蘊含豐富的民間文學題材。

蘇東坡爲定縣農民編寫秧歌,雖屬傳說不可考,然定縣農
民喜唱秧歌卻是存在的事實。「他們不但要在新年,節日,及
各廟會時去看秧歌,並且在田間工作時,行路時,歇息時,不
發聲音則已,一發聲音就是大唱秧歌。」❽可見秧歌對於農民

---

❻ 瞿世英(菊農),哈佛大學教育學博士,曾任平民文學部幹事,本文摘
自《定縣秧歌選‧瞿序》,見婁子匡編:《國立北京大學中國民俗學會
民俗叢書》第37卷,台北:東方文化書局,1971,頁5。

❼ 李景漢、張世文編:《定縣秧歌選》,見婁子匡編:《國立北京大學中
國民俗學會民俗叢書》第37卷,台北:東方文化書局,1971,頁2。

❽ 李景漢、張世文編:《定縣秧歌選‧序言》,見婁子匡編:《國立北京
大學中國民俗學會民俗叢書》第37卷,台北:東方文化書局,1971,頁
2。

生活影響之深。此外，在女子不易出戶的時代裏，定縣秧歌提供當地婦女不易多得的戶外娛樂，「婦女們趁著看秧歌，邁出家門串親戚，演戲的村莊裏往往聚集著應邀而來的四方親朋好友。」❾讓平時閑靜的定縣農村，更增添幾分熱鬧氣氛，也藉此維繫親友間的感情。

　　晏陽初領導的中華平民教育促進會，下轄社會調查部，曾委由李景漢、張世文對定縣農村娛樂進行調查。其調查發現，定縣農民無論男女老幼，最嗜好的娛樂即是秧歌，而其思想、觀念與行為，也受了秧歌的影響。因此，若能將這未經探掘的璞玉加以刮垢磨光，未嘗不是為農民帶來知識的寶藏。平教會鑒於秧歌影響農民的層面之深，乃著手蒐集秧歌，並以改良後的秧歌教予百姓傳唱，以期達到移風易俗之效。這種寓教於樂的方式，是定縣實施社會教育的方式之一。李景漢、張世文在《定縣秧歌選》序言中提到：

> 我們要在定縣這個地方實施移風易俗的計劃，最好是憑藉這種已有的娛樂為入手的初步。秧歌的辭句中雖有欠妥的地方，而發生壞的影響，但亦不可因噎廢食，整個的廢除。……我們不主張根本打倒秧歌，並且也不容易打倒，而是想要將已有的秧歌加以修正改良，保存它的優點，再進一步編寫新的秧歌，輸入新的理想，來漸漸

---

❾　李景漢：《定縣社會概況調查》，北京：人民大學出版社，1986，頁87。

替代舊的秧歌。**⑩**

　　清末民初之際，由於部份秧歌表演過於粗俗淫蕩，一度為官府所禁演，然終究無法抵擋農民對秧歌的嚮往。秧歌既為定縣農民嗜好的娛樂，自然在文體上是接近農民生活的語言，思想上也為農民生活的反映。因此，欲以秧歌作為移風易俗的工具，必從認識秧歌始，欲認識秧歌，則不得不對定縣秧歌進行調查研究。李景漢、張世文等人在對定縣農村娛樂所作的調查中，因訪得秧歌名角劉洛便等人，蒐集定縣秧歌四十八齣，編印成《定縣秧歌選》，並依故事類型分為愛情類，孝節類，夫妻關係類，婆媳關係類，諧謔類及雜類等六大類。

（一）愛情類

　　內容凡敘述男歡女愛的愛情故事即歸於此類，計有〈楊二捨化緣〉、〈打鳥〉、〈藍橋會〉……等十一篇。**⑪**其中〈打鳥〉一齣，係取材民間故事，內容寫齊王之後古存流落民間，某日郊遊打鳥，遇見十六、七歲的妙梅，心想親近卻又苦思無法，乃藉打鳥一事，得入花園與妙梅一見。其花園相見一幕，

---

⑩　李景漢、張世文編：《定縣秧歌選·序言》，見婁子匡編：《國立北京大學中國民俗學會民俗叢書》第37卷，台北：東方文化書局，1971，頁3。

⑪　另蒐有〈雙鎖櫃〉、〈借當〉、〈金磚記〉、〈小花園〉、〈楊富祿投親〉、〈白草坡〉、〈劉秀走國〉、〈朱洪武放牛〉等齣。李景漢、張世文編：《定縣秧歌選》，見婁子匡編：《國立北京大學中國民俗學會民俗叢書》第37卷，台北：東方文化書局，1971，頁9－257。

寫來活潑俏皮。其詞曰：

> 妙梅唱：聞聽公子沒有娶過，不由的妙梅來歡煞。我十
> 　　　　七八的姑娘也沒有主見，有句話兒想著講，恐
> 　　　　怕公子你不從下。
>
> 王子唱：有什麼玉言請你講出口，講在當面我從下。
>
> 妙梅唱：有心跟你婚姻配，怕你公子不從下。
>
> 王子唱：你願意來我願意，缺著個媒婆在當間。
>
> 妙梅唱：你願意來我願意，還要媒人幹什麼？
>
> 王子唱：此處不是緣法地，
>
> 妙梅唱：走，走，走，以到在花園架根底下。
>
> 王子唱：小王只在頭前走，
>
> 妙梅唱：一不羞，二不臊，十六七的姑娘跟著他。
>
> 王子唱：一順花園來的快，
>
> 妙梅唱：別走了，別走了，來在花園架根底下。
>
> 王子唱：小王撥拉三堆土，
>
> 妙梅唱：折了三個花枝兒當香插。
>
> 王子唱：沒有紙來燒花葉，
>
> 妙梅唱：沒有供饗的供金沙。
>
> 王子唱：小王跪在平川地，
>
> 妙梅唱：咱排排年紀差不差。奴家二八一十六，
>
> 王子唱：小王二九一十八。我比著小姐大兩歲，
>
> 妙梅唱：大兩歲來小兩歲，你就搭著奴家。

王子唱：早知道打鳥好，不在南學把弓拉。

妙梅唱：我要知道觀花有好處，不在繡簾來觀花。

王子唱：你要是不來發瘕子。

妙梅唱：你要是不來瘕子發。

王子唱：你要是不來你先死。

妙梅唱：你要不來你染黃沙。

王子唱：嗑（磕）罷頭來平身起。

妙梅唱：妙梅離了就地下。

王子白：小王爬花墻。

妙梅白：妙梅進繡房。

王子白：爹娘要問你。

妙梅白：打死也不承當。公子請哪！

王子白：請哪！❷

　　該齣戲劇以一搭一唱的方式呈現，描寫兩人情投意合之事，尤其兩人在花園下私訂終身的盟誓，一來一往，表現出俏皮活潑與彼此真誠的愛情，這種鋪陳的敘述，即是秧歌劇常見

---

❷ 李景漢、張世文編：《定縣秧歌選》，見婁子匡編：《國立北京大學中國民俗學會民俗叢書》第37卷，台北：東方文化書局，1971，頁39－40。平教會評其文云：「打鳥這齣秧歌很像一幕幽美神秘的電影。妙在小王看見花園中女郎不能親近，藉打鳥機會去看女郎。兩人談得情投意合，就定了終身。兩人在花架底下拜天地，用三堆土當香爐，用三枝花當香插。用花葉當紙燒，用金沙當供饗。如此表現他們愛情的純誠，描寫得非常好看。」頁35。

的形式。

（二）孝節類

內容凡表演盡孝守節的即歸於此類，計有〈安兒送米〉、〈郭巨埋子〉、〈反堂〉……等十三篇，❸其中〈安兒送米〉一齣，係敘述七歲安兒送米給母親的經過，尤其描寫安兒探母送米的一幕，頗令人感動。

> （唱）安兒一陣好傷情，想起我老娘淚珠盈。連把祖母來瞞怨，瞞怨祖母心不公。無故的把我生身的老娘趕出門去，母子活離各西東。就打老娘被趕在外，我那狠心的奶奶才把米來供。一天供我一升米，十天供我米十升，我應當吃一碗來吃半碗，當吃一升來我吃半升。一個月積下一斗米，今天逃學到菴中。欠起身來離了座，回頭再叫眾學兄。要是我奶奶把我找，你們就說我在南學把書攻。要是先生把我問，你們就說安兒在家中。拴住口袋背起米，口袋背在我的肩中。安兒走出南學外，大街上人多鬧闌闌。心中著急躲藏著走，要叫奶奶知道了不成。邁大步走出村莊外，來到雙陽岔路中。安兒正是朝

---

❸ 此類另蒐有〈丁郎尋父〉、〈變驢〉、〈劉玉蘭上廟〉、〈趙美容弔孝〉、〈龍寶寺降香〉、〈雙紅大上坟〉、〈描金櫃〉、〈殺婿〉、〈倒聽門〉、〈佘太君觀星〉等齣。李景漢、張世文編：《定縣秧歌選》，見婁子匡編：《國立北京大學中國民俗學會民俗叢書》第37卷，台北：東方文化書局，1971，頁258－567。

前走，噗墼栽倒地流平。

（哭介）叫一聲我那難見面的老娘呀！孩兒背米探望於你，背我也背不動，我那難見面的老娘。

（接唱）安兒一陣好傷情，難見面的老娘我叫不應。孩兒背米把你探，孩兒能說不能行。兩手按地忙爬起，口袋攢在我的手中。拉拉扯扯往前走，來到師傅山門中。

❶

該齣秧歌劇中，七歲安兒因思念母親，背米上山見母一幕，可看出安兒的孝心與孝行，而其行為深怕被祖母發現，則顯示出祖母的無上權威。古代鄉村頗多流傳婆媳不合的故事，男主人夾在母親與妻子之間，多選擇站在母親一邊，這種演繹婆媳關係問題的故事，也是秧歌劇所常引用的題材之一。

---

❶ 李景漢、張世文編：《定縣秧歌選》，見婁子匡編：《國立北京大學中國民俗學會民俗叢書》第38卷，台北：東方文化書局，1971，頁258－259。平教會評其文云：「安兒送米這齣秧歌，不但情節好，而且詞句好，是描寫孝子行孝，母親賢慧的一齣好戲。由幾處都可以看出安兒的母親的賢慧來。安兒的母親是祖母趕出來的，但是他見了安兒先問候祖母，第二問候爹爹。安兒送米給她，恐怕米不從義中來，三番五次的問安兒。如果是偷來的，她還打他，真是大仁大義，愛子有方。還有一點可以看出安兒的母親不但賢慧而且有聰明。安兒出殿故意用腳蹬米口壞袋，藉機回殿看娘，請娘縫好。安的母親恐怕縫好，婆母要看出她的針線來，所以請師傅去縫。可見她聰明細心處。由幾處都可以看出安兒的孝心來，安兒自己積下餘糧，天天刻苦減食，給老娘送去，哀求師傅好好待她老娘，將來必要感謝。自己故意將米口袋蹬壞，回去看娘，活寫一聰明純孝的安兒。」頁258。

（三）夫妻關係類

　　凡描述夫妻間倫理、道德觀念的秧歌則屬於此類。這類秧歌計有〈王明月休妻〉、〈高文舉坐花廳〉、〈蔣世幢休妻〉、〈耳環記〉、〈羅裙記〉等五篇。內容反映出夫妻地位的不平等，以及傳統社會中「夫爲妻綱」的思想，如〈高文舉坐花廳〉是描寫高文舉得中狀元，數年未歸，其妻張美英進京尋夫，相認於花廳的故事。劇中張美英數落高文舉那一幕，娓娓道來，頗爲精釆。

> 張美英唱：不提唸書還罷了，提起唸書待你好恩情。唸書唸到一更鼓，爲妻給你掌上燈。唸書唸到二更鼓，爲妻添油去撥燈。唸書唸到三更鼓，爲妻打茶把飢充。唸書唸到四更鼓，爲妻給你火爐生。唸書唸到五更鼓，爲妻陪伴大天明。爲妻未曾錯待你，昧了血心不回家中。高文舉心太高，作官不把家信捎。
>
> 高文舉唱：七月二十把官作，八月十二把書捎。捎書不過一個月，莫非捎遲了？
>
> 張美英唱：不提捎書還罷了，提起捎書惱眉梢。這不是書信摔給你，狗官拿去用眼瞧。……
>
> 高文舉唱：拿書信往回轉，手拿書信撲銀燈。書信本是我親寫，溫通老賊書更改。……
>
> 張美英唱：張美英淚交流，再叫高文舉我的丈夫。爲妻

> 沒有錯待了你，不該捎書把妻休。不容易教
> 你梅花篆字，一為妻二為姐三為師傅。叫聲
> 官人心中想，因為你，看我苦情不苦情。**⓯**

　　高文舉得中狀元後，被迫入贅溫家，溫通竄改其家書以為休書，致使張美英歷經艱辛入京尋夫，最後得相認於花庭。劇中高文舉入贅溫府一事，可看出古代權勢者之傲慢，又張美英千里尋夫之行，則表現出女子對丈夫的堅定的愛情，而高文舉受限溫府而數年不得歸，則顯出對妻子的思念與百般無奈。因此，當張美英數落他時，也只能默默承受。這種描寫丈夫功成名就，最後入贅權貴而冷落髮妻的情節，也是吸引農民欣賞的地方。

（四）婆媳關係類：

　　凡表演婆媳關係與其衍生的其他關係者，都歸於此類。計

⓯　李景漢、張世文編：《定縣秧歌選》，見婁子匡編：《國立北京大學中國民俗學會民俗叢書》第39卷，台北：東方文化書局，1971，頁584－586。平教會評其文云：「高文舉坐花廳這齣秧歌是表演高文舉在京得中，數年不歸，其妻張美英進京尋夫的一段故事。這齣秧歌不但情節好，詞句也好。這齣秧歌表現三點。一，科舉時代中狀元是最使人敬重的，就是家中有妻，也有人把女許他，藉此拉籠（攏）他，為自己來用。二，舊社會的女子是一心一意的為丈夫。就是丈夫出門，老無音信，她也能受盡跋涉之勞，千辛萬苦，犧牲自己的性命，也要去尋找自己的丈夫。三，夫妻的情腸總是夫妻的情腸。所謂『一日夫妻百日恩』是一點不錯的。只要夫妻之間有一個賢德的，是能涵容的，他們的感情總不致於完全破裂。」頁578。

有〈金牛寺〉、〈四勸〉、〈小姑賢〉、〈搬不倒請客〉等四篇。如〈小姑賢〉一齣，係描寫王媽百般刁難媳婦李氏，並命王林休妻，王林礙於母命難違，本欲休之，幸翠花及時阻止，終免一場家庭悲劇。其中翠花勸母一段，即其精采之處，其詞曰：

> 翠花唱：……丫頭我今年十五六，眼看著要娶去到人家。尋個好性婆母還罷了，若遇見個像你這樣兒的利害婆母，恐怕也要休我到咱家。人家若是休了孩兒我，你那老臉得往褲襠裏扎。
>
> 王媽白：他要不休你還在罷了，他要休了你，我叫他白刀子進去綠刀子出來，我扎破了他的苦胆！
>
> 翠花唱：左勸右勸勸不醒，勸不醒老娘糊塗的媽。今天我不到別處去，一到繡簾裏上吊（弔）殺。說罷話來就要走。
>
> 王媽唱：閃過老身把你拉。
>
> 王媽白：我那親哪後呀！肝花腸子肉呀！一去八十里，回來一百六呀！肚子肚子腰裏掖著！撥浪鼓子，麻繩頭子換革帛，你幹什麼去？
>
> 翠花白：我上吊去！
>
> 王媽白：我那丫頭，我那一生一世的小丫頭子！你是我手指甲心裏，一點肉，捏捏痛，動動痛。你為

什麼去上吊呵！**⑯**

在古代傳統社會裏，女子的地位卑下，媳婦往往成爲婆婆的出氣包，兒子處於兩女之間，也常選擇聽從母命，犧牲了妻子。該劇中，翠花是連貫整個故事的主角，其勸母將心比心對待嫂子，是其賢良之處；而當他勸母無效後，則以上吊威脅母親，才終使母親收回成命。翠花的賢良形象，正是整個戲劇所欲宣揚的重心。

（五）諧謔類：

這類的秧歌戲，內容滑稽詼諧，計有〈鋸缸〉、〈王小兒趕腳〉、〈武搭薩做活〉……等七篇。**⑰**如〈武搭薩做活〉是

---

⑯ 李景漢、張世文編：《定縣秧歌選》，見婁子匡編：《國立北京大學中國民俗學會民俗叢書》第39卷，台北：東方文化書局，1971，頁728－729。平教會評其文云：「小姑賢這齣秧歌是表演王林聽母命休妻，被小姑翠花勸下，後來全家和好的故事。這齣秧歌表示四點。一、表示婆母與兒媳發生衝突，不能解決，總是命令兒子，藉著兒子的命令來休她，因爲母不能直接休兒媳婦。二、表示小姑對於嫂子普通都不大好，這個小姑同嫂子好就算賢慧。三、表示家庭亂鬧不和，不是外人去勸，就是沒有直接或親密的關係的人去說合。如果要是兒子勸母親不休兒媳，母親多半不准。小姑去勸，母親怕傷了女兒到（倒）可不休兒媳。四、表示兒媳婦是外來的人不應當幫她說話。由這齣秧歌看來，可知夫妻的關係，常因家中關係改變，也常因家中其他分子關係改變。」頁713。

⑰ 另有〈頂磚〉、〈頂燈〉、〈楊文討飯〉、〈王媽媽說媒〉等齣。李景漢、張世文編：《定縣秧歌選》，見婁子匡編：《國立北京大學中國民俗學會民俗叢書》第39卷，台北：東方文化書局，1971，頁742－827。

描寫懶惰的長工武搭薩，為工錢和女主人爭吵的逗趣情節，其
中，武搭薩就是以丑角的角色出現。

> 搭薩白：說我道我就是我，拿著個官粉臉上摸，好角兒
> 　　　　別人揀著唱，砸鍋的事兒該著我。我名武搭薩，
> 　　　　不免穩坐當院裏，把我做活的苦處表上一表才
> 　　　　是。
>
> 搭薩唱：裏漏裏，拉漏拉，一母所生我親哥三。大哥的
> 　　　　名兒叫抓不住，二哥的名兒叫一把抓。就剩吾
> 　　　　小三沒的叫，起了個名兒武搭薩。我大哥在外
> 　　　　開當舖，我二哥在糧行販賣芝麻。就是我小三
> 　　　　沒事做，一年一年的把長活拉。別人做活價錢
> 　　　　長，武搭薩做活價錢塌。往年做活三吊五，今
> 　　　　年做活二吊八。正月十五鬧吵吵，家家戶戶吃
> 　　　　元宵，還捎帶著吃黏糕。居家大小全吃了，就
> 　　　　是我搭薩沒吃著。一頓黏糕沒吃上，想著法兒
> 　　　　叫他被傷。當家的著我去種地，不著種兒瞎挖
> 　　　　溝。當家的著我去墩地，墩了兩頭兒剩下當間。
> 　　　　當家的著我去鋤地，鋤了苗兒留草長……。
>
> 彩旦唱：一旁來了我內當家的。當家的清晨把集趕，前
> 　　　　宅後院靠的為妻，今天不上別處去，找找做活
> 　　　　的武搭薩。急忙來到當院裏，開言再叫武搭薩。
>
> 彩旦白：武搭薩壞王八蛋，壞兔子小子！吃了飯還不做

> 活，跟那裏談天去咧？我喊叫他幾聲。武搭薩！
> 哎喲！我岔了氣咧，我不喊叫他咧，你二嬸子
> 是個忙人，綉簾裏刺花去了！**⑱**

　　該齣秧歌劇中，武搭薩一開場即以滑稽的口吻自報名號，
藉以引起笑點。整齣劇圍繞在丑角與彩旦二個角色的抬槓對
話，一來一往頗為逗趣。這種詼諧的秧歌劇，實為缺乏娛樂的
農村社會，增添一股歡娛的氣氛。

（六）雜類：

　　不歸於以上五類者，則屬雜類。計有〈借鬏鬏〉、〈借女
弔孝〉、〈崔光瑞打柴〉……等八篇。**⑲**如〈借鬏鬏〉是描寫
張四姐同李四妹借鬏鬏，李四妹百般推辭，最後拗不過張四姐
下跪，終於答應的情形。

　　張四姐白：鬧了半天你不借給我呀！四妹子！你借給戴
　　　　　　　戴得啦！

───────────────

⑱　見李景漢、張世文編：《定縣秧歌選》，蒐入婁子匡編：《國立北京大
　　學中國民俗學會民俗叢書》第39卷，台北：東方文化書局，1971，頁769
　　－770。

⑲　另有〈薛金蓮罵城〉、〈關王廟〉、〈坐樓殺媳〉、〈莊周搧墳〉、〈白
　　蛇傳〉等齣，按李景漢、張世文的說法，以上五齣是從大戲改編而來；
　　〈借鬏鬏〉、〈借女弔孝〉、〈崔光瑞打柴〉等三篇則是純粹定縣本地
　　的秧歌。李景漢、張世文編：《定縣秧歌選》，見婁子匡編：《國立北
　　京大學中國民俗學會民俗叢書》第40卷，台北：東方文化書局，1971，
　　頁828－1049。

李四妹白：我可不是不借給你！

張四姐白：你若不借給我，我就揭你的短！

李四妹白：你說揭短我借過你的什麼東西？

張四姐白：你借過我的大磁盆，馬尾籮搗蒜錘。

李四妹白：你沒借過俺們的嗎？拿當票子去！光票子就
　　　　　這們一大捲了！

張四姐白：揭短也揭不住人家，說不得，你若是不借給
　　　　　我，今日不同往日！

李四妹白：今天你敢把我怎樣？

張四姐白：新做的衣裳不穿，我給你下了跪了！

李四妹白：老嫂子看你這大的年紀，跪在面前背後的，
　　　　　我借給你吧！

張四姐白：你借給我，就給你磕個頭！❷⓿

　　張四姐原為小財主，因其夫好賭以致風光不再，某日為逛

---

❷⓿　李景漢、張世文編：《定縣秧歌選》，見婁子匡編：《國立北京大學中
　　國民俗學會民俗叢書》第40卷，台北：東方文化書局，1971，頁835。
　　平教會評其文云：「借髢髢這齣秧歌是表演張四姐同李四妹借髢髢逛廟
　　會的故事。這齣秧歌結構好，詞句更好。一，表示女子虛榮心大，好衣
　　裳，好首飾，好美觀，恐怕叫人輕視。二，表示鄉下人小氣吝嗇，自己
　　東西不肯借人使用。張四姐向李四妹借髢髢左說右說，苦苦哀求，至終
　　才借給她，描寫得無微不至，近情近理。張四姐也有許多話問來問去，
　　答來答去，可為勾心鬥角，針鋒相對，結構之妙，詞句之精，就在這裡。」
　　頁828。

廟會，同李四妹商借鬄鬄，卻遭到李四妹拒絕，最後以下跪來
博取同情，終借得鬄鬄一物。該齣秧歌劇表現出女子注重外表
的虛榮心，以及對個人物品的珍惜與吝於借人，尤其將二人間
鬥智對話描寫得極為深動，此種場景亦是農村生活的寫照。

綜言之，由《定縣秧歌選》所蒐錄的四十八齣秧歌戲看來，
其內容或寫男女愛情，或表現家庭的倫理觀念，或寫農村生活
趣事等，可說是中國農村社會的縮影，或可說是定縣農民生活
的寫照。晏陽初為深入了解農民語言、思想而研究民間文藝，
不僅為農民設計出適合閱讀的平民讀物，實也促成了定縣秧歌
劇的保存。

二、定縣鼓詞

鼓詞亦是定縣農村頗受歡迎的民俗曲藝，是定縣農民重要
的娛樂。席徵庸❷在〈定縣大鼓詞〉一文中曾說：「大戲和秧
歌固然熱鬧，但每唱一台戲，必須耗費很多的人力和財力，所
以演唱的機會不很容易；評書又似乎過於單調，除了城市中偶
爾有人說說，鄉村就很少見。介乎這數者之間，既經濟而又省
事，既不很熱鬧也不太單調的玩意兒，那就非大鼓詞莫屬了。」
在貧窮的定縣農村裏，鼓詞雖無若大戲、秧歌來的熱鬧，然就

---

❷ 席徵庸為四川人，平民文學部研究生結業，曾負責調查蒐集定縣大鼓
書，並曾參與平民讀物的編輯工作。席徵庸：〈回憶定縣平教會平民文
學部工作〉，見李濟東編：《晏陽初與定縣平民教育》，石家莊：河北
教育出版社，1990，頁471－478。

經濟而言，鼓詞是更為農民所能負擔的民間娛樂。

　　席徵庸進一步指陳：「新年、令節、廟會、集市以及農閒時期，算是操大鼓詞業者最活躍的日子。有紅白等等的人家，也常有請他們到家中去演唱的。老太太們悶的發慌，大家湊集一點錢把他們請到她們的土炕側邊，唱幾段給她們解解悶，也是常有的事。所以大鼓詞在定縣真是深入民間，男女老幼都是它的群眾。」❷在缺乏娛樂的定縣農村，鼓詞算是農村逢年過節以及農閒時常見的民間娛樂之一。不僅喜慶需要鼓詞助興，即使喪家亦常請鼓詞家演唱。可見聽唱鼓詞是定縣農村普遍的娛樂，亦是影響農民生活的民間文藝。

　　平教會平民文學部在平民文學研究的工作上，鑒於鼓詞對農民生活的影響，乃著手於定縣鼓詞的採輯工作，冀能將蒐集的定縣鼓詞予以改編，再藉由說書人的感染力，將鼓詞唱回民間，以期發揮鼓詞的社會教育功能。在鼓詞的採輯工作上，平民文學部責由平民學校研究生席徵庸進行蒐集。歷半年之時，訪得一鼓詞家田三義，並藉由田君口述，逐句紀錄。凡遇有一時寫不出來或根本沒有的字，則先以注音符號代替，務求其音正確。意義上有不明白之處，則當面請教。遇有淫艷穢褻之處，也予以蒐錄，以求真實原現。「結果是短篇記錄了三十五篇，長篇記錄了三篇。短篇的字數最多的近一萬，最少的三四百字。

---

❷　上引二文係摘自席徵庸：〈定縣的大鼓詞〉，見李濟東編：《晏陽初與定縣平民教育》，石家莊：河北教育出版社，1990，頁279。

長篇的又分為若干則，每則四五千字不等，最多的有九十餘則，少的也有三十餘則。一則之前，間有附了一個小段的。總計共得六十萬字左右。」❷❸

這些採集而來的大鼓詞，席徵庸認為，究其內容，以小段為佳，其「故事取材面廣，多有深義，行文生動活潑，文藝性較強。」❷❹反之，大書則千篇一律，過於俗套，內容多充滿消極、陳腐、荒謬的思想，如「痛恨土豪劣紳而又無之何，只夢想著嚴正的清官出世；希望戀愛自由而又不能解脫舊禮教的束縛，只夢想著月老來成全好事；窮困時則聽命於鬼神，或自安於命運；被壓迫到了極點，也只有可憐的哀吟，沒有悲壯的掙扎。諸如此類，觸目皆是。」❷❺

這些小段鼓詞，曾由席徵庸按原紀錄，一字不改的整理付梓。可惜至今版本難尋，無法窺其梗概。然目前南京第二歷史檔案館尚存當時平教會所採集之鼓詞抄本二十一篇。就其內容，不乏歷史故事與民間故事，內容或描寫家庭成員間之相處關係，或寫男女愛情故事，或寫英雄人物，亦有鬼怪神仙之說。諸如此類，皆為定縣鼓詞常見之題材，如《苦丁香》是寫傳統

---

❷❸ 席徵庸：〈定縣的大鼓詞〉，見李濟東編：《晏陽初與定縣平民教育》，石家莊：河北教育出版社，1990，頁282。

❷❹ 席徵庸：〈回憶定縣平教會平民文學部的工作〉，見李濟東編：《晏陽初與定縣平民教育》，石家莊：河北教育出版社，1990，頁474。

❷❺ 席徵庸：〈定縣的大鼓詞〉，見李濟東編：《晏陽初與定縣平民教育》，石家莊：河北教育出版社，1990，頁282。

社會中，妯娌間的爭寵惡鬥以及婆媳不合的故事。故事中，丁香善解人意，即使受到婆婆百般刁難，仍十分孝順婆婆。因此，當婆婆生病想吃人肉，丁香乃毅然割肉療親。相對的，平時受到婆婆偏心疼愛的二位媳婦，當聞婆婆欲吃人肉，卻嚇得趕緊跑開。其詞曰：

閒事少敘論綱常。東光縣帶管王家庄。王家庄有一位王員外，娶妻張氏大不賢良，每一日打東隣，罵西舍，終朝每日鬧饑荒；三天不跟人打架，坐在鍋台數罵灶王。像這路人當宜讓他缺子無後，所生三個小兒郎，長子的名兒叫王玉，次子的名兒叫王良，三子年長十八歲，他的學名叫王祥。長子娶妻蟈蟈李，次子娶妻畫眉張。

（過口白）：蟈蟈愛叫，畫眉愛哨。

三子娶妻丁家女，賢人的名兒叫丁香。十五歲她到了王家院，婆母娘待她沒有半點強，竟著她兩房大嫂吃白麵，竟讓丁香她吃糠；吃糠不讓她吃飽，餓得她前心貼了後心腔；只餓得十七八的小媳婦，手拄拐棍，未曾走道手扶牆，面皮兒發黃。偏趕得老天爺睜開了眼，他把那瘟神爺打落下方。瘟神爺王家院裏把災放，老太太一場大病，病入膏肓。太太就在病床躺，他兩房大兒媳婦走進病房，滿臉帶笑把話講，叫道一聲「好心的娘！你老想把甚麼用？兒媳慌忙到廚房。愛吃稠的多擱麵，愛吃稀的多添湯；愛吃酸的多擱醋，愛吃辣的多切薑；愛吃甜

的攔蜂蜜，蜂蜜要不甜，再攔上紅糖、白糖、大塊兒冰糖。」老太太聞聽把話講，「賢德兒媳聽心上！為娘我把甚麼東西也不想用，二鼻孔一陣陣聞著你們人肉香。眼前要有人肉在，為娘當下離了床；眼前沒有人肉在，準必我一死上望鄉！」兩賤人聞聽心害怕，溜之乎也走慌忙，行走來到病房外，大賤人有語開了腔。

（白）大賤人說：「二妹子！你看這老乞婆，病糊塗了，甚麼東西，他也不用，就聞著咱們姐妹人肉有那麼個香味，要跟咱們要人肉。二妹子，離她遠點兒吧！要離她近了，把咱姊妹拽住，要咬兩口，這還了得！」「照我說，你回到房中納鞋底，嫂嫂我一到房中做鞋幫。」

故事中王員外娶妻張氏為人不善，所生三子皆已成家，僅三媳婦丁香孝順賢良，卻不得張氏寵。一日張氏病入膏肓欲吃人肉，平時甜言蜜語之二位媳婦一聽此言，乃嚇得遠離張氏。反之，平時受到百般刁難之丁香，在聞聽張氏得病思食人肉之際，乃拋開平時受婆婆欺侮的恩怨，毅然割股療親。

小奴家十五歲到了王家院，婆母娘待我沒有半點強—竟著我兩房大嫂吃白麵，竟著奴家我吃糠；吃糠不准我吃飽，一天三頓拐棍梆，我的老婆母身得病，心想要吃人肉湯。大街賣的牛羊肉，那兒來的人肉到市上。小奴拉肉孝敬母，玉皇爺你著我早早養好刀口傷，我要是沒有真心孝敬母，你著我一刀拉死喪無常！」叩罷頭來忙站

起，慌里慌張到廚房。……把刀磨了個鋒札快，迎風一
幌亮堂堂。慌忙解開縶腿帶，中衣抹在膝蓋上；橫呆呆
的拉人肉，腿肚兒上拉人肉四指多寬一搾長。疼得個賢
人吃不住勁，撲騰騰坐在地當央。……大賢人急急忙忙
切人肉，也有短來也有長。打了個南方丙丁火，柴火添
在灶火堂。香油就在鍋裏倒，切了點蔥花剁了點薑。大
賢人生來手頭巧，前院後院聞著香。賢人廚房作熟了麵，
慌忙盛好兩碗湯。

丁香平日受婆婆欺凌，卻不因此計恨，反倒是切了自己腿
股肉，煮成人肉湯以奉婆婆。反之，平日受張氏寵愛之二位媳
婦，不僅不理婆婆病情，反而以「二妹子你拉的人肉，嫂嫂我
做的人肉湯。」冒丁香割股療親之功，並進讒言以陷害丁香。
幸得丁香以驗傷之理，破除二位嫂嫂謊言，使其冤屈終得一雪。

老太太揪住賤人青絲髮，撲騰騰扔倒地當陽。把賤人扔
倒塵埃地，拾拾奪奪著了忙：脫去了二斤好麻繩子，八
双棉襪子，八個喀喇馬褂子，六個氈帽頭子，六塊藉子
脫了去，瞧了瞧，雪白的腿肚子溜溜光，那廂來的刀口
傷？太太一見有了氣，拍拍拍，就著拐棍棒。大罵「賤
人，快著走！快與為娘我騰房！」老太太慌忙坐到床沿
上，抱住賢人苦丁香，臉對著臉，胸膛緊對胸膛，腮幫
緊對腮幫。出言不把別人叫，叫了聲，「兒哪肉，肉哪
兒，小心尖子小愛人，狼哪狗，雞呀豹，為娘我那『尺

不楞瞪傖』，你就疼死娘！你過門來，為娘看著你就好，
也是你兩房大嫂瞎張張，說得為娘沒主張，難為我兒苦
丁香。從今後咱們兩個翻個過，我是你的兒媳，你算老
娘。竟著孩子吃白麵，那怕為娘我吃糠。二十四把鑰匙
交與你，裏裏外外把家當。」老太太她把鑰件扔到地，
扔給賢人苦丁香。老太太前門趕出名王玉，後門趕出名
王良。「王祥臥魚孝敬母，丁香割肉孝敬娘。」二十四
孝頭一孝，勸眾位，男的學王祥，女的學丁香。❷

　　張氏因驗二媳婦與丁香之傷，終使真相大白，並對自己過
去為難丁香的行徑，歸咎於聽信二位媳婦的讒言，並願意與丁
香角色互換，以求其原諒。就這本鼓詞的性質而言，可歸為勸
善鼓詞，平教會在定縣從事平民教育雖不贊成這種愚孝行為，
但是對於傳行民間的鼓詞，卻仍抱持研究的態度加以蒐集，終
使這種民間文藝得以保存下來。

　　除描寫農村家庭倫理的情事外，平教會所採集的鼓詞亦包
括描寫男女愛情關係的故事，如《西廂》、《賣油郎獨占花魁》、
《回窯辨蹤》、《出潼關》等。如《出潼關》是描寫歌妓張紫

---

❷　《苦丁香》一文，係由定縣鼓詞家田三義口述，席微庸記錄，內容描寫
　　丁香受盡婆婆張氏與二位嫂嫂欺凌，卻仍盡孝道割肉奉母。暴露傳統家
　　庭中，婆媳妯娌相處一堂易生事端。席微庸評其文為「文字趨於迷信，
　　但語句尚生動。」該文並改編為平民讀物第310號《苦丁香》，手抄本
　　藏於南京第二歷史檔案館，全宗號236，案卷號144。

燕爲救秦叔寶出潼關，夜訪秦叔寶，最後犧牲自己生命的感人故事。其詞曰：

> 紅顏薄命果是實言，美貌女子好可憐。可嘆姑娘張紫燕，被楊林納在歌妓裏邊。張紫燕夜晚坐在上房裏，面對銀燈血淚涓涓，「可嘆爹娘死得苦，到此如今未報仇冤！那一天，奸王楊林設擺酒宴，把奴家叫到酒席筵前。酒席筵前學彈唱，看見秦瓊將魁元。奴愛秦瓊英雄好漢，心想著咱二人成其並頭蓮。俺二人成其百年夫婦，著秦瓊與我爹娘大報仇冤。」紫燕正然心暗想，打外邊走進小丫環，見了姑娘飄飄拜，口尊姑娘請聽言：「大太保看著秦瓊有破綻，他言說秦瓊是反官。大太保回在中軍帳，大帳對著王爺言。老王爺今夜晚上帶了酒，單等明天把他傳。把他傳在中軍帳，我看他項上人頭不能安。」……紫燕上房心暗想，腹內輾轉好幾番：「有心不把秦瓊管，準必他一命歸陰間，秦瓊一死還罷了，是何人替我爹娘報仇冤，奴不免捨死忘生盜令箭，打救秦瓊出潼關。」

張紫燕雙親因遭楊林所害，並被納爲歌妓，一日於酒席筵前學彈唱，見秦瓊乃心萌愛意。並得知王爺欲捉秦瓊，乃盜取令箭，夜奔行館以見秦瓊。

姑娘說：「我的名兒張紫燕，被楊林納在歌妓裏邊。我

的一雙爹娘被他害，到至如今未報仇冤。那一天，奸王
楊林設擺酒宴，把奴家叫在酒席筵前。酒席筵前去彈唱，
看見秦爺是將魁元。奴愛秦爺是條好漢，心想成了並頭
蓮。咱們二人要是成其百年夫婦，秦爺你與我爹娘報仇
冤。不料想大太保看到秦爺有破綻，到大帳對著王爺言。
老王爺夜晚帶了酒，單等明天把你傳。把你傳在大帳裏，
管保你項上人頭不能安。小奴家捨死忘生盜來令箭，打
救秦爺你快出潼關。」二爺聞聽「是是是！」尊「姑娘！
咱們兩個快出關！」紫燕擺手「不中用，秦爺不必牽掛
咱！我說此話你不憑信，你聽聽大門外邊扣大門環。」
哄得二爺往外走，中了姑娘巧機關。張紫燕雙刃的寶劍
出了鞘，急忙放到玉脖肩，描花腕一帶喀嚓喀嚓地響，
肩抹玉項鮮血直竄躥。死尸往後閃兩閃，光噹噹摔在地
平川。

張紫燕心儀秦瓊，心想托付終身，以期代報殺親之仇。然
因得知楊林欲害秦瓊，乃甘冒生命之險以盜令牌。俟其遇見秦
瓊，稟其旨意後，爲免影響秦瓊出關，乃自刎而死。

二爺來在客廳裏，見姑娘死尸躺平川。二爺一見淚賽雨
點，「可嘆姑娘死得可憐！俺秦瓊到後來不得地，一筆
勾銷無話言，秦瓊如要得了地，把死尸埋在秦瓊坟塋裏
邊。」秦叔寶雙手端死尸往外遂，出公館用眼觀，看見
了八角井一圍。把死尸骨碌碌摔在八角井，搬了塊方石

井口蓋掩。二爺回到客廳裏，回到客廳扮差官。戴上一頂紅風帽，身上他把甲冑穿，手裏挈著金批令箭，腰中跨好劍連環，背後揹著熟銅鐧，公館外備好黃驃馬心猿。秦叔寶，扳鞍認鐙上了馬，鞭鞭打馬要出潼關。二爺來在大街上，眾位更夫把他攔。……二爺馬上舉令箭……門軍聞聽那敢怠慢，慌忙開鎖除了栓。鐵葉雙分分兩扇，秦叔寶鞭鞭打馬出潼關。㉗

秦瓊見姑娘因其而亡，心生感動，乃誓言「秦瓊如要得了地，把死屍埋在秦瓊坟塋裏邊。」於是在處理姑娘死屍後，假扮官差以出潼關。故事中，張紫燕見秦瓊是將魁元，心想共結連理以代報殺親之仇，卻因得知楊林欲加害秦瓊。乃決定犧牲自己性命以救秦瓊出關，展現女子犧牲小我，完成大我之無畏精神。

此外，另有以英雄人物故事為題材之鼓詞，如《單刀會》、《魯達拳打鎮關西》兩齣。其中《魯達拳打鎮關西》即取自《水滸傳》，描寫魯達於潘家樓上見金大姐向其訴說苦情，魯達乃收金大姐為乾閨女，並仗義除惡之故事。其詞曰：

大宋一統震華夷，有一位好漢出在陝西，此人姓魯名魯

㉗　《出潼關》一文，係由定縣鼓詞家田三義口述，席微庸記錄，內容描寫張紫燕為報雙親之仇，盜取令牌以救秦瓊出潼關。席微庸評其文為「在提倡捨身取義之精神，但見解稍狹隘，敘述尚精細。」手抄本現藏於南京第二歷史檔案館，全宗號236，案卷號144。

達，天下的好漢屬第一。閒下沒事門前站，遇上他結拜
的倆兄弟；頭裏走的阮小五，後邊是張順外號麵條魚。
見他大哥在門外站，走到近前作了個揖。問聲「大哥你
可好！」魯達聞言叫「兄弟！來來來！兄弟隨我走！到
潘家樓上把酒吃。」……樓上弟兄剛用酒，街上來了個
唱曲兒的。……唱得個魯爺哈哈笑，「小曲唱得真不離！」
他在兜囊一伸手，取出了銀子有五兩七。叫「女子！這
不足銀子！你挈了去，回家買柴買米吃。」金大姐，按
過銀子叫「慚愧！」偷擦衫袖淚迷離。魯爺一見心好惱，
出言叫聲「唱曲的！大爺給你銀子，你不謝賞，為何回
身淚悲啼？」女子聞聽眼掉淚，尊聲「大爺你得知！也
非銀子賞得少，皆因為我二老爹娘死得委屈。」

魯達與兄弟於潘家樓上飲酒，忽見唱曲的金大姐。乃請之
演唱，並賞其銀錢五兩七。孰知金大姐按過銀子乃偷擦衫袖淚
迷離，魯達見狀心好惱，追問之下，方知金大姐遭遇，乃心生
憐憫之心。

陝西黎民遭了難，大賤三年沒收齊……大街上立下了賣
人市，男站東，女站西。十二三的學生只賣一吊整，十
五六的姑娘，賣二百一；小後婚賣到三錢倆，活人妻到
（倒）貼光棍兩餅子。依我父要把奴家賣，我的母親捨
不得。舉家三口來逃難，離開故土出陝西。我的父投親
親不遇，住在鄭家旅店裏。偏趕得舉家時運不至，大雨

下了七八宿。掌櫃的過去算飯帳，我父說：「天氣晴了
與你找去。」店東說：「沒錢也不要緊，我見你有這女
子，留在我店中做側妻。」我爹爹聞聽心好惱，大罵店
東鎮關西。那強賊一把鋼刀拏在手，刀斬我父命歸西。
店中逼死了我生身母，你看死得多委屈！要與奴家把天
地拜，小奴至死我不依。

　　經魯達詢問，方知鎮關西逼死金家雙親，又欲納金大姐爲
偏室，幸得鎮關西妻之救，方才逃脫。其後因遇王老賓，教其
唱曲本事，方能唱曲掙穿吃。魯達憐其遭遇，乃故意刁難鎮關
西，鎮關西見狀，初爲低聲順從，後則忍不住氣，終究爲魯達
所殺。

　　魯達說：「祖宗打你五斤肉，裏去骨頭外扒皮；多一兩
　　爺不要，少一斤祖宗不依！」鎮關西聞聽抬頭看，上下
　　打量姓魯的。細想夜晚得一夢，夢見老虎把羊吃。屈指
　　心思算了算，「我鎮關西是一個屬羊的。」低頭一計有
　　有有，好漢不吃眼前屈。一把鋼刀拏在手，對準肉上往
　　下劈。用刀打起一塊肉，裏去骨頭外去皮。上秤一掛八
　　十兩，又不高又不低。用繩綁好遞過去，魯達將肉按手
　　裡，「今天打肉沒錢給！」關西說：「這集沒錢等下
　　集。」……魯達聞聽這些話，低下虎項暗尋思：「我只
　　說怎等一個賊霸道，原來他輭弱無鋼沒出息。今日我就
　　把他打，扳倒關西也不算我出奇。」手領大肉把櫃台下，

　　驚動姑娘金桂枝,「我看乾爹沒了氣,勸將不跟激將急。」姑娘低頭就有計,眼中不住淚悲啼。尊「乾爹,實指望跟爹娘把仇報,想不到乾爹你只跟女兒蹦肉吃!」魯爺聞聽有了氣,「女兒不要淚悲啼!你在此處等一等,乾父回去找鎮關西。」魯達邁步把櫃台上,開言叫聲「姓鄭的!五斤生肉也不要,不要生的要熟的。將肉拿在後宅去,你叫你妻跟我做齊備。家中你要有姐妹,送到潘家樓陪著大爺把酒吃,大爺用酒天色晚,與你的姐妹度一宿。」鎮關西聞聽把眉立,出言罵聲「姓魯的!騎著我脖子來拉屎,拉出屎來你還著爹爹吃!未曾做事你想一想,鎮關西不是好惹的!」打肉的鋼刀拏在手,照定魯達頭上劈。魯達閃起忙躲過,底下一腿來的急;使了個勾掛掃堂腿,一腿打倒鎮關西。魯達向外看了看,就地放了個磨刀石。探虎爪把石頭空中舉,對定關西頭上劈。只聽喀喳一聲響,可嘆霸道命歸西。㉘

　　魯達初見鎮關西低聲下氣,原欲放棄動手,金大姐見狀,故意以「乾爹,實指望跟爹娘把仇報,想不到乾爹你只跟女兒

㉘　《魯達拳打鎮關西》一文,係由定縣鼓詞家田三義口述,席微庸記錄,內容描寫「潘家樓金女訴苦,狀元坊鄭屠被打。」席微庸評其文曰:「對於惡霸之蠻橫,認為取積極行動以對付,敘述清楚。」該文亦改編為平民讀物第183號《魯達拳打鎮關西》。手抄本現藏於南京第二歷史檔案館,全宗號236,案卷號144。

蹦肉吃！」刺激魯達。魯達只得重上櫃台，並以言語挑釁。鎮
關西因被激怒，終爲魯達所殺。故事中，魯達仗義除霸之行徑，
在農村社會中，正是解救農民的偶像與希望。平教會平民文學
部在評其文時，亦肯定這本鼓詞的教育意義，並編成平民讀物，
以教育農民勇於抗惡之精神。

　　此外，另有講述神仙鬼怪思想之鼓詞，此類這類故事包括
《妓女告狀》、《呂洞賓帶酒岳陽樓》、《度林英》、《打黃
狼》。如《打黃狼》描寫黃狼忘恩負義，在被傅恆昌解救之後，
卻翻臉欲吃傅恆昌。最後傅恆昌憑其機智，終騙黃狼重入箱內，
並逃過被吃的命運。該鼓詞係改編自中山狼故事，其詞曰：

　　　衛輝府帶管傅家庄，有一位員外名傅康。……老員外三
　　十九歲得大喜；老太太產生一位小兒郎。……公子年長
　　十八歲，偏趕得東京汴梁召選才郎，城裏的老師衙門派
　　著門斗與他送了個信，催逼著公子趕考汴梁。傅公子參
　　罷先生拜罷客，餞行的人們鬧嚷嚷。到上房辭別父和母，
　　辭別妻子和同窗，肩揹書箱與筆筒，這一天趕考離了傅
　　家庄。……正走之間留神望，面前閃出柳陰涼。傅公子
　　書箱就在地下放，慌忙坐在書箱上。九月的天還嫌熱；
　　解鈕扣和鈕絆，手挈著白紙小扇搧胸膛。公子正然來涼
　　爽，聽見正南響鳥槍。公子抬頭往南望，見黃白草那裏
　　邊攛（躥）出來一隻狼。這隻狼，大得好似一隻犬，橫
　　身的毛色甘草黃，兩耳尖尖從上長，口賽血盆牙賽鋼，

> 腦袋瓜上長一塊白玉點，取名就叫白眼狼，小黃狼見了
> 公子就施禮，出言有語尊「先生！你是快救命，快救命！
> 可憐我孤兒寡居娘。」

傅員外長年行善，卻膝下無子，玉皇爺因其陰功，派左金
童子降生為其子，直至三十九歲，傅康方才得子。一日，傅公
子進京趕考，巧遇求救的白眼狼。傅恆昌憫其孝心，但又怕黃
狼翻臉傷之，躊躇之間，黃狼故顯更加可憐。

> 小黃狼聽說公子不救他的話，眼望山崗淚汪汪。尊「老
> 娘！你只說孩兒下山把食打；不料想，打食又被壯士們
> 傷。孩兒一死能值蒿草，是何人打食上山崗，孝敬我老
> 娘？」小黃狼，一哭一個悲慘慘，驚動了公子傅恆昌。
> 暗說道：「披皮的畜類懂得孝敬母，牠懂得三綱和五常。
> 牠懂得─君為臣綱臣保主，父為子綱孝爹娘，夫為妻綱
> 妻賢惠。講罷三綱論五常。牠懂得─君臣有義，父子有
> 親，夫婦有別，長幼有序，朋友有信；牠懂得三綱和五
> 常。我不免孔夫子面前做點私弊，我在裏頭把牠藏一
> 藏。……打圍的哥們揚長走；再說公子傅恆昌。慌忙掀
> 開書箱蓋，打裏邊竄出來一隻狼，……未曾講話面帶笑，
> 開言有語尊「先生！常言說：『為人為到底，要是送人
> 送到家鄉。』非是黃狼我不走，我這兒雙鼻孔，一陣陣
> 聞著你人肉香。」尊聲「先生！行方便！把你的人肉給
> 我嘗一嘗！香不香！」……眼看公子要廢命，聽見正北

響鳥槍。耳聞正北鳥槍響，這不才嚇壞了小黃狼。黃狼
跪在塵埃地，滿臉帶笑尊「先生！是方才，我跟你說的
是玩笑話，你來看，白光的小臉蛋，嚇了個蠟渣黃。」

傅恆昌一聽黃狼黃狼苦苦哀求，又覺黃狼深諳人間仁義
禮，乃打開書箱蓋以藏黃狼。孰料黃狼逃過獵人追捕，竟面露
猙獰欲食傅恆昌。情急之間，幸得獵人及時回頭，黃狼一時嚇
壞，欲求傅恆昌再救一命，傅恆昌見機不可失，乃將計就計，
逮了黃狼送與獵人。

傅公子二番打開書箱蓋，……在裏邊躥進小黃狼。公子
蓋好書箱蓋，慌忙就把鎖捏上。公子站在書箱上，丹腔
用力喊聲長：「打圍的哥們！快來吧，快來吧！我這書
箱裏邊藏著狼。我看你拿著那樣槍刀劍戟，斧鉞鉤义，
钂鍊索耙，拐子流星棍，不如我赤手空拳，逮著一隻狼。
你們來得快了把狼逮住，來得慢了鑽山崗。這東西翻臉
愛把人傷！」……打圍的圍著這個書箱，再叫「公子旁
邊閃！怕的是，黃狼出來把你傷。」公子聞聽這句話，
急急忙忙閃一旁。轉過了二十多歲的嫩小夥，手中掌著
鉤鐮槍。踹一腳，踹開書箱蓋，打裏邊躥出來了一隻狼。
眼看黃狼要逃跑！跑不了一鐃鉤打在狼身上。拿過麻繩
封上嘴，拿過皮套就把他裝。慌忙綁上穿心槓，開言有
語尊「先生！跟我走來，你是跟我走！進村庄，嘗嘗狼
肉香不香。」公子擺手「我不去！我要赶考上汴梁。」

　　　打圍的哥們揚長走，接回來再說公子傅恆昌。傅公子壓
　　書的寶劍拿在手，刮去樹皮扔一旁。慌忙操起了毛竹管，
　　柳蔭樹下留詩章。上寫著：山前梅鹿山後狼。狼鹿結拜
　　在山崗。狼要有難鹿打救，鹿要有難狼躲藏。箭射烏鴉
　　騰空去，偏趕得箭桿落在狼身上。為人莫把狼心使。狼
　　心狗肺不久長！❷

　　傅恆昌因有前車之鑑，乃急忙打開書香蓋騙進小黃狼。並
求獵人來補狼，黃狼因困書箱蓋以致無力逃脫，終自食其果，
為獵人所補。故事中，黃狼恩將仇報，在得救之際竟翻臉不認
人，這種諷刺無義之舉，正是《打黃狼》一段鼓詞所欲傳遞之
思想。

　　綜而言之，晏陽初於定縣從事平民教育實驗之際，曾留意
當地民間文藝的影響力，並思及如何汲取民間文藝以為教育之
工具。鼓詞是當時定縣流行的民間娛樂，其影響農民生活極深，
其帶有勸善之教育意義，正符合平教會寓教於樂的教育方針。
目前現存於南京檔案館之定縣鼓詞係手抄本，為當時平教會平
民文學部主任孫伏園指示席徵庸就當地鼓詞進行採集研究，除

---

❷　《打黃狼》一文，係由定縣鼓詞家田三義口述，席徵庸記錄，描寫小黃
　　狼以怨報德，傅恆昌急智擒狼的故事。其思想傳達「勸明公要交交個真
　　君子，千萬千莫交無義狼」，是篇勸善鼓詞，平教會平民文學部並改編
　　成平民讀物第181號《打黃狼》。手抄本現藏於南京第二歷史檔案館，
　　全宗號236，案卷號144。

提供為平民讀物的編輯資料外，並按原採集而來的鼓詞，一字
不改的付梓出版，以提供民間文學研究者研究，此舉正使定縣
鼓詞得以保存傳世。晏陽初雖然不是站在前線親自採集當地的
民間文學，然就其於平教會下設平民文學部，延請長於平民文
學而有編輯經驗之孫伏園主持該部工作，可見其已洞悉民間文
學對於農民的教育意義。

第二節　採集歌謠、笑話、瞎子戲

一、定縣歌謠

　　歌謠為人民集體所創，它伴隨人民生活而生，凡民間娛樂、
禮俗、宗教信仰，皆為歌謠創作之來源。它是人民抒發情感之
方法，亦是上位者體察風土民情之鏡子。晏陽初在定縣實施平
民教育試驗之際，曾責由平教會平民文學部對定縣歌謠進行蒐
集與研究，冀能藉由民間歌謠之研究分析，以了解民眾思想與
常用語法，進而做為編輯平民讀物之參考。由平教會蒐集出版
之《定縣歌謠選》是繼《定縣秧歌選》、《定縣大鼓詞選》後，
第三部集印之定縣民間文藝。從其序文中可以一窺平教會採集
定縣歌謠之旨意。其文曰：

　　　　我們自愧沒有專門研究的時間和學力；同時我們採訪民
　　　間文藝的目的大部分還是為應用。編輯為農民的課本，

讀物，期刊，如果不知道一點農民思想所寄託的，農民
語言所構成的，農民興味所結聚的民間文藝，那麼我們
無論如何賣力，在農民社會中也不會討好。❸

由此可知，平教會蒐集定縣歌謠之目的，是想藉由研究分
析，以了解當地風土民情與農民語言思想，進而編輯農民課本、
期刊與平民讀物，以爲平民教育之讀本。

目前北京師範大學圖書館尙藏有當時平教會所輯錄之《定
縣歌謠選》刊印本。全書分上、下兩編，上編由定縣學者沈傑
三所採輯，共蒐歌謠一百八十三則。下編則由定縣小學教師彭
秉衡所輯錄，蒐得歌謠一百四十二則，總計全書共蒐三百二十
五則。整個《定縣歌謠選》內含當地風土民情與生活智慧，可
說是當地農民生活與思想之寫照。其內容或與小孩有關之歌
謠，包括哄騙小孩兒睡覺所唱之兒歌，如「么么（么么）睡著
了，狼來了，虎來了，吓（嚇）得孩子睡著了。」或寫小孩兒
遊戲時，單足邊跳邊唱之歌謠，如「咯噔咯噔么么，小鬼兒拿
著槍刀，剁一個，殺一個，丟下一個拾柴火！拾的那兒燒？拾
的廟兒裏燒，燒的爺爺胡焦焦，嫌不胡了再燒燒！」或寫歲末
之際，小孩除舊迎新所唱之歌謠，如：「 二十三，糖瓜兒粘；
二十四，掃（ㄔㄠ）房子；二十五，做（ㄗㄡ）豆腐；二十六，
割斤肉；二十七，宰隻雞；二十八，宰隻鴨；二十九，裝斤酒；

---

❸　摘自《定縣歌謠選》序，沈傑三、彭秉衡輯：《定縣歌謠選》，河北：
　　平民教育促進會，1936，頁1。

三十兒，啃豬蹄；初一，蹶著屁股作揖。」或寫女孩們遊戲時，邊耍石子邊唱之童謠，如「打金千，過金千，錺錺乍乍十六千，六一六，開張繡，張繡張，對思想，思想對，馬蘭龜，馬蘭馬，嗓子啞，東拍西拍，小脚兒古怪，剛九兒一百。」❸等。

　　除童謠外，另有描寫不合邏輯之胡謅歌謠，其內容誇張逗趣，反映出農民生活幽默的一面。如「希奇希奇眞希奇，麻雀兒踏死老母雞，螞蟻身長三尺六，八十老翁坐在搖車裏。」又如「說胡謅，道胡謅，大年初一立了秋，一棵高粱打八石，一棵豆子打九斗，七歲的小女去摘豆，一摘摘的白了頭，要說這話你不信，哈巴狗兒下了個大犢牛。」❸就現實生活而言，「麻雀踏死老母雞」，「螞蟻身長三尺六」，「八十歲老翁坐搖車」，完全是不合邏輯之情事。一棵高粱、豆子之產量不可能讓七歲小女孩摘到白了少年頭，而哈巴狗亦不可能生出個大犢牛，這種誇張手法，除胡謅逗趣外，亦反映出農民豐富之想像力。

　　此外，祈福除災的訣術歌謠，亦蒐入其中。如祈求老天爺降雨的祀典歌：「老天爺，下大雨，打了麥子供饗你。」有治小孩夜哭偏方，遍貼通衢之歌謠，如「天皇皇，地皇皇，我家有個夜哭郎；行路君子唸三遍，一睡睡個大天亮。」以及「天悽悽，地悽悽，我家有個夜哭女；行路君子唸三遍，一睡睡個

---

❸　上引四首歌謠係摘自沈傑三、彭秉衡輯：《定縣歌謠選》上編第22、24、27、74首，定縣：中華平民教育促進會出版，1936，頁4、4、5、11。

❸　上引二首歌謠係摘自沈傑三、彭秉衡輯：《定縣歌謠選》上編第83、84首，定縣：中華平民教育促進會出版，1936，頁14。

日沉西。」❸另有反映農民生活智慧與農作經驗之農諺歌謠，如「頭伏的薐子（蕎麥），二伏的菜；三伏沒雨別種麥。」以及「霜降不鋤蔥，將來落場空。」「雲彩往東，一陣風；雲彩往北，一陣黑；雲彩往南，漫地裏行船；雲彩往西，老母奶奶披蓑衣。」❸等。

對於農村生活中，婆媳、姑嫂、繼母與前子間相處模式之描寫亦見於《定縣歌謠選》。如「馬尾鵲，尾巴長，取了媳婦忘了娘；把娘揹到山溝裏，把媳婦兒揹到坑頭上；稻米飯，澆肉湯，不吃不吃又盛上！」是描寫男孩子長大後，娶妻忘娘之諷刺歌謠。另「小白菜兒，葉葉黃，三歲的小孩沒了娘，跟著爹爹還好過，就怕爹爹娶後娘。娶個後娘三年整，添個弟弟比我強；弟弟吃麵我喝湯，有心不喝餓的荒！端起碗來淚汪汪，想親娘，親娘想我一陣風，我想親娘在夢中。河裏開花河裏落，我想親娘誰知道。弟弟南學把書念，我在荒野去放豬；弟弟化錢如流水，我化一文萬不能。白天聽見蝸蝸兒叫，黑夜聽著山水流；有心跟著山河去，又怕山水不回頭！」是寫繼母偏心，前房孩子受苦之歌謠，該則歌謠亦經平民文學部採集編入平民讀物《民間的歌謠研究》之中。

此外，或寫好吃媳婦人見人厭之歌謠。如「好吃的媳婦去

---

❸ 上引三首歌謠係摘自沈傑三、彭秉衡輯：《定縣歌謠選》上編第25、171、172首，定縣：中華平民教育促進會出版，1936，頁4、24、25。

❸ 上引三首歌謠係摘自沈傑三、彭秉衡輯：《定縣歌謠選》上編第141、152、164首，平民教育促進會，1936，頁21、22、23。

趕麵，一趕趕了一大片，公一盌，婆一盌，兩個小叔兒兩半盌，
案板底下藏半盌，王大娘來咧，狗也來咧，盌也打咧，麵也撒
咧，公也吵，婆也罵，兩個小叔子揪頭髮，一送送到他娘家，
他娘看見活生氣，他爹看見活氣煞，他哥哥看見就要打，他嫂
子看見說該打。」以及描寫男孩子娶妻後，對妻子與母親的態
度不一，如「草帽兒，結紅纓，親娘說話不中聽，媳婦說話笑
盈盈，他娘要吃秋白梨，『也沒節氣，也沒集，那兒有閒錢買
酥梨！』媳婦要吃秋白梨，也有節來也有集，也有閒錢買酥梨。
『媳婦媳婦你聽知！你只吃梨肉莫吃皮，把梨核兒扔到遠處
去，務必莫叫咱娘知。』**㉟**

　　綜而言之，上述歌謠或寫童謠、或寫農諺、或寫家庭生活，
皆反映出農村家庭之生活百態。透過歌謠之分析研究，實有助
了解定縣農民生活習俗與思想語言，而平教會蒐集定縣歌謠之

㉟　上引四首歌謠係摘自沈傑三、彭秉衡輯：《定縣歌謠選》上編第6、175
　　首及下編第190、255首，平民教育促進會編，1936，頁1、25、28、38。
　　另《定縣歌謠選》下編第325首亦寫後娘與前子關係之歌謠，並反映出前
　　子對後娘的懷恨與不滿。如：「白菜疙疸握心黃，親娘死了娶後娘，後
　　娘娶了三年整：生下兒子叫夢祥。夢祥穿的紅綾襖，我的渾身破衣裳；
　　夢祥渾身白又胖，他吃稠的我喝湯，端起碗來淚汪汪，拿起箸來想親娘。
　　親娘死了穿的什麼裝？打開櫃箱好衣裳。後娘死了穿的什麼衣，門道旮
　　旯裹破狗皮。親娘死了上的什麼供？一碗肉菜兩片薑。後娘死了上的什
　　麼供？一瓢泔水兩片糠。親娘死了繫的什麼帶？打開箱櫃絲羅帶。親娘
　　墳上怎麼祭？預備墳上唱台戲。後娘墳上燒的什麼紙？去後墳上拉炮
　　（泡）屎。」頁50～51。

目的,亦即試圖藉歌謠以了解農民思想與習慣語法,而其出版
《定縣歌謠選》,則保存了定縣當時的民間歌謠,對於研究定
縣民間文學者,實提供珍貴之參考文獻。

二、定縣笑話

　　民間笑話具有諷刺性、幽默性、教育性。其幽默性往往可
令聽者莞爾,而其寓有諷刺性與教訓性的意涵,則使聽者在笑
聲之中,獲取知識、汲取教訓。它不僅是人民茶餘飯後的娛樂
活動,也是反映社會百態的一面鏡子。平教會於定縣從事民間
文藝蒐集時,除留心於秧歌、鼓詞、歌謠、瞎子戲詞譜外,亦
著手於定縣笑話的蒐集,就南京第二歷史檔案館現存的定縣民
間曲藝采訪輯資料而言,目前尚存定縣笑林一、二集,共計四
十五則。究其內容,定縣笑林(二)蒐集定縣笑話二十四則,
是屬於定縣笑話集成。而定縣笑林(一)則除笑話之外,兼有
民間傳說、故事、寓言等題材。這些笑話或諷刺上階層對下階
層的剝削,反映出百姓對官僚、帝王、地主的不滿,以及對道
士、守財奴的批判。如〈守財奴〉。

　　　　有一個守財奴,在年幼的時候,非常窮困。辛苦一生,
　　　積蓄了很多的錢。他有一天掃院子,拾了個錢,就含在
　　　口中,一不留神,咽了下去,從此就病了,越病越厲害。
　　　到他臨死的時候,就把他三個兒子叫到跟前,問他死後,
　　　怎麼埋殯。大兒子說:「你老人家辛苦一生,沒有穿過

洋布，沒有吃過香油，到你老人家百年以後，用好材，擺好席，穿好衣裳。」他一聽這話，很不高興。二兒子見父親不高興，以為嫌他說的小，就接著說：「到你百年以後，跑馬唱戲……」話還沒有說完，他更不高興了，連聲的長吁短嘆。三兒子猜著了他父親的心理，就趕忙的說道：「他倆說的，全不是我的意思，到你老人家百年以後，也不埋殯，就把尸首煮熟賣了肉好罷？」他這一次非常喜歡，就叫他三兒子到跟前說道：「你真是我的好兒子！但是我要告訴你幾句話：你賣肉千萬別到東莊去，那村裡的秤是十八兩的，並且賣腸子的時候，千萬把裡邊那個錢倒出來。」❸⑥

　　守財奴臨終前，不僅希望孩子對自己的後事不需埋葬，還希望孩子將自己的屍首煮熟後賣錢，甚至還對自己的肉價斤斤計較，以及對肚子裏的一個錢念念不忘，在現實生活中，雖然不合邏輯，但卻可能反映出定縣農民對現實生活中，貧富不均的不滿，以及生活上受財主的壓榨，而產生對財主的嘲諷笑話。

　　《定縣笑林》所輯之笑話中，另有諷刺人民思想片面、吹牛、自私自利之內容，其出發點是出於善意的批評，亦是具有教育性質之諷刺笑話，如〈給老婆洗腳〉：

---

❸⑥　〈守財奴〉，見《定縣笑林二》，現藏於南京第二歷史檔案館，全宗號236，案卷號143。

> 甲乙二人都是怕老婆的，住在一個院裏。甲從乙窗下過，
> 聽見乙妻正在嚇嚇（嚇）乙哩，便偷著向裏邊窺看，乃
> 係乙妻正叫乙給他洗腳，乙不願洗，所以被嚇嚇（嚇）
> 的。甲此時便想逞強，因屬聲道：「若叫我……」誰想
> 此時甲妻在後邊也來偷看，甲未瞧見。他妻向他臉上，
> 拍的就是一巴掌，問道：「你怎麼樣？」甲忙改口道：
> 「若叫我早就洗了哩！」㊲

　　乙不願幫老婆洗腳，卻敢怒不敢言，甲見狀欲逞口舌之快，
豈料其妻正立於其後，拍的就是一巴掌，此則笑話藉由給老婆
洗腳，諷刺男人懼妻而又好面子的假沙文主義，反映出男人好
吹牛而又好面子心態。另〈畫那麼大幹什麼〉是諷刺吝嗇父親
教育孩子之不得法。

> 有一個非常吝嗇的人，管教他的兒子也很不得法。一天
> 他的兒子正在田間工作，忽然一個朋友來了。他想著如
> 果把朋友領到家去，沏茶做飯，父親一定不依。他就急
> 中生智，說：「朋友你來了，我正想你呢！」於是他就
> 在地上畫了一個門兒，說：「朋友家來吧！」，又畫了
> 桌子、筷子、酒菜，和大個饅頭等等，說：「朋友！放
> 上桌子了，筷子也拿來了，咱們就著酒菜吃大個兒饅頭

㊲　〈給老婆洗腳〉，見《定縣笑林二》，現藏於南京第二歷史檔案館，全
　　宗號236，案卷號143。

吧！」他的朋友以為被他慢待了，心中很不高興，就告辭了。他的兒子覺著這件事情辦得很漂亮，一定是趁了他父親的心，便急忙歸家，向他父親一五一十的告訴起來，用手比著他畫的桌子筷子等等，起初他父親還面帶喜色，等他比到畫的大個兒饅頭，他父親舉手就打了他一個巴掌，惡狠狠的說道：「你給他畫饅頭，畫那麼大幹什麼？」❸

　　兒子因父親吝嗇而不敢邀請朋友至家中做客，反異想天開以畫餅充飢方式，就地宴請朋友。兒子以為事情辦得漂亮，面帶喜色告訴父親，豈料當其比擬大饅頭之際，父親竟以「你給他畫饅頭，畫那麼大幹什麼？」反給予一個大巴掌。故事中藉由父親介意兒子饅頭畫得太大以突顯父親的吝嗇，使人深覺不可思議，而這種諷刺笑話，正是民眾笑林常見之題材。

　　除以上所舉之笑話外，《定縣笑林》亦輯錄了詼諧笑話。這類笑話似乎只純為娛樂，以似是而非的對話方式突顯故事主角之幽默風趣以及聰敏反應。使聽者聽完笑話後，得以發出會心一笑，也可以啟發聽者之想像力，如〈毒藥〉是描寫嘴饞的聽差憑其機智，而免除偷吃食物的責難。

　　一個聽差的，非常嘴饞，見東西便想偷著吃喝。一天，

---

❸　〈畫那麼大幹什麼〉，見《定縣笑林二》，現藏於南京第二歷史檔案館，全宗號236，案卷號143。

主人將要出門，囑道：「我房內桌上玻璃瓶裏邊，裝的是毒藥，我走後，你千萬不要當酒喝了。」聽差連聲答應，但早已有了主意。主人餵一隻雞頗肥，聽差捉了來煮熟，知道瓶內是酒，他也取了來，自己連吃帶喝，鬧了個不亦樂乎！跑在床上便睡起來。主人回來，院裏不見了那隻雞，進屋又不見酒瓶，知道是聽差作祟，忙到他房裏叫醒他，問他雞和酒的下落。聽差答道：「主人一去，雞便沒了，奴才怕主人回來責罰，因把瓶內那毒藥喝了，誰知躺了半天沒死？」❸⁹

該則笑話中，主角顯然是貪吃的聽差，其因洞悉主人心態，又抓住主人之語病，乃膽敢吃雞喝酒，倒頭大睡。俟其主人回來，問其雞與酒時，聽差則憑其機智反應回答：「主人一去，雞便沒了，奴才怕主人回來責罰，因把瓶內那毒藥喝了，誰知躺了半天沒死？」不僅得了吃雞喝酒之便宜，又免除主人的責罰。另〈神醫〉一則，亦是藉由似是而非之對話方式，突顯其笑點。

一天，閻王爺病了，吩咐小鬼快請好大夫來看。小鬼問：「誰是好大夫呢？」閻王一時也想不起來，便道：「你們看哪個大夫的家門口，站著屈死鬼少，他就是好大夫。」

---

❸⁹ 〈毒藥〉，見《定縣笑林二》，現藏於南京第二歷史檔案館，全宗號236，案卷號143。

大小二鬼找了半天，許多大夫的門前，都站著很多的屈死鬼，只有一個大夫門口，僅僅一個冤魂，因把這位大夫，給請了去。閻王爺對他道：「你是好大夫啊！」這醫生答道：「也是初學。」閻王因問：「那麼，你的門口，怎麼只有一個冤魂呢？」大夫便道：「我僅僅才治了一個呀！」❹

閻王生病命小鬼速請神醫。然小鬼不知孰是神醫，閻王則以「哪個大夫的家門口，站著屈死鬼少，他就是好大夫。」爲判斷，結果請來一個門前僅有一個屈死鬼的大夫。孰料這位大夫竟只醫過一位病人，便使病人成冤死鬼。該則笑話即藉由閻王與大夫的對話，突顯「人算不如天算」之笑點，使聽者聽畢之後，得到豁然開朗之一笑。

綜而言之，平教會在定縣從事民間文藝採集工作，亦曾留意故事笑話的蒐集，其目的則同其他民間文藝一樣，試圖從民眾所熟悉之民間文藝，以了解民眾思想與常用語法，進而將民間文藝編輯成平民讀物以教育百姓，使民眾於閱讀之際，可以得到潛移默化之效。按晏陽初於〈中華平民教育促進會定縣實驗工作報告〉一文中所言，平教會在採集民間文藝的工作上，曾採集「故事笑話等百餘則」，然就筆者於南京第二歷史檔案館所發現之《定縣笑林》二冊手抄本，僅得四十五則，仍有部

---

❹　〈神醫〉，見《定縣笑林二》，現藏於南京第二歷史檔案館，全宗號236，案卷號143。

分定縣笑話散落各地以致搜羅匪易。平教會蒐集定縣笑話之目
的，雖主要用於輔助文藝教育之推行，確也使當地之民間笑話
得以保存下來。

三、定縣瞎子戲

瞎子戲即所謂的瞎子唱曲，形式上是一種演唱民間故事的
民間曲藝，它是定縣農村流行的民間娛樂，也是瞎子賴以維生
的技藝。平教會〈瞎子的謀生狀況調查〉一文中，記載了當時
定縣瞎子唱曲的情形。

> 他們的報酬是極有限的，只要給他們幾碗剩飯，幾個餅
> 子，他們就肯給你歌唱半夜，這也可以說是鄉村裡的一
> 種習慣。每到晚上聽見瞎子的竹板響，就是唱的（得）
> 不好，也抱著濟困救貧的宗旨，有人給他端飯。所以瞎
> 子們下鄉完全是白天算卦，晚上唱曲，到晚上在唱曲以
> 前，還派下歇頭，（是預備第二天早晨給他們歇飯的）
> 把歇頭派妥以後，這才給那些聽眾們一直唱到十一點左
> 右方才散戲。散戲後或是他們預先找下地方，或是聽眾
> 臨時給他們找個地方住一夜。❹

---

❹ 〈瞎子的謀生狀況調查〉，《民間曲藝采訪輯·瞎子唱曲調查工作始末
記》，藏於南京第二歷史檔案館，全宗號236，案卷號143。另按筆者於
民國92年7月赴定縣考察發現，定縣因緯度較高，加上白天乾燥，居民
多於傍晚六、七點出外活動。同時，定縣亦存在夜間流動攤販，以及電

定縣瞎子的產生，除先天遺傳疾病外，衛生習慣的不良與醫療資源的貧瘠也是原因之一。據平教會視聽教育部於民國二十四年（1935）所做的調查，定縣約有四百名瞎子。其分布除散居鄉村外，流落城內的，多住在西門內縣立救濟院，及北門人字街養濟院。養濟院是定縣城內瞎子的大本營，而部分瞎子又具有唱曲的技能，因此，遂成為平教會採集瞎子唱曲的地方。高樹勳於〈瞎子唱曲調查工作始末記〉一文中，敘述了調查工作的情形：

> 為了認識民間舊音樂教育的情態，在民國二十四年春初，我們便開始調查瞎子言村唱曲的情形及其內容，費了半年的功夫，化了數十元的報酬，我們除掉認識瞎子沿村唱曲的情形以外，又從瞎子的口授中，記錄了一百十幾首曲調，譜出了四十幾首曲譜，說到收穫，自然是得到了相當代價，但是想到對於中國整個的瞎子唱曲情況的認識，除掉在定縣這一點工作外，還得需要其他空間的努力，因此，在定縣這一點調查工作的經驗，也是很值得寶貴的。❷

平教會鑒於瞎子唱曲對農民思想的影響，乃於民國二十四

影放映，一般攤販多營業至凌晨二時左右，宛如夜市一般。筆者推測，定縣瞎子當時能唱到半夜，應與當地氣候與農民作息有關。

❷ 高樹勳：〈定縣瞎子唱曲調查工作始末記〉，見《民間曲藝采訪輯》，現藏於南京第二歷史檔案館，全宗號236，案卷號143。

年（1935）春，由平教會視聽教育部負責瞎子唱曲的調查工作，以期將改良後的瞎子唱曲，作為教育農民的工具。其間，訪得七十二歲的張老太太，和一位二十上下的青年瞎子韓文學，張老太太學得唱曲最多，約有一百數十齣，雖然因為年老健忘，而未能完全背誦，但在當時瞎子中，其所記得唱詞仍為最多。韓文學則聰穎強記，兼會彈唱，頗助於當時曲譜的排錄。經過五、六天的紀錄，平教會採集到十幾個曲詞，數個曲譜。此外，又訪得一位瞎婦人（劉銀瑞，外號劉二蘑菇），其不僅竭盡所能地彈唱講述，對於瞎子中許多隱瞞藏匿，也傾吐無遺。❹其後，又從城南五十五里的西城，訪得唱四絃的明子，並費了半天的功夫，連白帶唱的記錄一段拉相公的大戲。這項瞎子唱曲的調查工作，共花費七個月時間，總計收有曲譜四十二首、歌詞一百零九首、大鼓三首、落子二首等。❹

目前南京第二歷史檔案館所存之瞎子曲譜全係手抄本，就其內容而言，可以發現其曲詞為迎合農民的口味，唱詞多通俗鄙俚，且間雜色情思想。如〈妓女吃醋〉係寫妓女思熱客離去，而得相思病的醜態。其詞共十九段，按春、夏、秋、冬，分別敘述思熱客回頭的心情，如結語時所唱：

---

❹ 參見高樹勳：〈定縣瞎子唱曲調查工作始末記〉。見《民間曲藝采訪輯》，現藏於南京第二歷史檔案館，全宗號236，案卷號143。
❹ 《瞎子歌曲及樂譜目錄》，見《民間曲藝采訪輯》，現藏於南京第二歷史檔案館，全宗號236，案卷號144。

四季裡有妓女一陣好發愁，思想起，說說說說，知疼著
熱的小熱客，一去永不回頭。那一日同著你的靴子友，
請到奴家這塊兒來擺酒，冤家你也認上了扣，今著奴家
也不害羞，跪在地下苦苦的直哀求。小迷矇鬼跳了槽，
得了新情忘了舊，冤家走去了，說的什麼永不回頭，情
願燒香夠奔太安州。**④⑤**

　這是描寫嫖客一去不再回，妓女天天思盼的醜態，文詞淺
俗但無淫辭。這種描寫妓女與情郎間的唱詞，在瞎子戲中尚有
〈嘆烟花〉、〈十三月盼情郎〉、〈十愛情郎〉等。此外，另
有內容粗俗不雅，帶有淫詞之瞎子唱詞，如〈雁銀壺〉是寫妓
女瞎訴苦情，其詞共十四段。

　叮咚交了一更裡，明月東方出口外，煙花柳巷小妓女，
兩眼淚婆娑，來了伙子東洋人，哎喲！走進奴的良房屋
來。來了幾個大頭目，家住西洋大印度，不懂的（得）
仁義禮，拔下中衣要驗陰戶，茶哥和老板大氣不敢
出。……二更鼓兒南，洋人裡外翻，小奴一見就要肏，
嘩喇喇喇喇喇又把門關，恨不能有點地縫小小奴往裏
鑽。……三更鼓兒長，洋人要香，走老一處驗一處，驗

---

④⑤　〈瞎子吃醋〉又名〈反挑眼〉是描寫妓女思嫖客之苦。平教會視聽教育
　　部評其文：「熱客去不再來，妓思之得病，醜態畢露。」覓於《瞎子戲
　　第四冊》，見《民間曲藝采訪輯》，現藏於南京第二歷史檔案館，全宗
　　號236，案卷號144。

　　了下處驗良房，上中下全驗完，還要驗驗老媽堂。……
四更鼓兒發，洋人裡外察，許多的花錢的客藏在床底下，
聞聽洋人走，個頂個往外爬。五更鼓裏明，洋人來巡更，
正打奴的門口過，一夜晚沒有止燈，來了伙子東洋人個
頂個的要把曲子聽。奴說話他又不懂，奴又不敢不應從，
萬般無幾奈，唱了幾個打鼓更，只樂的東洋人個頂個把
帽子扔。洋人聽完了走，這才得安寧，一夜沒睏覺，直
熬到大天明，看了看留客的錶，剛交六點鐘。❹

　　依其內容而言，其前後詞意不明，這或許與紀錄者與演唱
者存在口音問題而紀錄有所失誤，從唱詞中可以發現，該首唱
詞夾帶色情淫語，這也正是瞎子戲流行於農村的原因之一。

　　除描寫與妓女有關之情事外，瞎子戲另有描寫男女打情罵
俏時所唱之情歌。如〈小放牛〉是寫小男女調情時所唱之情話
連篇。

　　俏皮小伙去放牛，轉離了家鄉，一出門碰見了俊俏的大
姑娘，這小孩生來咀頭笛，你年輕我年少，咱們二人配
成双。姑娘開言道，罵了一聲無有羞的郎，我們小當家
常常在家鄉，小當家的有一點不好惹，他有一把東洋刀，

---

❹　〈雁銀壺〉是描寫妓女訴苦情事共十四段，內含淫辭。平教會視聽教育
　部評其文「妓女瞎訴苦情，帶淫詞」蒐於《瞎子戲第四冊》，見《民間
　曲藝采訪輯》，現藏於南京第二歷史檔案館，全宗號236，案卷號144。

明亮又堂堂。他有一把東洋刀，我有一個德國槍，我二人到一處，必定排戰場，殺來殺去不分勝敗，東洋刀要是失了手，小命兒見了閻王。

俏皮的小放牛情竇初開，見了俊俏的大姑娘，意想結配成雙。姑娘一聽小放牛之言語挑逗，搬出家鄉的小當家以嚇阻其行徑。結果反使小放牛進一步的調情機會。

小命兒見閻王，那事也無妨，一到陰曹地府訴訴冤枉，閻君爺一見死的有點苦，差冤鬼到夜晚站在佔你身旁。佔在我身旁，那事也無妨，誰不知我小當家的是用手攀著千張紙，雞不叫狗不鳴，趕在你道旁上。趕在我道旁上，那事也無妨，我變個小桑樹長在你大門上，但等著大姑娘去採桑葉，小樹枝一忽由，挑破你的紅褲當（襠）。撕破紅褲襠，那事也無妨，誰不知小當家的他是個木匠，三鉌子兩斧子將你听（斫）倒，退了皮撇了你，扔到你江海岸上。扔到了江海岸上，那事也無妨，我變個小鯉魚常常來住江，但等著大姑娘去把衣裳洗，小鯉魚一騰翅，飛到你胳脖腕上。飛在了胳脖腕上，那事也無妨，誰不知小當家的他是個打魚的郎，三網兩網將你打住，退了你的鱗吃了你的肉，喝了你的鮮魚湯。退了我的鱗吃了我湯，那事也無妨，我有個小魚刺扎在嗓子上，我叫你上也上不來，下也下不去，不叫你疼來乾叫你癢癢。乾教我癢癢，那事也無妨，誰不知小當家的他會開藥方，

一付熱藥將你打下，小肚子一古嚕，扔在你嗅毛房（臭
茅房）。

當姑娘搬出小當家來嚇阻小放牛時，小放牛不僅不放棄，
反而則更進一步情挑姑娘。兩個人就在一來一往之間，互相調
情對唱。如當小放牛變成小桑樹欲撕破姑娘紅褲襠時，姑娘則
以小當家是個木匠，欲將桑樹砍倒丟入海裏，這時小放牛又變
成小鯉魚，飛在姑娘胳脖腕上，而姑娘則以小當家是個捕魚郎，
要把小放牛退鱗煮魚湯。從唱詞中可以發現，〈小放牛〉是以
鋪陳的方式，逐步的將唱詞引到男女情事，而其挑逗文字則逐
漸入骨。

扔在我嗅毛房（臭茅房），那事也無妨，我變個小蜜蜂
爬在毛房墻，但等著大姑娘前去解手，小蜜蜂一翁伶落
在你的花心上。落在花心上，那事也無妨，誰不知小當
家的有個黑纓兒槍，黑纓槍上掛著兩個流星，用槍扎你
要不怕，流星將你捯。流星將我捯，那事也無妨，我敗
中要取勝，花心裡邊藏，我在你花心內連扎帶咬，我教
你合也合不上，張也不能張。你教我不能張，那事也無
妨，惱一惱我小便開了揚子江，好一似開口子發了大江，
沖到你外國地，不教你回中央。只說的那伙子無言答對，
捧起水牛兒回了家鄉，回到家鄉身得了相思病，到夜晚

睡不著覺，夢中盼想姑娘。❹

當姑娘以藥將魚刺（小放牛）化下，小放牛則化爲小蜜蜂爬在茅房牆，等姑娘解手時，又伺機落在姑娘花心上，連扎帶咬。使姑娘「合也合不上，張也不能張」，最後姑娘唱道：「惱一惱我小便開了揚子江，好一似開口子發了大江，沖到你外國地不教你回中央。」可見小放牛所唱之「花心」，其實意指姑娘私處。瞎子戲爲吸引農民的興趣，在唱詞的鋪陳上，夾帶大量男女情慾的言詞。雖然這種瞎子唱詞充滿了色情的影子，然卻也反映農民生活裏眞實的一面。

除以上所舉帶有色情意味的唱詞外，瞎子戲亦有思想健康之佳作，如〈三國嘆十聲〉係描寫三國人物及歷史要事。其文詞淺顯，平教會視聽文學部將其評爲上等佳作。

> 曹孟德下江南，嘆了頭一聲，思想起荊州城，膽戰心又驚，蔡冒（瑁）張允能水戰，那蔣幹過江去，打聽東吳營。趙子龍保幼主，嘆了第二聲，思想起長板坡好不安寧，一根長槍沒人擋，多虧了三千歲放我脫了生。諸葛亮去借箭，嘆了第三聲，算就了下大霧，回營去報功，鑼鼓齊鳴來討陣，得仲了狼牙箭，回營去報功。周公瑾

---

❹ 〈小放牛〉係寫少男少女情話連篇，共十六段，蒐於《瞎子戲第四冊》，見《民間曲藝采訪輯》，現藏於南京第二歷史檔案館，全宗號236，案卷號144。

戰曹兵，嘆了第四聲，江又寬水又湧，怎麼去行兵，黃
蓋定下苦肉計，定連環燒曹操百萬將合兵。有孫權坐江
東，嘆了第五聲，文張昭武公瑾，才治太平，心中要想
荊州地，白費了人和馬，落了一場空。魯子敬過江去，
嘆了第七聲，思想起，討荊州好不太平，劉備孔明來就
勁，周督都定下了要討荊州城。劉玄德去招親，嘆了第
七聲，思想起，招親事好不傷情，一去先拜喬國老，甘
露寺相女婿，然後把親成。有劉璋坐西川，嘆了第八聲，
那張松他本是賣國奸臣，呈上把地理圖，到了荊州地，
勾來的劉玄德，要奪我主的城。司馬懿占歧（祁）山，
嘆了第九聲，一路上人和馬多麼威風，諸葛孔明在寶帳
傳下將令，差王平和馬謖鎮守街亭城。姜伯約坐中原，
嘆了第十聲，那是我前世裡（先師）傳授武藝精，鐵龍
（籠）山前一場戰，只殺的司馬昭領兵轉回營。㊽

該文以十段唱詞，將三國重要歷史逐一描述，在充滿色情
淫曲的瞎子戲中，這類具有教育意義之歷史故事，即是平教會
所贊成的民間文學題材。

綜而言之，在缺乏消閑娛樂的農村社會，歌謠、笑話、瞎
子戲無疑是農民茶餘飯後的重要娛樂，這些民間文學為適應農

㊽　〈三國嘆十聲〉是寫三國歷史，共十段，蒐於《瞎子戲第一冊》，平教
　　會視聽教育部評其文：「寫曹操大敗情形，可稱上等之作。」見《民間
　　曲藝采訪輯》，現藏於南京第二歷史檔案館，全宗號236，案卷號144。

民需要，勢必帶有通俗性及娛樂性，同時爲吸引農民興趣，亦不免帶有色情的意味。就平教會採集定縣民間文學的工作而言，其動機即是想從農民娛樂中，尋找農民的思想與常用語法；並就民間文學中找尋可以教育農民的方式。因此，在其收集民間文學後，除將民間文學的原貌出版以供研究外，並將這些民間文學家以改良，以提供農民閱讀。即使瞎子戲充滿色情的色彩，平教會亦加以蒐集，因爲他們發現民間文學對農民的吸引力以及影響力。誠如高樹勳所言：「每逢唱瞎子戲的時候，不論男女都想去聽，甚至於人數過多，將街道完全堵塞，當人人傾心去聽的時候，那場所的秩序，也不用巡警們維持，即能安靜的了不得。像這種機會，若把唱詞換成富教育價值的，我想民眾們聽了，一定是很受感動的，一定會奏凱功效的。」❹可見平教會發現瞎子戲所具有之之娛樂與教育價值，而其目的即是藉由瞎子戲的蒐集研究，發揮瞎子唱曲的教育功效。

---

❹　〈瞎子謀生狀況調查〉，見《民間曲藝采訪輯》，現藏於南京第二歷史檔案館，全宗號236，案卷號143。另按高樹勳於〈瞎子詞譜敘言〉所言：「定縣教育有四百名瞎子，中國約有二千縣，每縣即以二百人計算，全國也有四百萬瞎子，鎮日在手執竹板，沿街撒播瞎子教育的種子，這是如何驚人的一件事實，如此，在社會上縱有新的音樂教育的幼芽，也當不了這種毒烟的掃蕩，所以實現瞎子唱詞教育的理想，非將瞎子唱詞的內容，加以認識研究，創制不可。」見《民間曲藝采訪輯》，現藏於南京第二歷史檔案館，全宗號236，案卷號144。

第三節　運用民間文學編輯教材

一、編輯平民識字課本

　　晏陽初實施平民教育之初，曾編寫《平民千字課》，以爲教授平民識字的課本，其後又鑒於平民職業的不同，領導平教會陸續編成《市民千字課》、《農民千字課》、《士兵千字課》三種。這三種千字課，是配合平教會平民學校學制所編制而成。全書各分四冊，每冊二十四課，按其學制，每月讀完一冊，除星期日練習之外，剛夠四星期之用，並按四個月讀完整個千字課。「與千字課生字完全相同，而文字完全不同的，又有三種自修用書，曰農民千字課自修用書、市民千字課自修用書、士兵千字課自修用書。」❺❿各爲四冊，千字課與自修用書是供初級平民學校用的。此外，爲適合高級平民學校學生閱讀，又編得《市民高級文藝課本》、《農民高級文藝課本》各兩冊。民國二十年（1931年）冬，平教會開始從事兒童教育教育研究，陸續設置實驗小學，並編有《鄉村小學國語課本》，以期根本消滅文盲。這些課本蒐錄了民間文學素材與形式，可見晏陽初

---

❺❿　孫伏園：〈定縣的平民文學工作略說〉，《國立北京大學中國民俗學會民俗叢書》108卷，台北：中國民俗學會複印，1987，頁50。另該文云：「平民千字課用了幾年以後，漸漸覺悟到千字課應隨職業而有不同；這時全會的注意，也漸漸由都市移到農村；乃開始有『市民千字課』和『農民千字課』的編輯。」

當時在實施平民教育運動，確曾留意到民間文學所具有之教育
意義。

　　平教會所編輯的課本，除文字淺顯易懂外，為引起農民學
習的興趣，內容的取材上，汲取與農民生活有關的歌謠、諺語、
人物傳說等民間文學題材。如《農民千字課》第二冊蒐有歌謠
「一個少年去東鄉，人家騎馬我騎驢，回頭看見推車漢，比前
不足，比後有餘。」第三冊蒐有山歌「一把芝蔴撒上天，肚裏
山歌萬萬千，南京唱到北平去，回來還唱兩三年。」以及「山
歌好唱口難開，櫻桃好看樹難栽，白米好吃田難種，魚湯好喝
網難抬。」❺一兩首。另平教會亦將農諺蒐錄為課本教材，如「長
晴必有久雨，久雨必有長晴。」「黑夜下雨白天晴，打得糧食
沒處盛。」「牆邊地角多種桑，積來兒女縫衣裳。」「春夏不
耕種，秋冬受餓凍。」❺二這些諺語或為氣象諺，或與農業生產

----

❺一　本文摘自中華平民教育促進會總會：《農民千字課》第三冊第三次改正
　　版，上海：商務印書館，1931，頁39。前文有「葉有義騎著驢到西山去
　　逛，正走到山中，觀看風景，忽聽見山溼裏有人唱著山歌。唱的是：……」
　　其編寫方式是以圖畫在先，內容在後，冀由圖畫引起學生學習興趣，以
　　達到識字教育的目的。該書現藏於南京第二歷史檔案館，全宗號236，
　　案卷號89。

❺二　本文摘自中華平民教育促進會總會：《農民千字課》第三冊第三次改正
　　版，第二十四課〈農諺〉，上海：商務印書館，1931，頁57。全文為「什
　　麼叫農諺？就是農人常說的成語。這些話多半是與天氣和莊稼有關係
　　的。今試說出幾個來：（一）長晴必有久雨，久雨必有長晴。（二）黑
　　夜下雨白天晴，打得糧食沒處盛。（三）牆邊地角多種桑，積來兒女縫
　　衣裳。（四）春夏不耕種，秋冬受餓凍。（五）有兒讀書，有地喂豬。
　　（六）農夫不讀書，痛苦無處訴。」究其內容，（五）、（六）兩例應

有關的先民智識，皆為流傳鄉村之間的口傳文學，可見平教會在編輯課本之際，是從農民的生活環境找尋題材。

此外，賦寓教於樂，於民間廣為流傳之笑話故事，平教會亦蒐於平民識字課本之中，如〈驢上挑擔〉：

> 一個鄉下人，騎著一個驢子歸家，還挑著一個担子。許多學生看見了，很不明白，都對他大笑，就問他說：「你騎在驢上，為何還挑著担子呢？」那人說：「我因為驢子馱不起這許多東西，我就替他挑著，因為要他走得快些。」㊺

故事中以詼諧的手法諷刺鄉下人愚昧的一面，似乎意含鄉村民智未開之事實。故事中「鄉下人」與「驢子」皆為北方農村常見之人、物寫照，這說明平教會在編輯課本之際，似乎已參酌定縣農民熟悉之環境與事物。另〈糊塗蟲〉一文，亦是藉由諷刺手法，突顯縣長的愚昧與糊塗。

> 從前有一個縣長很愚笨，可是他自己覺得很聰明。有一天，他打發差人到街上去捉拿糊塗蟲，限三天捉拿三個。頭一天，差人走到街上，看見一個人，騎著驢，自己還

是平教會改編的農諺。

㊺ 〈驢上挑擔〉，見中華平民教育促進會總會：《農民千字課》第2冊，上海：商務印書館，1934，頁17。現藏於南京第二歷史檔案館，全宗號236，案卷號89。

背著一口袋米。差人問他：「你為什麼背著米騎驢？」那個人說：「這樣兒，驢可以省點兒勁。」差人一想，這個人是糊塗蟲，就把他逮住，送到縣長那兒去了。第二天，差人又到街上去找糊塗蟲，找了半天，才看見一個人，很小心的把一頂帽子擱在地上，站起來看了看，又把帽子拾起來；剛拾起來，又很小心的擱在地上。差人就問：「你為什麼把帽子拾起來又擱下，擱下又拾起來呢？」那個人說：「我想給我的頭影兒戴上，可是他怎麼也不肯戴，你能幫著我給他戴上嗎？」差人一想，這又是一個糊塗蟲，得把他逮了去。第三天，差人整在街上轉了一天，也沒找到誰是糊塗蟲。天黑了，縣長出來查夜。有個人把縣長的轎子撞了一下，縣長問他幹什麼去，這樣慌慌張張的。那個人說：「我們家沒有火柴了，我到鄰家去借根火柴！」縣長大怒說：「你借火柴為什麼不打一個燈籠？」那差人一聽，趕緊說：「縣長，第三個糊塗蟲也有了。」縣長說：「在哪兒？」差人說：「在轎子裏頭。」❺❹

　　故事中，自以為聰明的縣長差人於三天內捉拿糊塗蟲三人，本是愚昧之行為，而差人礙於上命難違，只得奉命行事。

---

❺❹　〈糊塗蟲〉，見中華平民教育促進會總會編：《鄉村小學國語課本》第6冊，上海：商務印書館，頁81－83。現藏於南京第二歷史檔案館，全宗號236，案卷號89。

第三天，正適差人苦尋第三個糊塗蟲之際，縣長一句「你借火柴爲什麼不打一個燈籠？」終於讓差人發現縣長正是第三個糊塗蟲。這種類似晉惠帝聞人餓死，而謂：「何不食肉糜？」之笑話，突顯上位者之愚昧與糊塗，也正是諷刺笑話中常見的一例。另〈瞎子摸象〉亦以詼諧的語氣，諷刺瞎子視不見卻又自以爲是的愚昧行爲。

> 人物：一個牽象的人，六個瞎子。
>
> 地點：印度。
>
> （六個瞎子摸象）
>
> 第一個瞎子（摸象腹）：象，和牆一樣。
>
> 第二個瞎子（摸象牙）：不是！象和槍一樣。
>
> 第三個瞎子（摸象鼻）：也不是！象和蛇一樣。
>
> 第四個瞎子（摸象耳）：不是！不是！象和扇子一樣。
>
> 第五個瞎子（摸象腳）：更不是，象和樹一樣。
>
> 第六個瞎子（摸象尾）：都不是！象和繩一樣。
>
> 牽象的人（大笑）哈！哈！（牽著象走了）。
>
> 第一個瞎子：哈！你們都說得不對，所以他笑！
>
> 第二個瞎子：他笑的就是你！
>
> 第三個瞎子：他決不會笑我！。
>
> 第四個瞎子：他笑你們，他沒有笑我，因爲我說對了！
>
> 第五個瞎子：我才說對了呢！他沒有笑我。
>
> 第六個瞎子：只有我一個人沒說錯，你們都說錯了，所

以他笑你們。

六個瞎子（同時說）：追上前去問一問！看他到底是笑
誰！（大家紅漲著臉，你揪住我，我拉著你，一起追趕
牽象的人而去）。❺

　　該則笑話是以劇本形式呈現，描述六個瞎子因對大象片面
的認知，誤以爲自己摸到大象之身體局部，即代表大象的概念。
這種諷刺瞎子的笑話，似乎隱含平教會視「文盲」如「眼盲」
之意思。另平教會所編輯的課本亦蒐錄歷史人物傳說。在人物
取材方面，或宣揚忠孝仁義之精神，藉以培養國人公民道德。
如〈花木蘭〉即是宣傳孝之思想。

　　從前有一個孝女，名叫花木蘭。他沒有哥哥，弟妹都還
很小。有一天國王要他父親去當兵。他想：「父親已經
老了，怎能受得了辛苦！只好我自己改扮男裝，代替他
去吧！」花木蘭，女扮男裝，從軍十二年，很有些功勞。
國王給他官作，她卻要求回到故鄉去侍奉父母。國王便
讓他回家，並且派人護送。花木蘭回到家裏的那一天，
家人沒有不歡喜的。她走進舊日的閨房，換上女裝，再
出來和護送的人相見。那些人看了，大吃一驚。她把代

---

❺　〈瞎子摸象〉，見中華平民教育促進會總會編：《農民高級課本》第2
　　冊，上海：商務印書館，1933，頁16。現藏於南京第二歷史檔案館，全
　　宗號236，案卷號89。

父從軍的原因說了出來，他們才知道，花木蘭原來是個
孝女。❺❻

故事中，花木蘭因父親年老，且無長兄，當國君徵兵之際，
家中苦無男丁可出，只得女扮男裝，代父從軍。該則故事即是
藉此宣揚孝順之思想。另宣揚「知恥近乎勇」之〈周楚除三害〉
亦蒐入其中。

東晉時，陽羨人周楚，年少時勇武有力。他恃著勇武，
橫行鄉里，鄉人常常受他的欺侮。因此大家都痛恨他。
當時陽羨南山裏有隻猛虎，長橋底下有條毒蛟，都常常
出來害人。人們便把周楚算在一塊，說是「陽羨的三害。」
這三害的名稱，不知怎的傳到了周楚的耳裏。他自己想
到：「不料我也是三害之一！我若不努力除去這三害，
還能算一個男兒嗎？」他便上南山，砍死猛虎；到長橋，
射死毒蛟；自己也從此改惡行善，努力讀書，不再欺侮
鄉人了。❺❼

周楚憑恃天生勇武，橫行鄉里，然自聽聞自己被鄉人歸為

---

❺❻ 〈花木蘭〉，見中華平民教育促進會總會編：《農民高級課本》第1冊，
上海：商務印書館，1933，頁44。現藏於南京第二歷史檔案館，全宗號
236，案卷號89。

❺❼ 〈周處除三害〉見中華平民教育促進會總會編：《農民高級文藝課本》
第2冊，上海：商務印書館，1934，頁18。現藏於南京第二歷史檔案館，
全宗號236，案卷號89。

「陽羨的三害」後，乃決心改正，並砍死猛虎，射死毒蛟。這種「知恥近乎勇」之行為，即是平教會所欲宣揚的精神之一。另〈魯達拳打鎮關西〉則是宣揚伸張正義之思想。

鎮關西鄭屠本是一個土豪，無惡不作，無人不欺。善良的老百姓，對他是敢怒不敢言。這一天，來了一位英雄，姓魯名達。這位魯先生，軟的不欺，硬的不怕，專門打抱不平。他假意要向鄭屠買肉，要管教管教這位土豪鎮關西。魯達假意面帶笑，叫了一聲「掌櫃的！你給我割上十斤淨瘦肉，裏去骨來外去皮。多了一兩我不要，少了一兩我不依。還要你自己去動手，將牠剁成爛肉泥。」鄭屠聞言，哪敢怠慢，急急忙忙脫長衣。一把鋼刀拿在手，對準豬肉往下劈。左一刀來右一砍，裏去骨來外去皮。上秤一約，一百六十兩，也不高來也不低。一刀一刀用力剁，將肉剁成爛肉泥。忙用荷葉來包好，再問「魯爺，你還要什麼東西？」魯達說：「再來十斤淨肥肉，照樣將牠剁成泥！」鄭屠聞聽不高興，「莫非是魯達有意把人欺？」我本待不把肉來割，怕他翻臉了不的。低頭一想生巧計，一我好漢不吃眼前屈。又把鋼刀拿在手，夊丫夊丫夊丫，對準豬肉用力劈。一刀一刀切下去，累得鄭屠累濕衣。將肉切好又包起，再問：「魯爺！還要什麼東西？」魯達說：「另外還要十斤肉，肥的瘦的和骨頭，平均每樣要三分之一。再把牠切得不粗又不細，

我拿回家去好做席。」鄭屠聞言，忍不住氣，高叫「魯
達，你是有意把我欺！」渭州城，你也該訪一訪，鎮關
西不是好惹的！魯達說：「非是我故意消遣你，你不該
恃強凌弱把人欺。」你所做所為，喪盡天理，俺今天，
特意來管教你！鄭屠一見，忙向旁邊閃，底下一腳來的
急，使了一個掃膛腿，一下把鄭屠摔倒在地皮；嗆啷啷，
鋼刀扔在地，頭朝東來腳朝西。魯達舉手往下打，一拳
打中鄭屠的酒糟鼻。打得鄭屠鮮血流滿面，大喊「饒命」
像豬啼。魯達不聽那一套，上頭拳打下腳踢。鄭屠這小
子經不起打，口吐鮮血不再呼吸。魯達一見哈哈笑，「看
你還能把善良欺？」許多人們來看熱鬧，都說：「像這
樣土豪惡霸打死真不屈。」❺❽

　　魯達聞聽鄭屠素日魚肉百姓，仗勢欺人，乃假意向鄭屠買
肉，藉此管教這位土豪鎮關西。這種土豪惡霸魚肉鄉民之事，
向來發生於中國社會之中，平教會在編輯課本之際，似乎也考
慮當時的社會背景與農民的心聲，藉此宣傳正義思想，以喚醒
民眾自覺之精神。此外，以故事形式宣傳讀書與教育之思想，
亦見於平教會所編的課本之中。如〈牛角掛書〉：

---

❺❽　〈魯達拳打鎮關西〉，見中華平民教育促進會總會編：《鄉村小學國語
　　課本》第5冊，上海：商務印書館，第24、25課，頁48－52。現藏於南
　　京第二歷史檔案館，全宗號236，案卷號89。

「我沒有錢，讀不起書。」「我想讀書，但是沒有工夫。」
這種說法都是沒有志氣的人才會說。你看那隋朝的李
密，就生長在鄉間貧寒之家。他小的時候，只上了一年
學，便上不起了。但是他「人窮志不窮」。他每天出去
放牛的時候，總是帶著幾本書，掛在牛角上，他便騎在
牛背上看書。後來他讀書成名，做了隋朝的宰相。常言
說得好：「將相本無種」，凡人只要肯發奮努力，立志
上進，沒有不成功的。㊾

　　李密自幼出生貧寒，然知上進，趁每日放牛之際，乃於背
上讀書，終究成爲隋朝宰相。這種勸人讀書之宣傳，正是平教
會推行平民教育的方式之一。另〈武訓〉一文亦是宣傳讀書教
育。

　　清朝末年，山東省堂邑縣有個討飯的花子，名叫武訓。
他恨無力求學，又看到許多的花子，同樣的無力求學。
他心裏十分難過，就立志要興辦義學。他到處討飯，隨
時撿些爛麻回來，打成繩子去賣錢，把錢藏在地下，三
十多年的工夫，積蓄了一萬串錢。他就把這些錢買地建
屋，興辦義學。後來他死了，大家把這個義學改名「武

<hr>

㊾　〈牛角掛書〉，見中華平民教育促進會總會編：《農民千字課》第4冊，
　　上海：商務印書館，1934，頁11。現藏於南京第二歷史檔案館，全宗號
　　236，案卷號89。

訓小學」做為紀念。武訓不過是一個花子，都能創立學校，教育窮人，那境遇比武訓好的人，該當怎樣？❻⓪

武訓因家貧無力讀書，自己深覺文盲之苦，同時又鑒於其他花子無力讀書，乃立志興學，歷三十年之時，積蓄一萬串錢，終至創辦義學。平教會藉武訓興學的故事，除勉勵農民讀書外，似乎也隱喻自己辦窮教育的決心。

除了故事形式外，平教會廣泛運用民間講唱的形式，宣傳平民教育理念，如〈傳染病〉一文，是以七字句宣傳衛生教育的知識與方法。

> 春天許多傳染病，天花白喉最流行。預防天花要種痘，
> 白喉可打清血針。肺炎多由感冒起，感冒可能傳染人。
> 預防要使皮膚健，注意塵埃和氣溫。斑疹傷寒即溫熱，
> 臭蟲蝨子是其根。清潔皮膚和衣服，使他無處可存身。
> 還有麻疹猩紅熱，腦膜炎與百日咳。都是小孩易犯病，
> 一經傳染了不得。鼠疫流行更慘苦，傳播媒體是蚤鼠。
> 預防要把蚤鼠除，疲地交通要停阻。凡人要免傳染病，
> 莫和病人相接近。病人得病要隔離，用物消毒要乾淨。
> 更有蚊子和蒼蠅，乃是人類大敵人。繁盛雖在夏秋際，

---

❻⓪ 〈武訓〉，見中華平民教育促進會總會編：《農民高級課本》第1冊，上海：商務印書館，1934，頁14。現藏於南京第二歷史檔案館，全宗號236，案卷號89。

開始發育都在春。春天一對蚊或蠅，夏秋可成億萬群。
所以撲滅蚊蠅法，要從春天就實行。疫病傳染最可驚，
不用槍刀能殺人。希望大家齊努力，預先防範免災生。
⑥

　　平教會在編輯課本時，亦將衛生教育編入其中，〈傳染病〉
即是仿照民間講唱形式，以通俗淺顯的語句，宣傳農村傳染病
之預防方法。另〈對家庭〉亦是講唱形式，宣傳家和萬事興的
思想。

　　家庭不問人多少，要親要愛要和好。父母對於兒和女，
不但輔養還要教。假如父母太溺愛，兒女一生誤盡了。
為兒為女事父母，要尊要敬要行孝。烏鴉尚且知反哺，
人不孝順不如鳥。兄弟姊妹要友愛，手足不和叫人笑。
夫妻彼此要貞節，才能白頭同到老。丈夫變心納了妾，
和美家庭攪亂了。妻有外心不顧家，人人知道都恥笑。
妯娌姑嫂要和睦，不挑是非不爭吵。主僕之間也相愛，
共同生活少煩惱。人人懂得這道理，和美家庭從此造。
愛國先從愛家起，家和乃是國之寶。⑥

---

⑥　〈傳染病〉，見中華平民教育促進總會編：《市民高級文藝課本》第
　　1冊，上海：商務印書館，1934，頁41。現藏於南京第二歷史檔案館，全
　　宗號236，案卷號89。
⑥　〈對家庭〉，見中華平民教育促進總會編：《市民高級文藝課本》第
　　1冊，上海：商務印書館，1934，頁31。現藏於南京第二歷史檔案館，全

該文透過講唱形式，宣導兄友弟恭、父慈子孝、夫妻相敬、妯娌姑嫂和睦等家庭倫理，從其形式與內容看來，即類似民間流傳之勸世文。

此外，在平教會所編輯的課本中，亦包含鼓詞形式的課文，如改編的〈守株待兔〉一文，即於文前唱道：「你不忙，我不慌。鼓板敲，絲絃響，一段鼓詞要開腔。這一段：不唱楚人助苗長，單表河南宋金郎。」內容除描述宋金郎守株待兔事蹟外，另加入宋金郎抱怨父母不讓他上學堂，以及與妻子宋大娘拌嘴的情節。

> 宋金郎，年歲只有二十四，斗大文字識不了一筐。生就一付死心眼兒，牛犄角裏住家鄉。每日早晨去耡草，毒熱的太陽曬得慌。時常在地頭上瞎抱怨，抱怨自己命不強。想去經商沒有本兒，想去當兵扛不動鎗。王掌櫃曾邀自己去管流水，不會寫算數碼兒又怎麼敢承當？張四借去錢三百，一文一圈畫了滿牆。不怨天來不怨地，只怨自己的二爹娘。你為何不讓我上學堂？不提金郎瞎胡想，再說滿地白薯秧。金郎田中種白薯，蔓粗葉小成色強。這一天他一早就來耡雜草，汗流滿面想歇凉。一棵大樹地頭立，枝粗葉密招風兒凉。宋金郎靠著樹身正打盹兒，忽然發現事一椿：從南跑來了一隻兔，獵犬追得

宗號236，案卷號89。

正心慌；沒看見眼前有棵樹，一下子撞在脖子上。這小兔跑得太用勁兒，腦殼撞碎一命亡。宋金郎正在作財迷夢，一見死兔喜洋洋，急忙向前把兔拾起，背靠著樹身細思量。他想到兔子定有撞樹的癮，他想到兔子肉當菜嘗，兔子皮還可以做衣裳。他想到自己何必去耡草？「守株待兔」豈不比種白薯強？他越思越想越有理，抄起鐵耡拋在一旁。天天跑來等兔子，三個月的功夫，他也不覺得長。兔子到底沒有再等到，他種的白薯可就長得瘋了秧。　不提宋愚守株待野兔，再表表金郎的太太宋大娘。夫婦倆一天拌了三遍嘴，大娘淚流在廚房。別人家夫妻多麼和美，自己的丈夫太不爭強。別人家淨吃香油麵，自己只有一把紅高糧。單等秋後飽吃兩頓烤白薯，如今白薯又長瘋了秧。宋大娘越思越想越生氣，急忙對丈夫開了腔：守株待兔儘由你，我可不能陪伴長。從此後爾為爾來我為我，分居度日兩不相妨。宋金郎聽說此話滿不在意，到死也不肯變主張。妻子去，田野荒，愚人的故事天下揚。㊷

㊷　〈守株待兔〉，見中華平民教育促進會總會編：《鄉村小學國語課本》第6冊，中華平民教育促進會出版，頁43－46。現藏於南京第二歷史檔案館，全宗號236，案卷號89。該文改編自《韓非子·五蠹篇》中之〈守株待兔〉，其內容云：「宋人有耕者，田中有株，兔走觸株，折頸而死，因釋其耒而守株，冀復得兔。兔不可復得，而身為宋國笑。」

該文即改編自《韓非子·五蠹篇》中之〈守株待兔〉，內容則加入宋金郎埋怨父母不讓其上學堂，以致不識字與不會算數。以及宋大娘埋怨宋金郎終日守株待兔而導致二人爭吵，終致「妻子去，田野荒」的局面。故事中亦隱含平教會勸學之意涵存在。

綜而言之，平教會所編輯之千字課本、文藝讀本、鄉村小學國語課本等，或多或少汲取民間文學之素材與形式，可見平教會在推展平民教育之際，已留意到民間文學對於農民生活之影響。一方面試圖從農民熟悉的歌謠、諺語、歷史故事以達到識字教育與公民教育之目的，另一方面則藉由民間文藝形式，以宣傳衛生教育與生計教育。

二、編輯平民讀物

平教會以文藝教育作為治愚的工具，在實施文藝教育之初，首先對平民生活所需要的中國文字進行研究，先後制定通用字表 基本字表、詞表，以及簡筆字的應用。這些基本字表與詞表，即作為編輯平民讀物時的基本字彙。在文字研究工作中，得到平民已用的和常用的字和詞之後，進一步工作即是平民文學的研究。「這項工作的意義是想從流行於民間的文藝中，得到平民已用的文法構造、描繪技術、篇章組織以及其內容所反映的思想和環境。」❻❹工作的步驟，分採訪、研究、刪改、出

---

❻❹ 席徵庸：〈定縣的大鼓詞〉，見李濟東主編：《晏陽初與定縣平民教育》，

版進行。先後採集秧歌四十八齣、鼓詞二〇三段、「歌謠二百餘則、歇後語三百則、謎語三百餘則、諺語六百餘則、故事笑話等百餘則，共約七萬字。」❻這些民間文學題材除出版供民間文學研究者研究外，另一方面則作爲平教會編輯平民讀物的用途。孫伏園在〈定縣的平民文學工作略說〉一文中指出：

> 我們對於民間文學的出版，分為兩種辦法：一種是供研究用的，那是越近於真實越好，無論思想陳腐而至於愚陋，言辭濃豔而至於淫穢，我們一概不避；一種是供推廣用的，那是含有教育意義，民間採來的文學依舊放還到民間去，不但在描繪技術及內容問題上曾加一番注意，萬不得已的時候也不惜更加一番刪改。對於秧歌如此，對於其他民間文藝也如此。❻

　　孫伏園對定縣民間文學是抱持研究與運用的態度，他認爲供研究用之定縣民間文學要盡可能忠於原味，即使「言辭濃豔而至於淫穢」雖不必任其加速流行，然亦應保留其原始風貌，這一點無疑是保留了當時定縣之民間文學。至於供推廣用之民間文學，孫伏園則認爲應注意含有教育意義，必要時也「不惜

　　石家莊：河北教育出版社，1990，頁280。
❻　孫伏園：〈定縣的平民文學工作略說〉，《國立北京大學中國民俗學會民俗叢書》108卷，台北：中國民俗學會複印，1987，頁49。
❻　孫伏園：〈定縣的平民文學工作略說〉，《國立北京大學中國民俗學會民俗叢書》108卷，台北：中國民俗學會複印，1987，頁48。

更加一番刪改。」以期回到民間時能發揮教育之功能。

　　平教會於定縣實施農民教育之際，體會到「從事農民教育的人，除了備具一切近代常識作骨幹以外，一定要披上這一件民間文藝的外衣。」❻因此，在編輯平民讀物的研究上，民間文藝的採集，成爲平教會的重要工作之一。孫伏園進一步指陳：

> 我們打算以農民需要的立場，出版平民讀物一千冊，其中百分之七十是常識，百分之三十是文藝。文藝包含三個部分：一部份是採集得來的或經刪改的民間文藝，一部份是民間已經流行的大部舊小說的原文選錄，又一部份是現代人的創作。這三部份是按著程度的淺深排列的：民間文藝最易讀，舊小說次之，新創作又次之。新創作雖難讀，但比常識還容易；所以凡是常識，無論是關於自然科學的，社會科學的，或是應用科學的，因爲內容的不熟習，一定得放在文藝以後讀。❻

　　按孫伏園說法，佔平民讀物百分之三十之文藝部分，包括採集或刪改之民間文藝、舊小說、新文藝。而具有民間文藝形式之平民讀物，經由編輯完成後，則交由初級平民學校畢業生學生試讀，以求適合農民閱讀之原則。平教會爲使平民讀物便

---

❻　孫伏園：〈定縣的平民文學工作略說〉，《國立北京大學中國民俗學會民俗叢書》108卷，台北：中國民俗學會複印，1987，頁50。
❻　孫伏園：〈定縣的平民文學工作略說〉，見《國立北京大學中國民俗學會民俗叢書》108卷，台北：中國民俗學會複印，1987，頁53。

於攜帶，將其印成六十四開本，就筆者於南京第二歷史檔案館發現之平民讀物，其具民間文學形式者，包括笑話、歌謠、鼓詞、故事等。以笑話而言，現存《民眾笑林》、《民眾笑林二集》等。如〈雪天的對聯〉：

> 一天，下了很大的雪。弟兄二人正在吃飯，哥哥看見雪大，詩性大發，就給弟弟出了一句上聯，叫弟弟對。他的上聯是：「老天下大雪，下雪變成水；下雪變水費功夫，老天何不就下水？」弟弟想了一想，笑著說：「哥哥吃大餅，吃餅變成屎；吃餅變屎費工夫，哥哥何不就吃屎？」[69]

該則笑話中，哥哥因下雪而詩性大發，出了「老天下大雪，下雪變成水；下雪變水費功夫，老天何不就下水？」的上聯要弟弟對。沒想到弟弟竟以「哥哥吃大餅，吃餅變成屎；吃餅變屎費工夫，哥哥何不就吃屎？」來應對。這種利用文句對仗的方式，以「哥哥何不就吃屎？」以引出笑點，在農民生活中，即是一種通俗的笑話。另〈滑稽的轎夫〉是一則諷刺胖子的笑話。

> 鄉間的吳胖子，體重二百餘斤。夏季要結婚。親迎日期到了，車、馬、彩轎、鼓樂、紅燈、彩炮，都已齊備。

---

[69] 趙永澄編：平民讀物第29號《民眾笑林》，中華平民教育促進會印行，1932，頁8。現藏於南京第二歷史檔案館，全宗號236，案卷號93。

　　　　於是走大街，穿小巷，要娶新娘子。吳胖子在轎裏坐著，
　　　　何等快樂，何等光耀！但是天氣炎熱，累得轎夫氣呼呼
　　　　的，上氣不接下氣，渾身汗流。路上正走，吳胖子問轎
　　　　夫道：「你叫什麼名字？」轎夫答道：「我的名字太難
　　　　聽。」吳胖子道：「無妨！請你快快的告訴我。」轎夫
　　　　道：「我的名字叫抬豬。」**⑩**

　　在笑話故事中，胖子因體態關係，常被當成取笑對象。該
文中即以胖子乘轎，累得轎夫上氣不接下氣。當胖子詢問轎夫
名字時，轎夫以「抬豬」回應，即是諷刺胖子重的像豬一樣。

　　就歌謠而言，南京檔案館尚存平民讀物《民間歌謠的研究》
一冊，內容除簡介歌謠起源外，並就歌謠內容區分為兒歌、民
歌、山歌、婦女的歌謠、雜歌等五類。如兒歌類蒐有「一呀！
二呀！倒打連三棍呀！花棍五呀！銅錢數呀！站站六呀！人字
七呀！花花打打，兩丈一呀！兩什麼兩，二馬掌。二甚麼二，
雙夾棍呀！」這是農村社會裏母親教小朋友數數的兒歌。另民
歌則蒐有「寒時清明前一天，夏至三庚便暑伏」，「六月六，
看穀秀」**⑪**等節候歌謠，這些歌謠即是農村中流傳的農諺。此

---

⑩　劉世儒等編：平民讀物第166號《民眾笑林二集》，中華平民教育促進
　　會印行，1932，頁2。現藏於南京第二歷史檔案館，全宗號236，案卷號
　　93。

⑪　上引二文係摘自謝剛主編：平民讀物第69號《民間歌謠的研究》，中華
　　平民教育促進會印行，1932，頁11、14。現藏於南京第二歷史檔案館，
　　全宗號236，案卷號93。

外，另有發表感情，訴說沒有親娘的苦處的民歌。

> 小白菜呀！地裏黃呀，三歲兩歲，沒了娘呀！好好跟著
> 爹爹過呀！就怕爹爹，續後娘呀！續了後娘三年整呀！
> 生個弟弟，比我強呀！弟弟吃肉我喝湯呀！拿起飯盌淚
> 汪汪呀！親娘想我一陣風呀！我想親娘在夢中呀！河裏
> 開花河裏落呀！我想親娘誰知道呀！想親娘呀！白天聽
> 見蟈蟈叫呀，夜裡聽見山水流呀，有心要跟山水走呀，
> 又怕山水不回頭呀。❼❷

　　這是描述幼兒失去親娘，父親續娶，而遭受後娘不平等對
待，心想親娘的民歌。這首歌謠流露濃郁的思親情懷，讀了的
確可以感動人的。另婦女歌謠則蒐有：「紡花車，鑽子蓮，養
活閨女不賺錢！一瓶醋，一瓶酒，打發閨女上轎走。爹跺腳，
娘拍手；誰再要閨女誰是狗！」❼❸這首歌謠透露出傳統社會中
父母重男輕女的觀念，即使是自己親生女，俟閨女上轎後，父
母對女兒的關係竟淪為「誰再要閨女誰是狗！」可見傳統社會
中男女地位之不平等。就平教會蒐集民間歌謠以編輯平民讀物

---

❼❷　見謝剛主編：平民讀物第69號《民間歌謠的研究》，中華平民教育促進
　　會印行，1932，頁18－19。現藏於南京第二歷史檔案館，全宗號236，案
　　卷號93。

❼❸　見謝剛主編：平民讀物第69號《民間歌謠的研究》，中華平民教育促進
　　會印行，1932，頁22－23。現藏於南京第二歷史檔案館，全宗號236，案
　　卷號93。

的動機而言，可以發現平教會是肯定歌謠在平民教育上具有教育與娛樂之價值。

　　就鼓詞而言，平教會亦將採集得來的鼓詞編成平民讀物，包括《三婿上壽》、《打黃狼》、《單刀會》、《馬前潑水》、《小姑賢》等。如《三婿上壽》是寫岳父嫌貧愛富，於壽宴爲難莊稼郎之三女婿，當三女婿被窘住時，三女兒起而批評其父，說明農民之偉大，進而爲夫出氣，意在諷刺嫌貧愛富之岳父。《打黃狼》是自古代寓言《中山狼》改編，描寫小黃狼忘恩負義，傅恆昌急智擒狼之故事，藉以宣導擇友需擇眞君子之思想。《小姑賢》則是寫婆婆折磨兒媳，王登雲奉命休妻，其妹王翠花勸母愛媳。並以自己爲例，道說將來如遇上惡婆婆，母親將做何感想，藉此勸諫母親。且看《小姑賢》中婆婆欺侮媳婦之處。

　　　　太太說：「和上一斤上白麵，你作（做）點兒餃子，作（做）點兒疙疸，再作（做）幾碗炸醬麵，還得給爲娘壓餄餎！今天給我作（做）上四樣麵；我想喫甚麼，你盛甚麼，還不要你攪和！」張鳳霞聞聽此言心害怕，忙堆笑臉兒尊聲「媽！常言說：『巧媳婦難煮無米的飯』，這些東西把兒難煞！五個人只喫一斤麵，這不是安心把兒的錯處挈？」太太聞言發了氣，……打了鳳霞三嘴巴，撲騰騰摔倒就地下，順手揪住青絲髮，上身就用拳頭打，下身就用腳尖踏，拳打腳踏不出氣，嘴又咬來手又掐。

　　婆媳不合向來是傳統社會常見的問題，當婆婆強勢時，媳婦常爲受虐之對象。張鳳霞只因回答「巧婦難爲無米之炊」，竟遭受婆婆拳打腳踢，可見傳統社會中媳婦地位之卑下。而王登雲夾在母親與妻子之間，深怕背負「不孝」之名，只得奉母命休妻。

> 「我就是跟你媳婦生悶氣；小賤人，以小壓大欺負媽。她乃是爲娘的眼中之刺，你給我寫封休書休了她！」王登雲聞聽這些話，忙叫一聲「疼兒的媽！我的妻未曾犯過罪，無故休妻爲甚麼？」太太說：「你的妻不孝公婆第一罪，不敬丈夫罪又加！」古人說：「不孝有三，無後爲大。」小賤人過年一載不生娃娃。我的兒，你快把休書來寫下，一筆休了張鳳霞。

　　王登雲自知母命難違，又自問良心對不起張鳳霞，在百般無奈之際，幸得王翠花之助，勸母疼惜兒媳，而其母終究拗不過女兒以死相逼，最後同意善待兒媳張鳳霞。

> 你把別人的兒女當成牛馬；自己的兒女就是寶貝疙瘩。別人的兒女也是父母養；您的兒女也只有一個媽。母親您這樣偏心眼兒，您還燒甚麼高香，拜甚麼菩薩。母親娘，您思一思來想一想！女兒的言語差不差？不信您看檐前水，滴在原處一點兒也不斜。母親娘再說要休我的嫂，孩兒碰頭染黃沙。王翠花爲她的嫂嫂要尋死；太太

趕忙把她拉。叫聲「女兒且坐下！你的言語一點也不差。為娘從此把過改，好好兒看待張鳳霞。從今後，為娘待人一律平等，怎麼樣兒疼你，我就怎樣兒疼她。我要再把你嫂嫂打，十個指頭爛九哇！我要再把你的嫂嫂罵，嗓子長瘡，把我噎殺！我要再把你的嫂嫂瞪，為娘後來雙眼瞎！家中之事我不管，裏裏外外讓你開發。」翠花說：「母親不要說這話，我姑娘不當娘的家。」家中有事大家商議；上樑正了，下樑就就不斜。一家人只要能和氣，必定是人也興來財也發。❼

　　故事中除突顯婆媳間的矛盾外，並歌頌小姑化解婆媳糾紛的賢德，同時也說明傳統社會中，兒子夾在母親與妻子間無奈。平教會在提倡文藝教育之際，即留心這類勸善的鼓詞，並蒐集整理以編輯平民讀物，其目的即是藉由鼓詞以宣傳優良之道德。

　　除宣導家庭倫理觀念之《小姑賢》外，平民讀物在編輯鼓詞上，亦著重愛國主義之宣導，這類的鼓詞計有《班超定西域》、《國難鼓詞》、《單刀會》等。如《單刀會》中，即描述關雲長單刀赴宴之英雄氣概，藉以激發國人之愛國情操。其文曰：

　　　三國紛紛起狼煙；曹家父子占中原，孫仲謀獨霸東吳數

---

❼　見田三義口述、席微庸記錄：平民讀物第302號《小姑賢》，中華平民教育促進會印行，1935，頁1－54。現藏於南京第二歷史檔案館，全宗號236，案卷號92。

千里，劉玄德帶兵取西川。荊州城，本是西川咽喉路，坐鎮人派的雲長關美髯。孫權想把荊州占，會同文武計議好幾番。魯肅定計，要把關羽賺，才擺宴在陸口大江邊，派了個公人把書下，邀請關公過江赴華筵。下書人來到荊州地，關平將書送與關公看。上寫著：「東吳魯肅三頓首，百拜蜀漢雲長關！我在陸口擺酒宴，請君過江談一談。你要來者真君子，如不來，枉稱三國一大賢。」關公看罷明白了，猜透東吳巧機關，向著公人開言道：「回營去對你主上提我言，就說是關某知道了，來貴營準是明天。」

　　關雲長深知東吳覬覦荊州，魯子敬邀其赴宴必施詭計，然憑其忠肝義膽與周慮準備，乃決定單刀赴會。酒巡之際，魯子敬以「你與皇叔猶如親兄弟；你的話，便是他的言。」欲談荊州事。關雲長乃藉教訓周倉之言，適時拉起魯子敬之手往外走，乃挾子敬以令軍士，及時離開東吳。

> 關公說：「你請飲宴來就飲宴，荊州的事且休談！」……
> 魯肅說：「酒也要飲來，國事也要談判，今天的機會非等閒。你與皇叔猶如親兄弟；你的話，便是他的言。」聰明人也有懞（懂）懂日，這句話，說得關公閉口無言。忽聽背後有人喊，這聲音猶如雷一般……向著魯肅開言道：「膽大子敬休胡言！荊州本是漢家土，豈肯讓他缺殘不宗！想當年，曹操領兵八十三萬，一心要踏平小江

南。咱兩家合兵在一處，同心同力，度過難關，要不是諸葛先生把東風借，小周瑜，那能赤壁破曹瞞，而今你東吳脫了險，便在臉翻。眼前若有東風在，你要荊州，拱手奉還，眼前若無東風在，想要荊州，勢比登天。請飲宴，這些許，許得我周倉不耐煩！」關公聞言心暗笑，假意帶怒把臉翻。「小周倉！爾好大膽！國家大事，豈能由爾發狂言！」用手撩袍忙站起，青龍偃月刀手中端。一把拉住魯肅的手，嚇得他膽戰心驚，如臨深淵。關公帶笑開言道：「魯子敬，今天把你太麻煩！小周倉言語太魯莽，休將此事掛心間！今天時候也不早，請你送我到江邊！」

關雲長藉周倉之言，急中生智，趁機拉起子敬往外走，嚇得軍士不敢放箭，終能平安歸去。其能單刀赴會，處變不驚，乃恃其忠勇與愛國之心使然。

關公連忙一撒手，邁腿跳上大軍船，回頭叫聲「魯子敬！騷擾了你大半天。到荊州，我就修帖柬，也請你赴宴，在咱們大江邊。」魯肅聞言，連說「不敢！雲長公！請你休麻煩！」……關公在船中哈哈笑，「關平兒輩聽心間！」今日雖說是行險，保衛國家，不得不然，我一心為的是大漢，生死存亡，撇在一邊。只要我理直氣壯，臨機應變，那怕他，虎穴與龍潭。我單刀到東吳去赴宴，愧煞了許多外交官。」眾人聞聽齊稱贊，心服口服，喜

歡天。看來做事要有膽，沒膽量枉白算男兒。❼

　　關雲長深入東吳雖知行險，然亦憑藉保衛國家之忠肝義膽
毅然單刀赴會。這種愛國思想之宣傳，正是平教會編輯平民讀
物的目的之一。

　　總之，平教會在編輯平民讀物之際，曾從民間文學中汲取
養分，一方面冀能藉民間文學以了解民眾思想與常用語法，進
而編輯適合民眾閱讀之讀物。一方面則將蒐集而來的民間文
學，經由研究改編，使其再回到民間以發揮民間文學之教育功
能。整個民間文學的蒐集與研究，晏陽初雖非站在第一線蒐集
民間文學，然就其主張文藝教育以及站在執行者立場組織平民
文學部，延請孫伏園主持平民文學部工作，可以說明晏陽初在
從事定縣實驗，確曾留意民間文學之教育意義。

---

❼　見田三義口述、席徵庸紀錄：平民讀物第304號《單刀會》，中華平民
　教育促進會印行，1933，頁1－31。現藏於南京第二歷史檔案館，全宗號
　236，案卷號92。

第六章 陶、晏教育事業平議

五四前後，中國受西方民主、科學洗禮，復以杜威平民主義教育思潮之影響，爲中國營造平民教育運動的有利條件。陶行知與晏陽初即爲五四以來，倡行平民教育運動之教育家，且爲鄉村改造付諸實際行動，其重視平民受教權，除爲開化民智以爲實行共和國權利義務作準備外，其深層內涵實蘊含濃郁之人道關懷與愛民族、愛國家之情操，亦即知識分子教育救國的具體實踐。

第一節 陶、晏二家教育事業之貢獻

陶行知與晏陽初曾同爲中國平民教育運動的倡導者，亦從深入民間與貧苦大眾接觸後，逐漸體悟鄉村教育與鄉村改造的必要，這是時代的趨勢與實驗的經驗使然。就陶、晏二家早期投入平民教育的動機中可以發現，他們都懷有強烈的民族意識，都是在關懷國家民族發展的前提下，致力於平民教育事業。陶行知在寫給其妹文渼的信中即透露出其對國家社會的情感。

> 我本來是一個中國的平民。無奈十幾年的學校生活，漸

漸的把我向外國的貴族的方向轉移。學校生活對於我的修養固有不可磨滅的益處，但是這種外國的貴族的風尚，卻是很大的缺點。好在我的中國性、平民性是很豐富的，我的同事都說我是一個「最中國的」留學生。經過一番覺悟，我就像黃河決了堤，向那中國的平民的路上奔流回來了。……我要用四通八達的教育，來創造一個四通八達的社會。……我深信平民教育一來，這個四通八達的社會不久要降臨了。❶

信中不僅道出陶行知對中國平民教育的使命感，也道出他對平民教育的期許。他深信平民教育一實施，四通八達的社會就要降臨，共和國的理想亦指日可待。同樣懷民族意識而從事平民教育事業，亦反映在晏陽初的身上，他說：

沒有他們（華工）被外人的虐待踐踏，平民教育的問題或者還不能那樣早就被提出；沒有他們的熱心學習，以及受過教育後那種動人的表現，偉大的苦力的「力」就無人去注意，更談不到去發掘。他們教育了當時的留學生，尤其是教育了我，使我立下了終身從事平民教育的宏願。我最初到法國去為華工服務，不過是由於士大夫階級的慈善心情而去的。後來他們不特使我認識了苦力

---

❶ 陶行知：〈創造一個四通八達的社會—給文渼的信〉，見游仲倫等編：《陶行知全集》第8卷，成都：四川教育出版社，1991，頁40—41。

的苦，更使我認識了苦力的力，中國的基礎是苦力，這
種潛在的偉大的「力礦」一旦被掘發，將會把人類帶入
一個新的時代。❷

　晏陽初目睹華工因不識字而遭受各種痛苦後，乃著手實施
華工識字教育，以期解除文盲的不便與困擾。俟其返國後，亦
參酌國情與華工識字經驗，以爲提倡平教事業之依據。他認爲，
每一個中國知識分子都應獻身於平民教育，以解除三萬萬以上
無知苦力之苦，開發苦力之力，唯有如此，方能使國人不受外
人欺侮與鄙視。

　由此可知，陶、晏二家提倡平民教育的動機，實與當時國
弱民貧的時代背景有關。他們處在新舊變動的時局裏，目睹同
袍因不識字而遭受各種痛苦，遂萌教育救國的理念。其提倡平
民教育是基於愛國家、愛民族的歷史使命，亦即關心國家民族
發展的具體表現。

---

❷　晏陽初：〈平民教育運動的回顧與前瞻〉，見宋恩榮編：《晏陽初全集》
第2卷，長沙：湖南教育出版社，1992，頁262。另該文亦云：「那時華
工行動太不檢點，有一次一個華工偷罐頭來吃，被英國軍官發現，拿鞭
子抽打，這邊一面打，那邊一面吃，我看了這種景象，心裡實在難過。
英國人法國人士看不起中國人的，他們把華工叫做『Coolie Corpse』（苦
力，死屍）用來侮辱。我受刺激很大，我想，如果華工都受過良好的教
育，他們根本不會有那種粗鄙的舉動，同時，定會組織起來，發揮團結
力量，用號召罷工等方法，去抵抗一切的侮辱與欺壓的。於是，更堅定
了我從事華工教育的信心。」頁254。

一、回到民間致力平民教育與鄉村改造

　　如前所述,陶、晏二家於倡行平民教育運動之際,皆由實
驗摸索中,逐漸觸及平民教育核心,亦即發現平民教育應由城
市走向民間,農民應為平民教育對象之主體。陶行知認為,中
國以農立國,十有八九住在鄉下,平民教育是到民間去的運動,
是到鄉下去的運動。早在民國十三年(1924),陶行知已提出
平民教育應到民間去的口號,按其構想,即利用寒暑假時間號
召大學生回鄉宣傳平民教育與勸讀《千字課》,然當時尚未將
平民運動的重心放在鄉村教育之上。民國十五年(1926),陶
行知陸續發表〈中華教育改進社改造全國鄉村教育宣言書〉、
〈我們的信條〉、〈中國鄉村教育之根本改造〉等文,意味其
自平民教育運動轉向鄉村教育運動與鄉村建設之始。至於晏陽
初於提倡平民運動之後,亦發現農民應為平民教育之主體。他
說:「中國大部分的文盲,不在都市而在鄉村,中國是以農立
國,中國大多數的人民是農民,農村是中國百分之八十五以上
人民的著落地,要想普及中國平民教育,應當到農村裡去。」
❸民國十五年(1926),晏陽初與平教會同仁亦將城市平民教
育運動推展至河北定縣,並於翟城村開展鄉村教育與鄉村建設。

　　但陶、晏二家所致力於平民教育運動的方法,兩者卻有其
特殊性與相異性。陶行知於推行平民教育之後,逐漸發現培養

---

❸　晏陽初:〈中華平民教育促進會定縣工作大概〉,見宋恩榮編:《晏陽
　　初全集》第1卷,長沙:湖南教育出版社,1989,頁245。

鄉村師資的重要性，他認爲鄉村學校是中國改造鄉村生活之中心，欲改造中國社會必先改造鄉村教育。過去中國師範學校多設於城裏，培養出一群不願下鄉服務，不能吃苦的師範生，而這種師範體制注定是要徹底失敗。爲此，他與趙叔愚等，於曉莊成立試驗鄉村師範學校，主張以鄉村學校做爲改進鄉村生活的中心，以鄉村教師爲改造鄉村生活的靈魂。試圖藉由鄉村師範學校的教育，培養一群具有農夫的身手、科學的頭腦與改造社會精神的教師。欲使每一個畢業生將來能負起改造一個鄉村的責任，進而達到改造整個中國的理想。

陶行知以改造鄉村教育入手，試圖改造中國社會的理想，因與當時國民政府的政治立場產生扞格而歸於失敗。自此，陶行知的政治立場，雖影響其日後的教育運動，卻無法撼動其提倡大眾教育的熱忱。曉莊被封後，陶行知暫逃日本，返國後仍致力於普及教育運動的推展，提倡科學下嫁運動、組織工學團、新安旅行團等。其後，又因時制宜，提倡國難教育運動、戰時教育運動、全面教育運動、民主教育運動等。陶行知的教育事業中，雖然各運動時期與名稱各異，然其最終目的皆爲促進中國教育之普及。

相較於陶行知設立曉莊師範學校，培養改造鄉村建設人才，晏陽初亦藉由平教會所組織之學術團體，對定縣進行科學研究，試圖從調查、研究、實驗、表證、推行等步驟，尋出改造鄉村社會的方法。他認爲，定縣實驗應跨越農民識字教育之基本要求，進一步謀鄉村之建設；換句話說，在農村辦教育，

固然是重要的，然就破產之農村，非同時謀整個的建設不可。就本質而言，定縣實驗是晏陽初改造社會的實驗室，是就人民生活進行研究實驗，並將研究所得經驗，得出改造方案以貢獻於國家社會。其跨出象牙塔，走入泥巴牆的下鄉運動，曾獲得一群知識分子的迴響。誠如當時社會輿論之評論：

> 這是迄今為止中國歷史上最宏大的一次知識分子遷往鄉村運動，帝制科舉出身持有者、中國大學教授、學院院長和國家機構退休工作人員，以及許多美國重點大學的博士和碩士們，紛紛離開城裡的職位和舒適的家，來到偏僻的定縣農村，尋找復興古老落後的人民生活的方法和途徑，從根本上實現民主。❹

晏陽初與平教會同仁願意放棄優渥的生活條件，下鄉與農民打成一片，即是基於知識分子教育救國的使命感，而這股博士下鄉的風潮，則為知識分子與老百姓中間搭起跨越鴻溝的橋樑，奠定平教會日後在定縣實驗的基礎。

陶行知與晏陽初同致力於平民教育與鄉村改造事業，雖因時局動盪與政治干預而歸於失敗命運，然其洞悉「教育為立國之根本」，主張教育普及之思想，在當時社會不啻為進步之思想，而其推動之教育事業，也為病入膏肓的中國，注入一股希

---

❹　晏陽初：〈中國平民教育運動的總結〉，見宋恩榮編：《晏陽初全集》第2卷，長沙：湖南教育出版社，1992，頁210。

望的強心劑。

二、參酌國情自成教育理論與方法

　　自鴉片戰爭失敗以降，外國勢力隨中國門戶洞開而入侵中國境內，雖帶動中西文化進一步交流，卻也促使中國社會秩序、政治制度、禮俗習慣遭受更大的衝擊。知識分子在面臨前所未有之大變局，提出各種改革之道，其中或提出師夷長技以制夷，或主張復古以挽救動搖之政局，或堅持全盤西化以應時代之需。雖方法各異，立論亦欠周詳，然殊途同歸，皆為知識分子救亡圖存之愛國主張。

　　就教育而言，近代中國教育制度在歷經洋務運動、維新運動、辛亥革命、五四運動之改革，雖掙脫千年科舉之枷鎖，設立各級新式之學校，卻仍存教育無法普及，鄉村文盲充斥之問題。究其因，實與新式教育不合國情，以及帝國主義勢力入侵，加速農村經濟瓦解有關。換言之，知識分子在譯介西方教育制度之際，未能參酌中國國情與需要，只是一味地將西方教育制度硬套在中國國民之上，這種未能顧及中國普遍「窮」的因素，自然無法達到教育之普及。

　　陶行知與晏陽初，咸認為欲推行其教育事業，勢必設計一套適合中國國情需要的教育理論與方法，方能達成教育普及之目的。早在民國十一年（1922），陶行知即對中國的學制提出批評。他說：「我國興學以來，最初仿效泰西，繼而學日本，民國四年取法德國，近年特生美國熱，都非健全的趨向。學來

學去，總是三不像。……我國的舊學制，多半應當改革；但因
國中特別情形，或亦有斟酌保存之處。」❺他反對沿襲陳法，
儀型他國的教育制度，主張於取法新教育制度之際，亦應參酌
舊有之制度。這種兼顧中西文化差異，重視現實層面因素的唯
物史觀，亦反映在其教育事業之上，其〈曉莊試驗鄉村師範學
校創校旨趣〉一文中有深入指陳：

> 現在有一點我們應當注意的，就是以前的教育，都是像
> 拉東洋車一樣。自各國回來的留學生，都把他們在外國
> 學來的教育制度拉到中國來，不問適合國情與否，只以
> 為這是文明國裡的時髦物品，都裝在東洋車裡拉過來，
> 再硬灌在天真爛漫的兒童心坎裡，這樣兒童們都給他弄
> 得不死不活了，中國也就給他做得奄奄一息了！我從前
> 也是把外國教育制度拉到中國來的東洋車夫之一，不過
> 我現在覺到這是害國害民的事，是萬萬做不得的。我們
> 現在要在中國實際生活上面找問題，在此問題上，一面
> 實際工作，一面極力謀改進和解決。本校全體指導員及
> 同學，都是抱有這樣一個目標，所以毅然決然的跑到這
> 個荒僻的鄉下來。我們認定必須這樣，將來中國的新教

---

❺　陶行知：〈我們對於新學制草案應持之態度〉，見金成林等編：《陶行知全集》第1卷，成都：四川教育出版社，1991，頁39。

育才能產生呢！❻

　　陶行知認為，過去留學生帶回來的教育，是不參酌國情的洋八股教育，是害國害民的的事，唯有參酌中西教育制度的優劣，才能創出適合中國的新教育。此外，其〈中國普及教方案商討〉亦云：「認定中國是個窮國，必得用窮的方法去普及窮人所需要的粗茶淡飯的教育，不用浪費的方法去普及窮人所不需要的少爺、小姐、書呆子的教育。」❼可見陶行知於推行其教育事業是參酌國情需要而制定教育方法。這一點亦反映在其生活教育理論，他認為中國向來所辦的教育，完全走錯了方向，它教人民讀書卻不知運用，結果教育出一群書呆子。其主張「生活即教育」、「社會即學校」、「教學做合一」是要打破傳統教育的藩籬，要教與學打成一片。過去教育忽略生活與學校以外的教育，落入老師教、學生學的俗套，結果造成教育與實際生活不能配合。換言之，傳統教育淪為知識分子科舉考試的工具，是不合國情需要的教育。

---

❻　陶行知：〈曉莊試驗鄉村師範學校創校旨趣〉，見蒲家駒等編：《陶行知全集》第2卷，成都：四川教育出版社，1991，頁356。另〈今日之幼稚園〉亦云：「我們一方面在這裡幹，我們一方面還要吸收別人的經驗，我們要把英國的、法國的、日本的、義大利的、美利堅的……一切關於幼稚教育的經驗都吸收過來，我們來截長補短冶成一爐，來造一個『今日之幼稚園』！」頁473。

❼　陶行知：〈中國普及教育方案商討〉，見金成林等編：《陶行知全集》第3卷，成都：四川教育出版社，1991，頁281。

陶行知認爲,在中國辦教育必須考慮中國政治與經濟問題,在窮中國必須以窮方法去辦教育。因此,他設計出一套適合中國需要之普及教育方法。包括廣設平民讀書處,解決民眾無法配合平民學校時間讀書之問題與免除舟車來往之苦,以提供平民識字讀書更便利之處。其次,運用小先生、傳遞先生、知識分子等文化細胞,以即知即傳的方式,構築整個文化網。並善用祠堂、廟宇、會館等地,以爲教育大眾之場所。他認爲,茶館裏的說書、碼頭上的壁報、戲園裏的戲劇表演、學校裏的流通圖書館等地,皆可做爲普及教育的方法。此外,陶行知亦因時制宜,先後就國內局勢提倡國難教育、戰時教育、全面教育運動、民主教育等運動。更因地制宜,提出工學團組織、山洞教育主張,同時因人制宜,創辦難童學校等。這些方法都是參酌中國國情與酙衡中國經濟所設計出來的普及教育方法。綜而言之,陶行知的生活教育理論與教育方法,即是在批判傳統教育與斟酌國情需要,所開闢出來的一條教育蹊徑。

反觀晏陽初之教育理論,早在其推行平民教育之際,即主張根據國情,以設計一套屬於中國平民需要之教育方式。他說:「平民教育是我國特有的教育問題,非抄襲東西洋而來,要想抄襲,亦無從抄襲。只有根據本國國情、人民心理而定教育的目標、方法與進行的步驟。」❸他強調,在中國辦平民教育,

---

❸ 晏陽初:〈平民教育概論〉,見宋恩榮編:《晏陽初全集》第1卷,長沙:湖南教育出版社,1989,頁129—130。

必須參酌中國國情與人民心理以擬定計畫與實施步驟，他在〈誤教與無教〉一文中，進一步闡述此觀點。他說：

> 中國數千年來的舊教育，現在已經整個地推翻了，可是新教育尚未產生。現在所謂「新教育」並不是新的產物，實在是從東西洋抄襲來的東西。日本留學生回來辦日本的教育；英美留學生回來辦英美的教育，試問中國人在中國辦外國教育，還有什麼意義？各國教育，有各國的制度和精神，各有它的空間性與時間性，萬不能亂七八糟地拿來借用。現在的學生是在學日，學美，學英，弄得一塌糊塗。學非所用，用非所學，所以許多大學生都在失業，而國家復鬧人才缺乏的恐慌。人找不著事，事找不著人，這是充分去模仿外國的結果，整個教育因此破產。❾

　　晏陽初認為，中國人向來所辦的洋化教育，是移植西方的教育模式，猶如在中國辦外國教育，這種不根據國情而盲目抄襲西洋式的舶來教育，終導致教育破產。事實上，晏陽初並非全盤否定西方教育的價值，而是反對盲目地抄襲洋化教育制度。按其構想，要推行鄉村教育，不應拿外國教育去教農民，而應創造一種中國式教育，一種以中國藥醫治中國病的教育方

---

❾　晏陽初：〈誤教與無教〉，見宋恩榮編：《晏陽初全集》第1卷，長沙：湖南教育出版社，1989，頁465。

式。其主張的中國式教育並非沿襲陳法的傳統教育，亦非儀型
他國的洋化教育，而是主張在汲取西方教育經驗之際，應同時
參酌中國社會背景，以探索出適合中國的教育方式。

晏陽初的四大教育理論，成熟於定縣實驗時期。民國十八
年至二十六年（1929—1937）期間，其與平教同仁實際深入民
間向老百姓學習，希望藉由學習中認識問題、研究問題，進而
協助人民大眾解決問題。他認為，要當人民的先生，首先要做
人民的學生，要化農民，得必先農民化。從研究實驗中，晏陽
初歸納出中國人普遍存在愚、窮、弱、私等四大問題，他認為，
百分八十的中國人未受教育，以致民愚；多數人民在生與死的
夾縫中掙扎，以致民窮；多數人民缺乏衛生觀念，以致民弱；
多數人民缺乏道德陶冶及公民訓練，以致民私。他深知此四大
弊病不除，中國建設事業將無法開展。為解決中國四大弊病，
晏陽初提出文藝教育以救愚，生計教育以救窮，衛生教育以救
弱，公民教育以救私等四大教育主張，並結合學校式、社會式、
家庭式等三大教育方式連環運用，以謀人民素質之提高，以期
達到鄉村之改造。

此外，晏陽初認為，「整個鄉村改造工作的目的是發揚平
民的潛伏力，要他們運用自身的力量去改造自己的生活。……
要從平民最迫切的問題入手，從他們所知道並能理解的地方開
始，在他們現有的基礎上來進行改造。」❿為此，他延請李景

---

❿　晏陽初：〈鄉村改造十大信條〉，見宋恩榮編：《晏陽初全集》第2卷，

漢就定縣農業、物產、文化、政治、衛生、風俗習慣等情況進
行科學化的調查，並特別注意四大病症，隨時加以研究分析，
以提供平教會各部門參考，並作爲制定工作計畫之依據。就晏
陽初重視定縣社會調查工作的情況看來，可以發現他是要從調
查資料中，釐清農民的生活模式與思想語言，進而以農民熟悉
的生活模式去教育農民。這種鄉村教育與鄉村建設制度，即是
晏陽初結合中國國情所設計出來的教育理論與方式。誠如宋恩
榮所言：

> 「定縣實驗」前後達十年之久。通過實驗他們探索出一
> 整套適合於中國國情的鄉村教育與鄉村建設的制度，創
> 造了鄉村平民學校、生計巡迴訓練實驗學校、大隊組織
> 教學法、導生傳習制、表證農家，以及學校式、社會式、
> 家庭式等具有鮮明中國特色的教育教學形式。他們還編
> 製了不同程度不同對象使用的字表、詞表、簡化漢字，
> 以及各種類型的平民千字課本、農民千字課本、歷史圖
> 說、國族精神等一系列平民教材。從教育入手，對農業
> 生產、農業衛生、保健、社區組織、縣政改革進行一攬
> 子實驗，總結出教育、科技與農業生產結合，學校教育
> 與社會教育互補以及農村教育基礎化、經濟化、普遍化
> 等一系列經驗，有力地促進了上個世紀前半葉全國的鄉

長沙：湖南教育出版社，1992，頁562。

村教育與鄉村建設。**⓫**

　　晏陽初四大教育理論，是於定縣實驗過程中參酌國情所得
的結果，是改造鄉村的指導方針，其實驗平民學校制度與三大
教育方式等，亦具有鮮明的中國特色，可見晏陽初的教育理論
是衡量中國國情後所形成的。而陶行知的生活教育理論與晏陽
初的四大教育理論，皆形成於鄉村教育階段，他們不媚古、不
崇洋，從實際生活中，去研究適合中國需要的教育方式。這種
汲取西方科學的教育觀點，並參酌中國國情而成的教育理論，
在當時無疑是一種進步的教育理論。

第二節　陶、晏二家教育事業平議

一、陶、晏二家教育理念之差異

　　陶行知與晏陽初同為近代教育家，就其畢生從事教育事業
而言，皆為解決平民大眾教育問題而努力。從二人早期從事平
民教育運動看來，他們有一段時間是彼此相知相惜的。誠如陶
行知〈建議聘晏陽初為總幹事－給朱其慧先生的信〉所云：「關
於總幹事一事，聞青年會已有復信說明該會不能讓晏陽初應聘
之理由。知行覺得此職除晏君外實無相當人才，務請再具懇切

⓫　本文摘自宋恩榮：〈序言：「世界公民」－晏陽初與賽珍珠〉，見《告
　　語人民》，廣西師範大學出版社，2003，頁2。

之函向青年會交涉。該會對於平民教育如此熱心，實堪欽佩，但究屬局部之進行。故為國家教育計，為充分運用人才計，晏君應該捨青年會而就總會之職。」⓬陶行知為推展平民教育運動，建議朱其慧聘請晏陽初擔任總幹事一職。可見當時陶行知對晏陽初從事平民教育運動實驗抱持肯定的態度。然而隨著政治立場與教育理念日漸分歧，二人確也因此分道揚鑣。陶、晏二人雖未言明彼此心結產生之原因，然從其文章中，似乎可看出彼此存在著誤會。如晏陽初於〈平民教育運動的回顧與前瞻〉一文中所云：

> 由於當時政治環境的關係，我的工作曾經被人誤解過，有人以為我是借平教會來傳教的，也有人懷疑我與蘇聯有著什麼關係。記得有一天熊夫人和陶知行二人來到會所，要審閱全部工作文件。原來他們得到會內打字員的報告（該青年為陶知行外甥），說是我寄外國信件中有Russian字樣，其實是那個打字青年之誤認，後經熊夫人侄兒將所有英文信件全都譯為中文，誤會始告冰釋。我當時想「士可殺而不可辱」，打算馬上辭職，後經熊夫人的鼓勵與自己的慎重考慮，為了平教工作，決定仍忍氣吞聲地幹下去。我與熊夫人，是兩個時代的人物而相處共事，由於對平教工作的共同信念，一個「肝膽照日

⓬　陶行知：〈建議聘晏陽初為總幹事—給朱其慧先生的信〉，見游仲倫等編：《陶行知全集》第8卷，成都：四川教育出版社，頁17。

月」的青年，終於被熊夫人了解了。❸

　　晏陽初雖未言明該事件是造成二人誤會之因，然從其特別強調「該青年爲陶知行外侄」，似乎透露出晏陽初對陶行知的不滿，尤其他強調「爲了平教工作，決定忍氣吞聲地幹下去」更顯出他對該事件之耿耿於懷。隨著政治局勢的丕變，陶、晏二人因教育理念的分歧，亦逐漸浮出檯面。如陶行知對晏陽初平教事業西移提出嚴厲的批評。其於〈大眾教育問題〉一文云：

> 再如定縣也掛起大眾教育的招牌，所謂平民教育或民眾教育，可是大人先生教育逃走了。國難沒有來，他們還在那裡，國難的消息傳到領袖的耳朵，領袖專家就想逃走，他們也知道要逃走，師出無名是不可以的，於是想來想去，想出縣單位的試驗提高到省單位的試驗的法子。這樣一來，領袖們專家們便逃到廣西了，逃到四川去了，而用不著顧慮輿論的指責了。……河北省是定縣的所在地，也是國防的最前線，危險萬分，在這裏才真正是試驗省單位，才真正做救國的工作，為什麼不提到河北省做省單位試驗而提到廣西去、提到四川去，還不是逃走嗎？幾百萬元給他們花掉了，幾十萬農民給他們拋棄了！大眾不能逃避現實，他們要保護自己的生命、

---

❸　晏陽初：〈平民教育運動的回顧與前瞻〉，見宋恩榮編：《晏陽初全集》第2卷，長沙：湖南教育出版社，1992，頁266。

自己的田莊、自己的財產。教育要居於領導的地位才對，而現在定縣的教育領袖跑了，這是絕大錯誤！真的大眾教育要從現實中找出題材，針對著現實，這也可說大眾教育和小眾教育不同的地方。**⓭**

　　陶行知對於定縣淪陷之後，晏陽初與平教會部份同仁移往後方的行為十分不滿，不僅批評其行為「假省單位試驗之名義，行逃走之實」，更譏其為「教育的逃走」。他認為，真正的平民教育應該於最危險之際與平民站在一起，那種逃走的教育是平民不需要的教育，是變相的平民教育。他甚至希望這種逃走的教育逃得越遠越好，「頂好是逃到堪察加去。」可見陶行知對於晏陽初與平教會的撤退行為是不諒解的，更可看出二人教育理念分歧之脈絡。

二、陶、晏二家教育事業之平議

⓭　陶行知：〈大眾教育問題〉，見錢學文等編：《陶行知全集》第4卷，成都：四川教育出版社，1991，頁54。另陶行知：〈教育逃走〉亦云：「還有定縣平民教育促進會更是神通廣大，據我所知道的他們早已開始向四川、廣西、廣東活動。那不消說他們是『擴充範圍』，『增設實驗區』。但是定縣也有許多說老實話的人，承認這是變相的逃走。我們知道平民教育和高等教育不同。高等教育可以跟著高等華人一起逃光，平民教育卻不能這樣乾脆。真的平民是逃不掉的。如果教育逃得掉，那便是平民所不需要的教育。平民所不需要的教育，逃得越遠越好，頂好是逃到堪察加去。這樣我們才剩下純粹的大眾的生活鬥爭，即純粹的大眾的生活教育。」見金成林等編：《陶行知全集》第3卷，成都：四川教育出版社，1991，頁723。

　　大抵一種教育理論的提出，抑或教育事業的推展，皆非十分圓滿，批評它的人易挾帶個人情緒與政治立場，而讚美它的人則易陷於人情與環境的壓力。事實上，一點缺憾都沒有的教育理論與事業，只有在烏托邦世界方能尋覓得到。二、三十年代，陶行知與晏陽初在中國掀起一股平民教育與鄉村建設熱潮，他們皆由平民教育運動出發，亦同樣走入鄉村教育與鄉村改造。然而，隨著教育理念分歧與政治環境的丕變，兩人卻從同志走向分道揚鑣的局面。陶行知向左靠攏，成為國民政府眼下的叛亂分子。反觀晏陽初則因與美國關係良好，並曾與中國國民黨合作，成為共產黨大加撻伐的右傾分子。尤其兩岸分治後，部分學者基於政治的考量，對於兩者之教育事業，不免帶有政治色彩的批判，且易淪為政黨辯護而有失公允。如今「哲人日已遠，典型在夙昔。」陶、晏二家之教育事業亦由絢爛歸於平淡，對於二家教育事業之平議，也應撥開政治外衣，還原其真相。

　　對於陶、晏二家的教育事業評論部分，自二十年代始，即有明顯的分歧。就陶行知教育事業而言，如前所述，不免挾帶評論者的政治因素與守舊態度，尤其陶行知因「和記洋行」事件，支持工人罷工，拒絕交出具共黨身分之學生，因而被劃為叛亂分子，實影響其教育事業評價。民國十九年（1930）陶行知為國民政府通緝。該通緝令曰：

　　　　為曉莊師範學校校長陶知行勾結叛逆，陰謀不軌，查有

密布黨羽，冀圖暴動情事，仰京內各軍警、各機關，一律嚴緝，務獲究辦。此令。❺

同時，南京警備司令部亦以「曉莊師範學校違背三民主義、勾結反動軍閥」公告，飭令停辦曉莊學校，並緝拿反動分子。

照得曉莊師範學校違背三民主義，散發反動傳單，勾引反動軍閥，企圖破壞京滬交通。本部為維持首都治安計，曾飭令暫時停辦，以待整理，並商同教育部查照辦理在案。此乃愛護學校之至意，原冀該校員生等悔悟前非，靜候教育部辦理。乃迭據報告，該校師生等執迷不悟，於教育部接收整理之際，竟敢非法組織委員會，發布宣言，四出誘惑，希圖擴大反動風潮，實行破壞京滬交通，擾亂社會秩序，似此目無法紀，充滿反革命思想與行為，實屬不可救藥。茲奉明令，將該校勒令解散，並查拿首要反動分子，以肅法紀而遏止亂萌。除飭軍警遵照執行外，合行佈告周知。❻

國共鬥爭時期，陶行知因支持群眾運動而蒙上「勾結叛逆，

---

❺　該令蒐於陶行知：〈護校宣言〉，〈附一：蔣介石以『國民政府』名義對陶行知下的通緝令〉，見蒲家駒等編：《陶行知全集》第2卷，成都：四川教育出版社，1991，頁573。

❻　該文蒐於陶行知：〈護校宣言，附二：南京市警備司令部的布告〉，見蒲家駒等編：《陶行知全集》第2卷，成都：四川教育出版社，1991，頁573。

陰謀不軌」的罪名，並造成曉莊學校被封，就其情感而言，無
疑是更加反對國民政府的作風，此乃陶行知不見容於當局，甚
至被羅織叛亂罪名的因素。即使如此，卻無法撼動陶行知日後
推動普及教育之決心，誠如其所言：「曉莊的門可封，他的嘴
不可封，他的筆不可封，他的愛人類和中華民族的心不可封。」
❶除受國民政府政治力的干預外，民國三十八年（1949）以後，
陶行知教育學說也曾由於共產黨「『左』的錯誤思想影響，……
曾遭批判。以後，陶行知的教育學說便成了『禁區』，無人敢
於問津。」❶可見陶行知的教育事業與學說皆曾遭受政治的干
預，因此在評論陶行知的教育事業，若忽略當時的時代背景，
則易陷於意識形態之爭而有欠公允。

　　除去政治的因素外，陶行知的教育事業大抵是受肯定的，
尤其國難期間，其秉持教育救國的精神，甘冒生命之險與大眾
站在一起。其冀圖藉由教育以喚醒民眾共禦外侮的精神，更突
顯其愛國情操。誠如近人葉昕所言：「在風雨如磐、民族存亡
的國難時期，陶行知把身家性命置之度外地投入到抗日救亡之
中，表現了大無畏的革命英雄主義氣概和崇高的民族精神，從
國難教育到戰時教育，他的教育理論與教育實踐是與民族命運
緊密相聯的革命的理論與實踐、創造的理論與實踐，具有民族

---

❶　陶行知：〈護校宣言〉，見蒲家駒等編：《陶行知全集》第2卷，成都：
　　四川教育出版社，1991，頁571。
❶　見中國陶行知研究會編：《陶行知教育思想研究文集》之前言，北京：
　　人民教育出版社，1985，頁1。

性、革命性、人民性和創造性，在中國人民革命史冊上留下了不可磨滅的光輝一頁。他勇赴國難的愛國情操，革命鬥志，尤堪爲後世楷模。」⑲另熊賢君在〈陶行知早期『教育救國』思想論略〉一文中，除就其教育救國的具體實踐，給予正面的評價外，亦就其改良主義教育的理想化，提出批評。他說：

> 我們必須正視陶行知在「教育救國」思想指導下所做的大量實際工作。陶行知不同於在高牆深院緊鎖的研究機關深居簡出的教育理論「發明」者，也不同於喋喋不休高喊「教育救國」藉以抵制革命的人，而是紮紮實實的「教育救國」的實際工作。……事實證明，陶行知企圖通過普及教育來改造社會，完全是不切實際的幻想，孤立無援的教育是難以救國或推動社會改革的。但是實踐也說明，不注重教育的革命也是不可能成功的。因此，對陶行知「教育救國」的思想應該給以科學合理的定位，予以實事求是的評價。⑳

綜而言之，陶行知是秉持教育救國的理念進行其教育事業，就精神層面而言，他是愛國主義的具體實踐，關於此點，應給予正面的評價，然其試圖藉由教育來改造整個社會，無疑

---

⑲　葉昕：〈陶行知和抗日救亡〉，《江蘇教育學院學報（社會科學版）》，1995年第3期，頁36。

⑳　熊賢君：〈陶行知早期『教育救國』思想論略〉，見周洪宇等編：《陶行知與中外文化教育》，北京：人民教育出版社，1999，頁332－333。

是過於理想化，也註定其教育事業終歸失敗的命運。而這種相
信「教育救國」的認知，也正是其教育事業尤待商榷之處。

　　反觀晏陽初之教育事業，亦同樣存在政治因素的批判與守
舊勢力的抵抗，批評他的人，多就平教會於定縣實驗的事業給
予正反不一的評價。如時任國民黨中央委員張繼，曾就定縣事
業給予嚴厲的批評，他認為定縣事業，「直不啻一騙人東西，
誰從當地經過就請誰去參觀。」「考其成績，實不過一隅之發
展，何補於整個之農村？」按其結論：「鄉村事業，歐美已行
之有素，可資借鏡，不必閉門造車，獨出新裁。大可取人之長，
補己之短，放大眼光作去，由中央及各省縣共同努力，完成整
個鄉村建設。」㉑民國三十八年（1949），中華人民共和國主
政大陸以後，晏陽初亦受到嚴厲批判。如《重慶新華日報》先
後刊登指責晏陽初言論。批評其為「美帝國主義利用來侵略中
國的一個理想人物」是「直接受美帝國主義指使，向中國人民
巧妙地施行文化經濟、軍事、政治侵略的『奴才』」是「美帝
國主義的走狗」是「打起『學者』招牌，披上『改良主義』外
衣的『江湖客』。」㉒諸如此類批評，無疑是挾帶政治的色彩
而予以苛責，欠缺持平觀點。另守舊人士亦站在保守的立場，
給予負面的評價，如時任北京大學教授燕樹棠於《獨立評論》

㉑　轉引任鴻雋：〈定縣平教事業平議〉，見《獨立評論》第73號，1933年
　　10月22日，北平刊。
㉒　參見宋恩榮：《晏陽初教育思想研究》，瀋陽：遼寧教育出版社，1994，
　　頁352。

上發表〈平教會與定縣〉一文指陳：「平民教育會在定縣教育
上的貢獻，充其量不過是在數百村莊之五六村莊中的小學裡邊
附設了幾班識字班，讀讀他們的『千字課』而已，嗚呼哀哉，
平民教育會『除文盲』喊聲和成績！……平民教育會在定縣的
成績，全係有名無實，全是冒功買名的宣傳。」❷按燕樹棠說
法，他是全盤否定平教會於定縣實驗的任何成績。而這種完全
站在守舊立場的批判，蔣廷黻曾於《獨立評論》上發表〈跋燕
先生的論文〉予以反駁。他說：「我以爲燕先生這段批評由於
偏信定縣的失意的小政客和舊紳士，以他們的言論作爲老百姓
的言論。如我們以這般人的言論爲社會公論，那鄉村的改革是

---

❷　燕樹棠：〈平教會與定縣〉，見《獨立評論》第74號，1933年10月29日，
　　北平刊。除燕樹棠嚴厲批評外，另有持較溫和的批評。如憂患生〈定縣
　　之謎〉：「對於定縣友誼的批評，善意的批評，有二點是值得我們大家
　　注意的；一是定縣方案太新，太外國化，太不適合中國國情；一點是定
　　縣工作太新，太瑣碎，沒有一個整個的政策，通盤的籌畫。定縣上層領
　　袖差不多都是留學生，他們的學問，他們的態度，他們的生活，自然和
　　定縣農民有點懸殊。定縣士紳之不了解平教領袖，不了解平教工作，這
　　個新舊隔閡自然是一個主要原因。同時平教會過去工作，有時也免不了
　　採用外國的態度，以致言之過甚，操之太切，不適合於遲遲其行的中國
　　農村社會。……定縣工作沒有一個一定目標，一個一貫政策，以致五花
　　八門，甚麼玩意都有，甚至亂七八糟，互相衝突，互相重複的地方，也
　　是在所不免。從一方面看起來，這種東補西湊的辦法，不會有什麼偉大
　　成績的，即使有了成績，也不過是一個垃圾堆，香的臭的，好的壞的什
　　麼都有。」憂患生：〈定縣之謎〉，見《獨立評論》第97號，1934年4
　　月22日，北平刊。

永無希望的；因爲他們利在維持原狀。」㉔

　　除批評者意見外，平教事業亦受到部分贊成者正面之評價。如周作人在參觀定縣後指陳：「我對於經濟政治種種都是外行，平教會的成績如何我不能下判斷，但是這回我看了一下之後，對於平教會很有一種敬意，覺得它有一絕大特色。以我所知在任何別的機關都難發見的，這便是它認識的清楚。平教會認清它的工作對象是農民。……平教會的特色，亦是普天下所不能及的了不得處，即是知道清楚這些事情而動手去做。」㉕周作人對於平教會清楚認識其工作對象爲農民，曾給於高度評價。吳相湘亦肯定晏陽初的教育貢獻。他說：「晏陽初主持創立的定縣實驗研究工作，在中國一甚至世界歷史上是空前未有的壯舉。他和許多高級知識分子抱定誠心、熱心、虛心的精神，自都市深入鄉村，與農民共同生活和工作，向農民學習一切。企望將這一『活』的研究場獲得的結論，提供全國各地農村改造作根據。這實在是一具革命性、奮鬥性、生命力的最新嘗試；等於在人跡未到的大莽叢林中，闢劃出新途徑一樣，是艱苦的，極容易迷路的；然而成功以後的影響卻是非常深遠的。」㉖

―――――――――――

㉔　蔣廷黻：〈跋燕先生的論文〉，見《獨立評論》第74號，1933年10月29日，北平刊。

㉕　周作人：〈保定定縣之遊〉，見《國聞周報》第12卷第1期，1935，天津刊。

㉖　吳相湘：《晏陽初傳—爲全球鄉村改造奮鬥六十年》，台北：時報文化

　　此外，另有持中庸觀點的批評，一方面肯定晏陽初「教育救國」的精神，一方面則就其改良主義思想的理想化，提出分析與批評。如宋恩榮曾說：「晏陽初與當時的一些鄉村運動的參與者，是一群真誠的愛國者。他們為國家的貧弱而憂，為民族的不振而痛，為列強的入侵而憤。他們將西方的科學技術、思想文化吸收到自己的愛國思想理論體系中，運用到農村社會改良的實踐中。……在他們推行改革計畫的時候，有時雖然也不得不借助政治的力量，但從他們的全部歷史來看，他們仍然保持了其獨立的學術態度。他們雖無推翻現存政權的決心，但在主觀上，也無依附政權，為現存政權粉飾的願望。」❷❼宋恩榮對晏陽初教育救國的愛國熱誠基本上是抱持正面的肯定態度，但是對於其試圖以改良主義解決中國社會問題的的觀點則

出版企業有限公司，1986，頁307。

❷❼　宋恩榮編：《晏陽初教育思想研究》，瀋陽：遼寧教育出版社，1994，頁386－387。另千家駒在〈定縣的實驗運動能解決中國農村問題嗎？〉一文中，也提出中庸的觀點。他說：「我們的批判僅限於平教會之把實驗運動評價得太高，以及他們對中國社會認識之根本錯誤而言。至於定縣實驗工作之全部，我是沒有菲薄的意思的。反之，他們那種實驗的刻苦精神，與他們之肯把工作目標從大都市移轉到鄉村，實深值得我們的同情。他們整個的哲學雖不免於錯誤，但其實驗工作之某幾部分，例如保健制度，平民讀物等等卻無疑地已經得到相當的成功，值得我們介紹到別的鄉村去推行。但如果以為這種局部的技術上面的成功，就足以解決中國農村破產的問題或解決中國社會的根本問題時，那就無疑地是一個幻想了。」千家駒編：《中國農村經濟論文集》，見《民國叢書》第2編，經濟類第35卷，上海書店，1990，頁35。

提出質疑。他批評道：「晏陽初的和平建設的方案反映了那個時代許多知識分子對改革時弊的美好願望。……他們的理論與方法，客觀上反倒麻痺了群眾的反抗意識，消蝕了農民的鬥志，最終不能如他們所設想的那樣，徹底地改造鄉村，復興民族。由於晏陽初對中國社會的矛盾只看到一些表面症候，未能作出科學的分析，未能診斷出社會病症的根本原因，所以他開列的醫治社會疾病的處方，也只是治標不治本的一時補救之術。他們的種種努力，恰恰說明了改良主義對中國複雜社會問題的無能為力。……在社會的根本的經濟制度、政治制度沒有改變之前，一切改良都是沒有出路的。」❷⑧

　　持平而論，在烽火連天的中國，晏陽初願意褪去西裝，與

---

❷⑧　宋恩榮編：《晏陽初教育思想研究》，瀋陽：遼寧教育出版社，1994，頁383—384。另周春燕：〈晏陽初與平民教育運動〉亦云：「晏陽初所倡導的這場平民教育運動，實質上是一次『教育救國』的嘗試，它試圖通過『文藝、生計、衛生、公民』四大教育改造農民，發掘民眾腦礦，從而達到復興農村，振興民族的目的。平教運動最終還是不了了之，這固然是由於『連一張安靜的書桌都放不下』的時局不允許平教派做『田園式』的美夢，但究其實質是因為平民教育運動不可能救當時的中國。在滿目瘡痍的舊中國，單單依靠教育的改良是不可能醫治百病的。平教派視教育為拯救中國的唯一良藥，這種片面誇大教育功效的觀點，實際上是從杜威教育改造社會觀點在中國的翻版。平教派在定縣的試驗雖然促進了當地的農業經濟的復甦，但對當時的整個中國農業衰敗的現狀無異於杯水車薪。歷史已經證明，走『教育救國』的道路在中國是行不通的。」周春燕：〈晏陽初與平民教育運動〉，見《鎮江市高等專科學校學報》第13卷第1期，2000年3月，頁38—44。

農民站在一起，並為政府負起教育平民的責任，其愛國與奉獻的精神是值得肯定的，但是他忽略中國複雜的社會與政治問題，冀圖以教育方式來改造社會，則顯出過於理想化，這也是其教育試驗歸於失敗的重要原因。

第三節　陶、晏二家教育理論與民間文學關係

一、理論層面

陶行知畢生致力於教育事業，先後提倡平民教育、鄉村教育、普及教育等運動，其目的是以教育來改造社會。他重視小孩與老百姓在教育上的地位，主張以小先生來輔助教育的普及，同時，重視平民的思想與平民的語言，提倡大眾語文以教育民眾。他認為，「生活即教育」，「社會即學校」，凡是與生活有關的事皆是教育的範疇，平常被擯棄在課程以外的事物，也應該受到注意。他不看輕民眾的思想與民眾存在的價值，主張下鄉與農民打成一片。其思想透露出人道關懷，以及教育救國的使命。就陶行知的生活教育理論與民間文學的關係而言，他並未明確的提出兩者之間的關係，亦未主張研究民間文學的言論，因此，若貿然將陶行知歸為民間文學家，抑或民間文學的倡導者，立論似乎尚顯不足。然其主張「生活即教育是承認一切非正式的東西都在教育範圍以內」，以及將學校伸張

到大自然大社會裡去活動，提倡大眾語、重視民眾的思想等，則隱約看出他是不否定與生活有關係的民間文學。

相較於陶行知生活教育與民間文學關係之模糊性，晏陽初所提出的文藝教育理論，則彰顯出文藝教育與民間文學關係之明確性。他在回答賽珍珠的訪問時曾說：「我們對民歌和民間文學做了專門研究，……那些是真正有生命力的民間文學，雖然從來沒有文字記載，但卻代代流傳。我們從那些能背誦或會唱某些民間文學的人那裡得到它們，並讓我們的作家逐字逐句地將其記錄下來。這種學習有助於我們的作家更好地了解我們民族的文化。從民間文學中，他們發現我們中國人的許多真、善、美的品德。」❷⁹可見晏陽初在從事定縣實驗時，曾經留意到民間文學與教育之間的關聯性，並肯定民間文學是具有生命力的文學。此外，他認為，文言文是不適合平民大眾的語言，必須提倡大眾語言，為民眾編寫適合他們閱讀的讀物，才能達到教育普及的目的。他說：

> 中國有著豐富的文學寶庫，但都是用文言文寫的，因而，不是為人民大眾寫的。對所有人來說，戲劇是民主的，因為人人都看得懂，但文學卻只為上流社會和文人學士所欣賞；即使是白話文，目前也只為知識分子和學生階層而出版，而且從詞彙到內容都遠遠地超出人民大眾的

---

❷⁹ 〈告語人民〉係賽珍珠對晏陽初的採訪稿，見宋恩榮編：《告語人民》，廣西師範大學出版社，2003，頁330。

接受能力。因此，我們的平民文學部要為平民寫故事和其他文學作品。**❸⓪**

　　晏陽初認為傳統文學是上流社會的文學，不適合平民教育的需要。因此，他主張以大眾文為平民編寫故事和文學作品，這一點正與陶行知提倡大眾語文的立場是一致的。

　　晏陽初的文藝教育理論，是為解決民眾愚的問題，其方法是從文字與藝術教育著手。從研究當中，筆者發現，晏陽初在從事教育事業之際，曾對民間文學著墨甚深，雖然他並非站在第一線調查研究民間文學，但是卻領導平教會同仁對定縣民間文學進行調查研究，其中，就平民文學而言，包括由李景漢對定縣社會概況進行調查，訪得秧歌名角劉洛便，蒐得定縣秧歌四十八齣，另由席徵庸對定縣進行鼓詞調查，訪得一鼓詞家田三義，紀錄短篇三十五篇、長篇三篇，總計約六十餘萬字。另由沈傑三、彭秉衡就定縣兒歌進行調查，蒐得三百二十五則等，高樹勳蒐集瞎子唱曲，現存於南京第二歷史檔案館之資料，共計曲譜四十二首、歌詞一百零九首、大鼓三首、落子二首等。另蒐集歇後語、謎語、諺語、故事、笑話等。可見晏陽初在從事教育事業之際，曾留意定縣民間文學，並試圖藉由民間文學以了解民眾想法與民眾語言，進而汲取民間文學素材編輯平民讀物。他為改造鄉村教育，更於平教會下設立社會調查部、平

---

❸⓪　賽珍珠：〈告語人民〉，見宋恩榮編：《告語人民》，廣西師範大學出版社，2003，頁329。

民文學部等組織，不僅為民眾編輯大量的平民讀物，同時也適時保存了定縣的民間文學。

二、教材部分

陶行知雖然未明確主張民間文學，但是從其編輯識字課本的內容與其詩歌風格，則可看出民間文學的影子，這說明當時社會環境中，民間文學是普遍流傳的。陶行知處在當下，自然受到民間文學的影響，另一方面，則說明陶行知為大眾寫識字課本，是基於民眾想法與民眾需求而汲取民間文學養分。

就識字課本而言，陶行知共編輯《平民千字課》與《老少通千字課》兩種。前者是陶行知與朱經農為推行平民教育所合編的識字教材。由於平民教育著重在培養平民識字能力，以及訓練平民行使共和國的權利義務的能力，因此，內容不乏生活週遭所發生的故事，以及宣傳公民教育的題材。這些故事，正是從民間文學素材汲取而來的。試看觀音寺門口的算命先生，即是民間常見的行業與事例。

> 觀音寺門口，坐著一位先生，牆上寫了五個大字：「第一仙命相。」兩面還有一副對子，是：「談談而去；問問何妨。」看的人也不知多少！都說這位先生是「活神仙」。他一天到晚測字、看相、算命、忙的吃飯也沒有功夫，所以收進來的錢，有七八千文之多。他家裏很有餘積，住的地方，也是高樓大屋。那天早上十點鐘的時

候，第一仙戴了一副眼鏡，穿了一身藍布大衫，正坐在
觀音寺大門口高談命相：「這個生得不好，那個人長得
不錯；這個命是要發財的，那個命是要生兒子的。」大
家正在那裡讚嘆他的本事高明，能知道過去未來。忽然
來了一個少年，很急的對第一仙說：「你家裏起了火，
快快回去罷！」大家都嚇了一跳。第一仙馬上就跑到家
裏去，一看家裏並沒有失火的事！後來回到觀音寺去，
人家就來問他：「你為什麼不知道自己家裏的事呢？❸

　　故事中觀音寺裏的算命先生，自詡為第一仙，平時為人看
相、測字，卻測不出少年的謊言愚弄，證明算命只不過是術士
招搖撞騙的伎倆。陶行知以平民生活所發生的事例，蒐錄其編
寫的千字課本中，其目的即是以平民熟悉的事，以簡單的基礎
字彙，教育民眾識字及破除迷信的陋習。另何老太太念觀音亦
是嘲諷迷信的一篇笑話。

　　何老太太到了年老的時候，天天念觀世音，早上晚上都
要念一千遍。何老先生聽了他念，心裡很不耐煩，就要
想個主意，把他的迷信去掉。有一天早上，何老太太念
過了觀音，正要吃早飯，只聽得何老先生連聲不住的叫
他說：「夫人！夫人！夫人！……」何老太太也不住的

---

❸　陶行知：〈為什麼不知道自己的事呢〉，見龔思雪等編：《陶行知全集》
　　第5卷，成都：四川教育出版社，1991，頁88—89。

回他說：「什麼？什麼？什麼？……」他還是「夫人！
夫人！夫人！……」不住的叫著；何老太太也只好不住
的回他說：「什麼？什麼？來了！來了！你有什麼要緊
的事呢？」他一面說，一面走到丈夫那裡來問他為什麼
要這樣叫。他老不說別的，只是「夫人！夫人！夫
人！……」不住的叫，一連叫了幾百聲。何老太太氣得
不得了，說：「你為什麼鬧到這樣？怕不是發了痴嗎？」
何老先生看見他的夫人動了氣，也就不叫了。笑著對他
的夫人說：「我今天叫你不過幾百聲，你就這樣動氣，
說我發痴，觀世音每天要給你叫幾千聲，怎會不動氣？
怎會不當你發痴呢？」何老太太頓時明白，以後不再念
觀世音了。❸

故事中何老先生為破除太太迷信的習慣，以連聲不住地叫
「夫人！夫人！夫人！」以喚醒何老太太思考迷信的行為，其
運用民間故事形式，諷刺一般人迷信的無知，就本質上而言，
即是宣傳科學的精神。

《平民千字課》除宣傳科學精神外，亦蒐錄了民主、法治、
忠孝節義等故事類型，其目的不僅為培養民眾識字能力外，亦
含有道德教化以及宣傳共和思想的意義。相對於故事形式，陶
行知亦運用順口溜的形式編寫中華民國的疆域。

---

❸ 陶行知：〈何老太太念觀音〉，見龔思雪等編：《陶行知全集》第5卷，
成都：四川教育出版社，1991，頁64—65。

中華民國領土多，聽我唱個疆域歌。直隸境內風景好，
萬里長城永定河。山海關外是奉天，鳳城遙接柳條邊。
奉天東北有吉林，森林千里綠成陰。吉林西北黑龍江，
白山黑水道路長。直隸之南是山東，孔孟都生此省中。
山東南境接江蘇，東鄰黃海南太湖。江蘇之西是安徽，
產茶產米土地肥。安徽南面有江西，廬山鄱陽風景奇。
浙江年年聽海潮，西湖秀麗雁蕩高。福建更在浙江南，
閩江環抱武夷山。福建西南接廣東，梅開庾嶺晚霞紅。
廣西邊塞有龍場，陽明遺愛莫能忘。廣西之西有雲南，
滇池柳色雨中看。雲南北去入四川，夔門劍閣隔雲煙。
更從巴蜀下襄陽，湖北名城數武昌。洞庭飛渡入湖南，
七澤三湘雁陣寒。山西省有太行山，戰史爭傳娘子關。
河南名都有洛陽，萬花如錦月如雙。潼關之西為陝西，
華山秦嶺與天齊。又從陝西入甘肅，青海在西蒙古北。
新疆大河塔里木，河水包環大沙漠。京兆境內設國都，
西山遙對昆明湖。熱河綏遠察哈爾，民國改為特別區。
更加川邊與西藏，合成中華輿地圖。❸❸

　中國廣大文盲除了目不識丁外，對當時中國的疆域亦缺乏
了解，因此，造成日軍侵華，百姓仍顯出事無關己的態度。陶
行知認為，這是平民對中國疆域的認識不夠，並非缺乏愛國心。

---

❸❸　陶行知：〈中華民國疆域歌〉，見龔思雪等編：《陶行知全集》第5卷，
　　成都：四川教育出版社，1991，頁194—199。

因此,陶行知在編輯平民千字課時,仍注意喚醒平民的愛國心,其方法之一即是宣傳中國疆域的範圍。由《平民千字課》的內容可以看出,陶行知在編寫識字課本時,著重識字與公民教育部份。其因是為培養共和國公民行使權利義務做準備。

相較於《平民千字課》之於平民教育運動,《老少通千字課》則是陶行知在通行普及教育運動時所編寫的識字課本。是一本適合老人家與小孩子閱讀的識字課本。究其內容,《老少通千字課》則較《平民千字課》通俗簡單,內容形式則包含民歌、兒歌、謎語等民間文學素材。如〈湖南民歌〉:「檀樹扁擔鐵骨頭。挑頭花生挑頭油。挑頭花生妹香口;挑頭油來妹梳頭。」〈三歲小孩〉:「三歲小孩穿紅鞋,搖搖擺擺上學來;板凳沒有坐得熱,『先生,先生我要回家吃點奶。』」謎語〈影子〉:「有個黑姑娘,一身黑到底,拳頭打他他不痛;腳尖踢他他不理;繡花針也挑不起。」這些民間文學素材形式簡單,內容活潑,都是具有寓教於樂的生活教材。此外,另蒐有小說、傳說故事等題材。如〈好了歌〉:

世人都說神仙好,只有功名忘不了。古今將相在何方?荒冢一堆草沒了。世人都說神仙好,只有金銀忘不了。終身只恨聚無多,及到多時眼閉了。世人都說神仙好,只有嬌妻忘不了。君生日日說恩情,君死又隨人去了。世人都說神仙好,只有兒孫忘不了,痴心父母古來多,

孝順兒孫誰見了。❸❹

　　〈好了歌〉是節錄《紅樓夢》裏，道士所唱的一段道情。另徐文長故事中的〈下雨天〉亦蒐錄其中。

> 有一個人在人家做客。說好明天要去了。到了明天又下起雨來了。這人就在牆上寫了十個字：「下雨天，留客天，留我不留？」主人討厭他，要他滾，換了一個法子斷句，說：「下雨天留客，天留我不留。」客人一看，不肯離開，又換了一個法子斷句，說：「下雨天，留客天，留我不？留！」主人看了，只好再留他一天。❸❺

　　這篇故事取自徐文長軼事。故事中客人與主人藉由斷句相互鬥智，最後客人技高一籌，主人只好再留他一宿。

　　此外，就作詩風格而言，亦可看出陶行知的詩作受到民間文學影響之處，例如鋤頭舞歌、鐮刀舞歌、農人破產之過程、農夫歌、鳳陽花鼓調等，都是在地方民歌調的基礎上，依聲填詞而來的歌曲。如鋤頭舞歌即是依南京山歌調改編而成的歌曲，內容宣傳農民革命的思想。

> 手把個鋤頭鋤野草呀；除去野草好長苗呀。依呀嗨，呀

---

❸❹　陶行知：〈好了歌〉，見龔思雪等編：《陶行知全集》第5卷，成都：四川教育出版社，1991，頁412、415。

❸❺　陶行知：〈下雨天〉，見龔思雪等編：《陶行知全集》第5卷，成都：四川教育出版社，1991，頁407—408。

嗬嗨，除去野草好長苗呀。呀嗬嗨，依呀嗨。五千年古
國要出頭呀；鋤頭底下有自由呀！依呀嗨，呀嗬嗨，鋤
頭底下有自由呀！呀嗬嗨，依呀嗨。天生了孫公做救星
呀；喚醒鋤頭來革命呀。依呀嗨，呀嗬嗨，喚醒鋤頭來
革命呀。呀嗬嗨，依呀嗨，革命的成功靠鋤頭呀；鋤頭
鋤頭要奮鬥呀！依呀嗨，呀嗬嗨，鋤頭鋤頭要奮鬥呀！
呀嗬嗨，依呀嗨。光棍的鋤頭不中用呀；聯合機器來革
命呀。依呀嗨，呀嗬嗨，聯合機器來革命呀。呀嗬嗨，
依呀嗨。**㊱**

　　鋤頭舞歌是陶行知依南京山歌調所改編的民歌，內容保留
了山歌調的幫腔，其目的乃是藉由農民熟悉的山歌調，以宣傳
其教育理念。就形式而言，陶行知運用舊瓶裝新酒的方式，改
編民間歌謠。

　　綜而言之，《平民千字課》與《老少通千字課》都是陶行
知為推行平民教育與普及教育所編輯的識字課本。從其中的內
容可以看出，陶行知汲取民間文學素材的例子，亦可說明他援
用民間文學素材以推行教育運動的例子。而其詩歌中亦雜揉民
間文學的分子，更顯得通俗自然。就以上所舉事例，可以看出
陶行知運用舊瓶裝新酒的方式，吸收民間文學養分並改編民間
文學之處，證明陶行知確曾受到民間文學的影響。雖然陶行知

㊱　陶行知：〈鋤頭舞歌〉，見龔思雪等編：《陶行知全集》第5卷，成都：
　　四川教育出版社，1991，頁787。

並非有意的提倡民間文學，但是就其編輯的識字教材內容與詩歌風格而言，他看到民間文學與民眾的關聯性，並運用民間文學於教育事業。

　　反觀晏陽初於青年會平民教育科工作之際，即思考如何使平民教育成為經濟、簡單、基礎的基礎教育，他認為以當時中國有百分之八十的國民，連最低限度的文字都不識，更遑論其他國家興革之大事。因此，平民教育運動的首要工作，即是識字教育。為此，晏陽初參酌民間日用文件、白話文書刊、小說、戲劇、民歌、告示等常用字，與陳鶴琴所編之《語體文常用字匯》相參証，選定千餘字以編成《平民千字課》兩本。而這兩本識字課本，復經朱經農、陶行知續編，成為平教會所編行的四本《平民千字課》。換言之，陶行知與朱經農合編之《平民千字課》，即是在晏陽初所編之千字課的基礎上編訂而成的。**❸❼**

　　晏陽初身為平教會之總幹事，其教育事業與民間文學的關係，主要建立在設立組織以蒐集定縣民間文學，並藉由學者的分析研究，選擇具有道德教化的民間文學素材進行改編，以提

---

❸❼ 晏陽初：〈平民教育運動的回顧與前瞻〉：云「《平民千字課》當時只編出兩本，尚須續編，後由友人幫忙，共成四本，復經多次修訂才成為以後平教會所編行的《平民千字課》。這風行全國的四本《平民千字課》，編寫的經過，是不平凡的，裡面包含有中國不少知名教育家的心血，像朱經農、陶行知、瞿菊農、孫伏園諸先生，均曾先後參與其事。」見宋恩榮編：《晏陽初全集》第2卷，長沙：湖南教育出版社，1992，頁260。

供平民閱讀的讀物，進而達到平民教育的目的。事實上，晏陽初並非站在第一線去採輯民間文學，而是透過平教會的組織去從事民間文學研究。其中如設立社會調查部，延請李景漢、張世文等就定縣人口、經濟、文化、風俗習慣等進行調查，並將調查結果，交由各部門進行研究，以擬定鄉村改造方法。其中，就民間文學的收穫而言，曾訪得秧歌名角劉洛便，以口述方式蒐得定縣秧歌劇四十八齣，並出版《定縣秧歌選》約五十萬言，這些秧歌劇「不但有許多故事的結構寫得很好，而且辭句也非常流暢，有的真是絕妙的平民文學，而有研究的價值。」❸❽李景漢於定縣蒐集秧歌劇，不僅有助於了解平民的思想與娛樂，也適時地保存定縣的民間文化遺產。其中不乏優良的民間文學作品，如〈朱洪武放牛〉是描述馬秀英發現朱洪武為真龍天子，並於牛棚中討封的愛情故事。

> 馬秀英唱：你給我們做活二年半，還有半年沒做清。家鄉住處你跟我講，你姑娘把你另眼看承。
>
> 朱洪武唱：未曾講話先把恭打，叫一聲姑娘要你聽。提起家來家鄉遠，說我無名也有名。家住河南開封府，朱家莊上有門庭，爹姓朱來娘姓寶，所生我洪武一個人。落地兒就妨死我的父，三生日四歲妨死娘親。妨死娘親無處投奔，北察寺裏長成人。清晨起來打掃佛殿，十八

---

❸❽ 本文摘自李景漢編：《定縣秧歌選》，見婁子匡編：《國立北京大學中國民俗學會民俗叢書》第37卷，台北：東方文化出版社，1971，頁2。

家羅漢都欠身。師兄弟看破我，他們說我洪武是妖人。
手持禪杖望外赶（趕），將我赶（趕）出一寺門。討飯
討到馬家莊上，遇見員外馬善人。把我領到你家下，領
到你家當牛君。白天放牛還好受，夜晚喂馬費辛勤。那
一日我到在山坡上，遇見先生劉伯溫。他給我洪武算了
一卦，他說洪武坐南京。不知道是真還是假，昏昏沉沉
過幾冬。姑娘要有破衣爛裳，捨的牛君好過冬。

馬秀英唱：……我這小襖許你舖來許你蓋，就是不許你
白天穿著行。要著老爺知道了，管保你死來我活不成。
紅綢子曉襖遞過去。

朱洪武唱：朱洪武接在吾的手中。我在牛棚落了坐，

馬秀英唱：只得上前去討封。走上前來我拱手拜，雙膝
跪在一牛棚。你若面南登龍位，你封奴家我佔那宮？

朱洪武唱：牛棚沒有金鑾殿，牛棚沒有臥龍庭。牛棚沒
有文官武將，杖憑什麼把你封？

馬秀英唱：牛棚比作金鑾殿，牛槽比坐（作）臥龍庭。
牛羊比作文官武將，杖憑這個把吾封。

朱洪武唱：好一伶俐馬小姐，讓我在牛棚把你封。久後
面南登龍位，封你昭陽佔正宮。

馬秀英唱：叩罷頭來把主謝，謝過我主你把奴封。❸⑨

---

❸⑨　本文爲劉洛便口述，蒐於李景漢輯：《定縣秧歌集》，見婁子匡編：《國
　　立北京大學中國民俗學會民俗叢書》第37卷，台北：東方文化出版社，

　　朱洪武因幼時潦倒淪爲乞丐，幸得馬家員外收留，而得以維生，該齣秧歌內含眞龍天子之神話故事，反映出中國人迷信的一面，是民間文學中常見的故事題材。

　　除李景漢蒐得四十八齣定縣秧歌劇外，晏陽初亦於平教會設立平民文學部，延請長於平民文學而有編輯經驗的孫伏園主持該項工作。該部是文藝教育工作的主要部門，負責文字研究、編輯平民學校教材與平民讀物，以及《農民報》、《平民字典》等工作。定縣實驗期間，孫伏園曾指示席徵庸等人，對定縣大鼓書進行探訪，並蒐集當地流行唱本。一方面將蒐集而得的原始資料，一字不改整理出版，以提供民間文學者研究之用，一方面就內容與形式進行研究，以做爲平民讀物的參考資料。這些改編的平民讀物包括《小姑賢》、《打黃狼》、《馬前潑水》等，即是定縣當時流行的民間文學。如《馬前潑水》：

> 朱買臣凌煙閣上把美名標。官居本郡做太守，奉旨意回鄉祭祖走一遭。到城東遇上個貨郎張別古，他給天仙把信捎。玉天仙他聽說前夫得中了，扔了棗條摔了瓢。慌里慌張來得快，趕到城南八里橋。跪在馬前苦哀告，說是為妻我又來到了。朱買臣勒馬留神看，原來是天仙亂叨嘮。我先前三番五次把你勸，你心毒意狠賽過鋼刀。你言說尖腦袋不能戴爺家的烏紗帽，溜肩膀不能穿爺家

1971，頁252－253。

的蟒龍袍。到如今我這蜊蛄腰繫著的是爺家藍田玉，我
這報喪腿登著爺家的靴皂廟。你要不是別門去改嫁，這
時候掌印夫人你也當上了。天仙說你別當我別門去改
嫁，只當我串了個門子又回來了。尊聲有福有量的丈夫
把我收下罷，自幼兒的夫妻情不薄，買臣說你懂得夫妻
的情義重，馬前給一潑下水一筲。你要收起這筲水，掌
印的夫人還是你當了。婦道人家見識淺，那怕十筲共八
筲。朱買臣吩咐快潑水，嘩啦潑了水一筲。天仙一見那
敢怠慢，捧了又捧包了又包。那有撒水還收得起，連泥
帶水收了半筲。羞愧難當通紅的臉，舉頭碰死在草橋。
馬前潑水是漢朝的事兒，嫌貧愛富的婦道要記牢。❹

　　馬前潑水即是自朱買臣休妻故事改編而成，係田三義口
述，席徵庸紀錄的一段鼓詞，內容敘述朱買臣窮困潦倒，其妻
玉天仙要求休之，以圖再嫁。其後朱買臣科甲顯榮，玉天仙要
求團圓不成，終因羞憤碰死於草橋。故事中告誡世人勿嫌貧愛
富，寓有道德教化之義。這種寓教於樂的平民讀物，即是平教
會汲取民間文學素材的例子之一。

　　鼓詞之外，平教會平民文學部亦蒐集民間笑話以編成平民
讀物。其目的即是取其幽默、警惕之意。藉此引起平民閱讀之

---

❹　田三義口述，席徵庸紀錄，胡儀齋編：平民讀物第245號《馬前潑水》，
　　平教會平民文學部，1934，頁13—15。該書現存南京第二歷史檔案館，
　　全宗號236，案卷號93。

興趣，以收教育之効。如平民讀物第二十九號《民眾笑林》，蒐錄十九篇笑話，內容多令人莞爾之故事。如〈賽跑得來的金錶〉：

> 某甲胸前帶了一隻金錶。有人問他，是多少錢買的。他說：「不是買來的，是賽跑得來的。」那人又問他說：「多少人一齊跑？」某甲說：「一共三個人；第一名是我；第二名是警察；第三名是丟錶的人！」❹

故事中，雖未言明某甲偷金錶，然從其回答：「第二名是警察；第三名是丟錶的人！」即可推判某甲所得金錶是偷來的。另平民讀物第一六六號《民眾笑林二集》亦蒐錄十八篇笑話。如〈以多為勝〉：

> 老胡雖是青年，卻極蠢笨，因為年景荒旱，田地不得收成，求人在在商舖學個買賣，以度生活；後來有人替他薦在一家棺材舖內，學作買賣。有人來買棺材，一看之後，便問道：「這一具多少價目？」老胡語：「五十元」。那人給四十元買妥。老胡說：「這口壽材，實在沒賺您的錢，下次您多買幾口就是啦！」那人一聽大怒，回手要打他，老胡連忙說：「您別打，我們作買賣，是以多

---

❹ 趙水澄編：平民讀物第29號《民眾笑林》，平教會平民文學部，1932，頁7—8。該書現存南京第二歷史檔案館，全宗號236，案卷號93。

為勝啊！」**㊷**

故事中，老胡學做壽材買賣卻不知變通，以為凡做買賣皆應以多為勝，殊不知民間社會視壽材為禁忌，不可勸人多買。該則笑話即是藉由壽材買賣，以諷刺老胡的愚蠢。其帶有諷刺與教育的意義，使讀者能在輕鬆幽默的情境下，達到寓教於樂之效，這也正是平教會汲取笑話以編輯平民讀物的因素之一。

此外，平教會平民文學部亦發現歌謠對於民眾生活之影響，乃蒐民間歌謠以編輯平民讀物。如平民讀物第六十九號《民間歌謠的研究》，即介紹歌謠的起源、內容。其中就婦女歌謠部分，有描述傳統婦女對婚姻無奈及苦楚的歌謠。如：「小煙袋，橫穗多。打點酒，你去喝。喝醉酒，打老婆。打死老婆你怎過？使響器，吹喇叭，笛笛打打再娶個！」有描述生女不值錢的歌謠。如：「紡花車，鑽子蓮，養活閨女不賺錢！一瓶醋，一瓶酒，打發閨女上轎走。爹跺腳，娘拍手；誰再要閨女誰是狗！」

另有描述女子在家受嫂子的欺負，出嫁受小姑欺負的歌謠。如：「大麥穗，節節高，俺娘不好俺瞧瞧。進大門，見俺爹，俺爹穿著格登靴，格登靴登上驊車。進二門，見俺娘，俺娘坐在象牙床。進三門，見俺哥，俺哥抱著書本兒不理我。進四門，見俺嫂，俺嫂一扭，扭到門隔了。嫂嫂你別扭，不吃你

㊷ 劉世儒編：平民讀物第166號《民眾笑林二集》，平教會平民文學部，1933，頁22。該書現存南京第二歷史檔案館，全宗號236，案卷號93。

的飯，不喝你的酒，賸下飯，你餵狗，賸下酒，你洗手，瞧瞧俺娘俺就走。爹娘在，俺還來，爹娘不在俺不來。爹爹坟上蒸饅饅，娘娘坟上炸油荣；哥哥坟上掛白紙，嫂嫂坟上拉泡屎。」**❸**

在傳統社會裏，婦女地位極為卑下，平教會平民文學部在介紹婦女歌謠的同時，亦蘊含教育的意義，其目的即藉由平民讀物的宣導，以灌輸男女平等的觀念。

綜上所論，晏陽初在定縣推行平民教育之際，曾組織部門蒐集、研究當地的笑話、故事、謎語、歌謠等民間文學，並擇優改編出版平民讀物，以供民眾閱讀。這些適合民眾閱讀的平民讀物，內容淺顯易懂，並蘊含四大教育的精神，其目的即透過民眾熟悉的語言及故事，教育民眾識字及生活基本常識，以達到娛樂及教化的功能，由此可證，晏陽初是肯定民間文學的教育意義。

---

❸ 謝剛主：《民間歌謠的研究》依內容將歌謠區分為兒歌、民歌、山歌、婦女的歌謠、雜歌五部分，以上所舉三首即婦女的歌謠。謝剛主編：平民讀物第69號《民間歌謠的研究》，平教會平民文學部，1932，頁22—25。該書現存南京第二歷史檔案館，全宗號236，案卷號93。

第七章 結 論

　　清末以來，中國因軍事戰敗而門戶洞開，西方勢力接踵而至，迫使中國陷入危急存亡之秋。部分具前瞻眼光之知識分子，見國家面臨前所未有之衝擊，紛紛提出改革之道。他們認為，非學習西方制度，無以救亡圖存，因此，先後出現洋務運動與維新運動。雖然改革運動終因主事者識見不足與新舊勢力權力鬥爭而相繼失敗，然其提倡學習西化，廣開民智以去沉疴之主張，則奠定日後新式教育發展之基礎。五四前後，民主思潮風起雲湧，平民教育與民間文化也因而獲得正視的機會；另一方面，在文學上則掀起文學革命，白話文逐漸躍居文學主流，並成為知識分子介紹新思想與譯介西方文化的媒介。白話文地位的確立，實有利於新文化與新教育的推展，而當知識分子摸索平民教育之際，杜威訪華演講平民主義，亦有助於平民教育運動之發展。

　　中國建國初期，國家體制尚未穩固，加上外有帝國主義進逼之患，內有軍閥亂華之擾，新生中國雖已建立，然民主共和之理想仍遲遲未能實現。處在紛擾的時代裏，知識分子毅然肩負救亡圖存之責，他們嘗試以教育的方式，先從百姓識字教育著手，復以灌輸衛生、生計及愛國之思想，冀能喚醒民眾，落

實民主政治，當時的平民教育與社會改造運動，實爲推行民主
政治而準備。陶行知與晏陽初同爲近代教育家，兩人皆受傳統
文化與西方教育的影響。陶行知曾留學美國哥倫比亞師範學
院，曾從杜威、孟祿研究教育，獲「都市學務總監資格」。回
國後，與朱其慧、晏陽初等人，組織成立中華平民教育促進會，
揭開國內平民教育運動序幕。平民教育運動的推行，使陶行知
認清鄉村存在的眾多文盲，是中國教育問題的癥結，因此，他
逐漸將平民教育重心移往農村。民國十六年（1927）三月，陶
行知創辦了曉莊試驗鄉村師範學校，希望藉由師資養成，解決
鄉村師資問題。曉莊期間，陶行知經由不斷摸索與力行，逐步
構成其生活教育理論，即「生活即教育」、「社會即學校」、
「教學做合一」等三原理。

　　「生活即教育」是陶行知在杜威學說「教育即生活」的基
礎下，所建立的教育理論，他認爲「生活即教育」是承認一切
非正式的東西都在教育範圍之內，生活與教育的關係，是生活
決定教育，就效力而言，教育要通過生活才能發出力量而成爲
眞正的教育。「社會即學校」意指整個社會都是學習的場所，
馬路、弄堂、戰場等都是教育範圍，凡是生活的場所，都是教
育自己的場所。「教學做合一」是生活教育理論的方法論，「做」
是核心，是貫通教與學的關鍵；必須在「勞力上勞心」，才能
達到「做」的眞義。民國十九年（1930），陶行知因和記工人
事件，爲國民黨通緝，並被勒令停辦曉莊學校。此後，陶行知
仍賡續其教育事業，先後推展普及教育、國難教育、戰時教育、

民主教育等運動。綜合陶行知畢生推行的教育事業，除創辦曉莊試驗鄉村師範學校、工學團、育才學校及社會大學外，並提出設立「平民讀書處」、「小先生制」、「藝友制」等普及教育方法。凡此種種，皆爲陶行知參酌國情，以窮方法辦窮教育的實施成果。

　　相較於陶行知，晏陽初先後留學耶魯大學與普林斯頓大學，並獲普林斯頓大學碩士學位。民國七年（1918），晏陽初赴法國教育華工識字，開啓畢生的教育事業。自民國十一年（1922）始，他先後於長沙、煙台、杭州等城市實施平民教育試驗，並曾赴東三省推展士兵識字教育。其後，亦逐漸將平民教育重心移往鄉村。民國十五年（1926），晏陽初於定縣開始平民教育試驗，他發現愚、弱、貧、私四大弊病是中國農村普遍存在的問題，要改造中國社會，必須從改善四項缺失著手。因此，他提出「文藝教育」、「生計教育」、「衛生教育」、「公民教育」四大教育理論，以及「學校式」、「社會式」、「家庭式」等三大方式，以爲改造社會之指導方針。其後，因日軍進犯華北，定縣實驗因而停輟南遷。民國三十八年（1949），晏陽初赴美定居，中斷他在大陸的平民教育與鄉村建設。五十年代，他轉而致力於國際平民教育運動與鄉村建設工作，並將定縣經驗推展到國際上。

　　「掃除文盲，以作新民」是平民教育運動的宗旨，爲使平民教育能夠有組織、有計畫的推行，陶行知與晏陽初組織中華平民教育促進總會，以爲實施平民教育之領導；同時，並廣設

平民學校、平民讀書處、平民問書處等組織，以提供平民讀書識字之場所。隨著平民教育運動走入農村，陶、晏兩人更運用民間文化的力量以教化平民，舉凡說書、評彈、戲劇、連環畫等，都成為實施普及教育的方式，茶樓、廟宇、祠堂皆為教育之所。此外，為使教育能夠普及，兩人皆肯定大眾語的價值，並汲取民間文學以編輯教材。陶行知所編寫的《平民千字課》與《老少通千字課》，其內容即收錄故事、歌謠、謎語、笑話等民間文學素材，諸如「三個臭皮匠，湊個諸葛亮。三個摸黑路，湊個哥倫布。」「大雪紛紛下；柴米都漲價。橋凳當柴燒，嚇得床兒怕。」「南陽諸葛亮，獨坐中軍帳；擺起八陣圖，要捉飛來將。」等，皆為民眾而熟能詳的題材，而陶行知以生活化的民間文學編輯識字課本，即是「生活即教育」、「社會即學校」等教育理論的具體實踐。

晏陽初重視民間文學的教育價值，主要反映在「文藝教育」與「公民教育」的理論之上。定縣試驗教育實施之際，晏陽初為了解平民的文法與思想，曾組織部門對定縣民間文學進行調查研究，如委由李景漢、張世文對鄉村娛樂進行調查，從秧歌名角劉洛便口中，蒐集秧歌四十八齣；席徵庸訪得鼓詞家田三義，獲鼓詞二百零三段；沈傑三、彭秉衡蒐得定縣歌謠三百二十五則；另謎語、故事、笑話、瞎子戲也責由不同學者進行蒐錄研究。這些民間文學，依目的分為兩種出版方式，一方面保存原貌，以提供民間文學研究者研究；一方面則作為平民讀物的編輯材料。此外，為喚醒民眾的民族意識，晏陽初於平教會

設立公民教育部，負責編纂《歷史圖說》，其內容取材特別著重歷史上志士仁人的感人事蹟，如臥薪嘗膽的句踐、精忠報國的岳飛，殺身成仁的文天祥等，其目的是作爲公民教育之宣傳讀物。總之，晏陽初雖然沒有站在現場蒐集民間文學，但是他組織部門，責由學者對定縣民間文學進行調查研究，可見其留意民間文學的教育意義，而平教會當時蒐集的民間文學，除用於平民教育的教材編輯外，也使部分定縣民間文學得以繼續保存。

　　嚴格說來，陶行知與晏陽初皆不是民間文學家或民間文學倡導者，但是爲了使教育能夠普及，他們到民間去蒐集材料，並學習民間的文學。希望藉由民眾熟悉的文化與文學，加以收錄或改編，以賦寓教於樂的意義。因此，在推行其教育事業之際，他們即汲取民間文學素材以編輯課本，並且運用說書、戲劇等民間文藝形式以輔助教育推行，可見陶、晏兩人確曾留意民間文學的教育意義。本論文在探討《民初陶行知、晏陽初教育理論與民間文學之關係研究》時，即試圖以南京檔案館所存之定縣民間文學資料與平民讀物，與陶行知所編之識字課本，做一分析比較，以驗證陶、晏二家以民間文學素材融入教材之歷史現象，進而釐清民間文學在知識分子救亡圖存時所扮演的角色。由陶、晏二家汲取民間文學輔助教育推行的事蹟可知，在民智未開的時代裏，民間文學確實賦有啓迪民智的功效。

　　二、三十年代，陶行知與晏陽初在中國掀起一股平民教育與鄉村教育的熱潮，他們不爲權力與金錢的誘惑，願意脫去西

裝與農民爲伍，充分展現知識分子以教育救國的愛國情操。雖然其教育事業未如理想而歸於失敗，但是他們以民間力量，藉由民眾熟悉的語言、文學去教化百姓，以圖國家之強盛，其精神是超然的。然而，隨著教育理念的分歧與政治環境的改變，兩人最後走向分道揚鑣的局面，陶行知向左靠攏，晏陽初則與右翼友好。兩岸分治後，部份學者與政治人士基於政治考量，紛紛對兩人提出嚴厲的批判，陶行知的教育學說被視爲「禁區」，晏陽初則被冠上「美帝國主義的走狗」。近來，隨著兩岸加速改革開放，多數學者對於陶、晏學說與歷史評價，也漸能撥開政治外衣，重新審視其教育理論與歷史貢獻。

環顧國內，目前實施國民義務教育已達多年，國民素質亦隨教育普及而日漸提高，同時爲達普及教育之目的，多所國小兼設有夜間補校，以教育不識字的成人。這種夜間補校的設立，實爲延續陶、晏二家之平民教育思想。此外，國內外籍配偶有日益增多之趨勢，據內政部統計處報告，截至民國九十四年（2005）底，國內外籍配偶已達約十三萬一千人。❶他們在不熟悉台灣語言與文化差異下，遠渡重洋至台灣生活。在生疏的環境裏，他們不僅要融入台灣社會，且要肩負教育新台灣人的

---

❶ 根據內政部統計處資料顯示，至九十四年底止累計：我國外籍與大陸配偶人數估計達三十六萬五千人，其中外籍配偶（含歸化取得我國國籍者）十三萬一千人，占35.90％，大陸與港澳地區配偶二十三萬四千人，占64.10％。見《內政統計通報》九十五年第三週，台北：內政部統計處，2006年，頁1。

責任，如何協助他們儘早融入台灣社會，學習台灣語言與中華
文化，是亟需解決的問題。目前，國內補校教育的學生主要來
源，已由老年人轉爲外籍配偶，但是尚無一種統一且適合外籍
配偶識字及閱讀的教材版本。因此，如何選取教育理論之精華，
並利用民間歌謠、故事、謎語、笑話來編輯識字課本，以教育
不同文化之外籍配偶，是一件值得探討的議題，而陶、晏之教
育理論與民間文學的教育意義，或許可以提供爲政者與編書者
一個參考的依據。

　　筆者爲完成此論文，曾遠赴大陸蒐集資料，幸能窺及當時
一手資料，然因時間因素，未能一覽當時平教會所存之民間文
學資料與平民讀物。此外，未能親訪陶行知家屬及友人，在驗
證陶行知生平及其教育理論，立論則尚顯不足，此乃筆者未竟
之憾。礙於才疏學淺，本論文僅就所蒐資料進行分析論證，其
中或許仍存有闕漏與錯誤之處，尚請學者不吝提出批評與指
教，並希冀爾後能賡續其業，以使陶、晏二家教育理論與民間
文學關係之論證，能更臻於縝密。

附錄一：《農民千字課》

第六課　騎驢看家

一個鄉下人，騎著一個驢歸家，還挑著一個担子。許多學生看見了，很不明白，都對他大笑。就問他說：「你騎在驢上，為何還挑著担子呢？」那人說：「我因為驢子歇不得，這許多東西，我怎肯教他馱著？因為我也是怕他辛苦呀。」

騎驢看家

驢上為何還挑著担子呢

附錄二：《農民高級文藝課本》

農民高級文藝課本　第二冊　　二○

第二十一課　蔡鍔

民國四年，袁世凱要做皇帝。當時有個蔡鍔，從北京逃到雲南，發表宣言，說袁世凱不該叛國稱帝。他領著兵要把袁民打倒，先攻四川，一路上連打勝仗。西南各省，也都起兵響應，袁兵屢敗，只得把帝制取消，仍舊自稱總統。

蔡鍔因為在軍中積勞過度，得了很厲害的病。他後來到日本去休養，但不久就死了。

他臨終的時候，向人說：「我這次起義的緣故，就是為國民爭人格。」

他在雲南起義的日子，是十二月二十五。以後每逢此日，便稱為雲南起義紀念日。

蔡鍔　袁　凱　宣　叛　響　鄉　緣

第二十三課　戒紙煙歌

吸紙煙，害不輕！

紙煙裏頭有毒物，毒物名叫尼可丁。

勸君不吸，重衛生，大家努力，作個健康人。

吸紙煙，害不少！

費賣金錢買捲草，一股煙兒就沒了。

勸君不吸，省錢好，積少成多，先不怕數目小。

吸紙煙，害當當！

牙齒薰得黃且黑，煙兒撲人真討厭。

勸君不吸，潔肺腸，一身乾淨，稱呼自發揚。

吸紙煙，害太多！

尼　丁　薰　臭　瓩　腸　且　瓷

附錄三：《市民千字課》

市民千字課　第三冊　四八　中華平民教育促進會總會出版

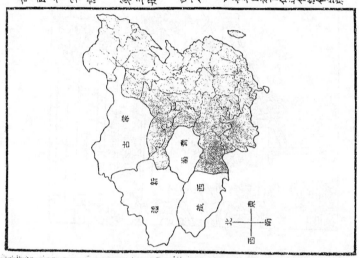

第二十一課　中國地理（一）

河山秀好，像海棠葉，
地形環繞，沙漠場場，
峰巒豐富，寶庫此高原，
中有水，成食鹽，
湖澤最多，湖澤，
從此發源，流不絕。

亞洲最大的地，依西北高原有新疆，
我中國北高，依西北有新疆、古蒙，
西藏有沙漠，合金全在新疆、古蒙，南，
青海、西藏接，
江

積潤　綿繞　疆域沙漠　藏庫　黃熱　溫

市民千字課　第三冊　四九　中華平民教育促進會總會出版

附錄四：《市民高級文藝課本》

市民高級文藝課本　　第一冊　　　　　三六

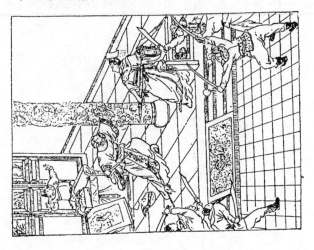

第十六課　荊軻

戰國時，燕國是個小國，秦國要想把他滅了。燕太子丹，想得一個勇士，去刺殺秦王。荊軻是個少年英雄，忍住秦王的欺負，就想替燕國報仇。荊軻便答應去刺殺秦王。

後來得了荊軻，爲燕國報仇。荊軻用秦王想得的樊將軍的頭，和燕國督亢的地圖，才好便於下手。太子丹雖然不忍惜地圖，卻向秦王進獻。

荊軻見了秦王，不忍殺樊將軍，樊將軍就自殺了。荊軻去刺秦王；秦王乘機從地圖中抽出匕首，向秦王的胸口刺去，不中；秦王拔劍，又不中，在殿柱上。荊軻把匕首向秦王擲去，不中，鋼柱上，荊軻進出許多光。

荊軻去刺秦王的左右一齊上前，殺荊軻。荊軻的左股，荊軻把匕首向秦王擲去，不中，荊軻終不招而死。

逆ㄋㄧˋ　擒ㄑㄧㄣˊ　劍ㄐㄧㄢˋ　胸ㄒㄩㄥ　亢ㄎㄤˋ　剁ㄉㄨㄛˋ　燕一ㄢˋ

馬ㄇㄚˇ　柱ㄓㄨˋ　股ㄍㄨˇ　拔ㄅㄚˊ　匕ㄅㄧˇ　丹ㄉㄢ

市民高級文藝課本　　第一冊　　　　　三七

附錄五：《瞎子戲·小放牛》

小放牛（一咦十声）

人伴皮小伙去放牛，稻離了家鄉，出門碰見了

俊俏的大姑娘，這小放牛車叫扮喝問，你年輕我

年火咱們二人配成對。

去姑娘開言道罷了声声带羞的却我们小当二儿

常又花小鄉小當不的有一丘不好意地有

把柴洋刀明畫又畫。

你他有一把东洋刀我有一個法国枪，我二人到一场去

宣州战场，殺来殺去分勝敗，罷东洋刀彎

宣头了手小命免见了间王。

失小命兒見閻王那事也罷了，妳一則陰官府所

寬枉，兩君爺一見死的有些苦，羞寃寃那裡

曉話不顧你身去了。

乃貼花我身旁那事也罷了，誰不知我小岢不的是

用手樊著十指低鴉飛不去離花像道旁了。

乃離花我道旁上那事也罷了，妳我要個小小梁橋

長花像大的上，但等著大姑娘孫桑葉，小

枝枝一忿由，桃破偻的兒禪當。

火撕破好禪當，那事也罷了，誰不知今

的他是個家來近，三餘子兩等子停地傍听僩

退了皮擱了後，切到你以海岸上。

8、切回到了以海岸上那裏也魚娃，我要又做小鯉魚，迸出水面，來往江，但海裏等著大姑娘去洗衣裳。

從小做鯉魚騰翅飛到你膝脖腕上。

9、飛死了膝脖腕上那事也要姑娘不知怎麼辦，他是個老頭，卻三拐兩拐拐回了你，替你的鱗吃了你的鮮魚湯。

退了你的鱗吃了你的鮮魚湯。

10、退了我的鱗喝我的湯那了些麼好，我有句話，刺札死嗓子上，飛叫你上也上不來下也下去，叫你疼來剛叫你瞎了。

小那名我疼～那事也無妨，說不知心肯求的他人用

葉方，一付熱票將你本下小肚子一場去，無初

花願吳毛房。

12.初在我吳毛房那事也無妨妨，我愛又尸小帝

蜂爬在毛房塔，但等著大姑娘前去解手，小

蜜蜂一窩伶府花你的花心上。

風底在花心上那事也無妨妨，說又知中肯求的有

個里一副槍重嬰槍上掛著兩个流墨，用槍扎

你要不怕、流墨將你扎。

伏流名將我卸那事也無妨，我敗敗中要取勝

14. 你合也合不上，脱也脱不脱。

15. 你教我不能於那事也無妨，惱一惱我小便痛了楊子以如一筒水裝了大紅沖到你那裏，也不教你回中央。

16. 忒說的那快堂六答對，撑起中心回了家卻向那承卿身浮了機，到俚晚聽平着芫蔓中野想姑娘。

附錄六：《鼓詞·小姑賢》

備註	採訪時日	採訪人	地域	流行	類別		平民文學研究設計採訪成績第 二 號
							小姑賢
徵集者				完縣及附近	大鼓書		
		席徵庸					
	民國二十一年八月			採訪	字數		
平民文學部				資法	約三千字		
				由鼓書名家田三義口述			

內容摘要	思想	文字	用途	備註
王登雲奉命休妻 王翠花勸母愛媳。	調和婆媳間的感情使家庭不發生劇變	清白流麗，描寫而極有趣。	平民讀物材料及平民文學研究之參致皆可用	已次編成實驗平校課外讀物

小姑賢

初八、十八、二十八、聽求説段□□生。文經話。□□縣城北四十里

地、有一村名王家疙瘩。王家疙瘩有一位王員外、所生一

子一枝花：學生名兒王登雲，姑娘名兒王翠花。王登雲取

喜蘇家橋的女、花花小橋招到家。人樣子活路樣々好、她

就是和她的婆母無緣法。

(自)衆位聽書聽理：取媳婦擇好日子，就為這，她日期不對

，所以遠遠、和媳婦就不和了。

大賢人過門三天把炕下，来到上房問她的媽，尊母親！我

氣不早該作飯，你老吩咐喫甚嗎？

第　頁

附錄七：《定縣歌謠選》

歌謠下編

一八四

排排坐，吃果果，爸爸回來割耳朵；搣搣看，一斤牛，燒燒香，兩大盆；門角兜裏齋羅漢，羅漢不吃葷，豆腐麵筋圓圓吞。

一八五

螢火蟲兒，夜夜來，爸爸挑了西瓜來，西瓜千斤重，爸爸挑不動，媽媽拿了方柴切菜刀，一角一角切得開，弟弟妹妹大家搶。

一八六

禿子禿，蓋房屋，房屋漏，裏頭煮着禿子肉，禿子吃，禿子看，禿子打架禿子勸。

一八七

小孩子，上廟台兒，跌了個跟頭拾了個錢兒，買個雞兒，下個蛋兒，娶了個媳婦生了個抉兒。

一八八

小小子兒，坐門墩兒，啼哭鳴哭要媳婦兒，要媳婦兒幹啥，做鞋做襪兒，通脚兒說話，吹了燈兒打架。

一八九

摸擦摸擦兇兇，廟兒裏燒香。

一九〇

好吃的媳婦去趕麬，一趕趕了一大片，公一盌，婆一盌，兩個小叔兒兩半盌，紫瓶底下藏半盌，王大娘來咧，狗也來咧，盌也打咧，

怒也撳列，公也吵，婆也罵，簡個小叔子撳頭髮，一送送到地娘家，

她娘看見活生氣，她爹看見活氣然，她哥哥看見就要打，地嫂子看

見說誂打。

一九一

黃雀兒捌，黃雀兒黃，黃雀兒落在黃樹上，爹也想，娘也想，恐怕

媳婦抓瘯瘯。

一九二

牛扺角，穿破鞋，堆不出來，叫老爺；牛扺角，穿套子，說不出來，

瑟瘆子。

一九三

羊羔兒，羊羔兒咩咩，從小兒沒有見過爹爹，問問爹爹幾歲，跟羊

羔兒同歲，買把刀，殺羔羔，買匹馬兒送嫂嫂。送的嫂嫂羊羔路，

羊羔路上一條龍，嚇的嫂嫂肚子疼，誰給嫂嫂取付藥，我給嫂嫂取

付藥，嫂嫂說我學生，我說嫂嫂狗雜種。

一九四

紅油門兒，朝南湘，裏頭走出秀花來，秀花穿著繡花鞋，雄做的，

娘做的，和雄親，和娘親，買個燒餅蛤娘公，娘吃大，我吃小，踩

著腳兒和娘吵。

一九五

叛叛眼，上草垛，娶了媳婦十八個，好的媳婦逃跑了，剩下一個戲

老婆，叫她刷覓不刷覓，扒著覓沿罵公公；叫她刷鍋不刷鍋，扒著

鍋沿罵婆婆；叫她掃地不掃地，揪著屁股大屁。

附錄八：《鼓詞·打黃狼》

衛輝府帶管傅家庄，有一位員外名傅康。老員外娶妻黃氏女，這一位太太大賢良。老員外家大業大銀錢廣，員外缺少小兒郎。他夫妻東修橋，西補路，南廟上供，北廟燒香。修好驚動天和地，四值功曹報玉皇；玉皇爺打開名列冊，他把那左金童子打落下方。老員外三十九歲得大喜；老太產生一位小兒郎。一生兩歲娘懷抱，二生四歲不離娘，五六歲學玩耍，七八歲上到學房，十四歲他把文學進，先生取名傅恆昌。公子年長十八歲，偏趕得東京汴梁召選才郎，城裏的老師衙門派著門斗與他送了個信，催逼著公子趕考汴梁。傅公子參罷先生拜罷客，餞行的人們鬧嚷嚷。到上房辭父和母，辭別妻子和同窗，肩揹書箱與筆筒，這一天趕考離了傅家庄。

傅公子行程來，正對殘秋景，暑往寒來霄夜長。耳聽得，風吹樹葉嘩啦啦的響；看了看，青草焦梢半坡黃。柳殘花敗色淡淡，秋殘覺得令人傷，秋水汪，秋風蕩，秋氣幽，秋景淒涼，滿山坡，草皆黃，萬花衰敗，惟有菊花旺；北雁南飛，三五成行，風對月，山對江，江裏的魚兒更清爽；蕩飄飄，飄蕩蕩，打魚的水舟水飄幌，光裏光噹響淙淙；風吹一陣蘆葦黃，竹籬襯草塘：一觀四野，遠望著無涯景，一片秋荒。傅公子懶觀一路殘秋景，一順著陽關大路逶汴梁。正走之間留神望，面前閃出柳陰涼。傅公子書箱就在地下放，慌忙坐在書箱上。九月的天還嫌熱，解鈕扣和鈕絆，手挈著白紙小扇搧胸膛。公子正然

來涼爽,聽見正南響鳥槍。

公子抬頭往南望,見黃白草那裏邊攛(躥)出一隻狼。這隻狼,大得好似一隻犬,橫身的毛色甘草黃,兩耳尖尖從上長,口賽血盆牙賽鋼,腦袋瓜上長一塊白玉點,取名就叫白眼狼,小黃狼見了公子就施禮,出言有語尊「先生!你是快救命,快救命!可憐我孤兒寡居娘。我說此話,你不憑信,細聽我從頭至尾表家鄉:我家住青石山,青石洞,一母所生我們三個狼。前十天,大哥二哥下山把食打,打食又被壯士們傷。我的爹爹把他們找,一失精神滾下山崗。我的娘得了個想兒盼夫病,一場大病躺在床。出在萬般無計奈,莫奈何迫得我小三打食下山崗。偏趕著我今天把山下,攛上打圍的一大幫。打圍的哥們不說理,見我黃狼,二話不說,摟尾巴根子就是一鳥槍。不是我黃狼我跑得快,準備就把我來傷。先生你今天救下我的命,我放不了你的好心腸!」常言說:「那有黃狼會說話?」分明是陽世生間勸人方。公子聞聽這些話,又是喜來又是慌,喜只喜,披皮的畜類懂得孝敬;慌只慌,這東西翻了臉愛把人傷。公子有語開言道,再叫「黃狼聽心上!你來看!四圍都是平川地,我知道什麼把你藏?」黃狼說:「你們年幼的人愛撒誑!你來看,你那屁股底下,坐倒書箱。」

過口白:那位說不是屁戶嗎 ?「說書的不敢那們說,要說那正字的,念成屁股。」

　　黃狼說：「打開你的書箱蓋，我在裏頭藏一藏，又何妨？多借光！」公子擺手「不中用！那邊邊有衣服，有文章。髒了咱們的文章不能入場，髒衣裳不能趕考赴汴梁。」小黃狼聽說公子不救他的話，眼望山崗淚汪汪。尊「老娘！你只說孩兒下山把食打；不料想，打食又被壯士們傷。孩兒一死能值蒿草，是何人打食上山崗，孝敬我老娘？」小黃狼，一哭一個悲慘慘，驚動了公子傅恆昌。暗說道：「披皮的畜類懂得孝敬母，牠懂得三綱和五常。牠懂得─君爲臣綱臣保主，父爲子綱孝爹娘，夫爲妻綱妻賢惠。講罷三綱論五常。牠懂得─君臣有義，父子有親，夫婦有別，長幼有序，朋友有信；牠懂得三綱和五常。我不免孔夫子面前做點私弊，我在裏頭把牠藏一藏。

　　白：公子說：「黃狼！我有心在書箱裏邊，把你掩藏掩藏。但等著打圍的哥們來到，要圍著我這書箱霹裏啪啦一響槍，你可莫要耽驚害怕；害怕也心裏害怕，你莫要在裏邊打哆嗦；哆嗦也儘你哆嗦，你莫要朝裏頭拉屎！」黃狼把嘴一咧，「哎！」

　　黃狼說：「我在裏邊藏一會，誰住七天八晚上？」傅公子打開書箱蓋，在裏邊躥進一隻狼。公子蓋好書箱蓋，慌忙坐在書箱上看文章。暫記下公子文章看；打正南來了獵戶幫，見了公子就施禮，開言有語尊「先生！你在此處來涼爽，你可見跑過來一隻狼？」公子有語開言道：「那隻黃狼現北方，趕得快

來把狼趕上，趕得慢了鑽山崗。那東西翻臉來把人傷！」打圍
的哥門們說：「好！好！好！」口尊「先生！我們多借光！」
打圍的哥們揚長走；再說公子傅恆昌。慌忙掀開書箱蓋，打裏
邊竄出來一隻狼，公子有語開言道，再叫「黃狼聽心上！你急
急忙忙往南跑！又恐怕打圍的回頭把你傷。」黃狼聞聽這句話，
站高崗，後腿一登，前爪兒一搭拉，望了望四方。瞧了瞧，四
下沒人走，小尾巴搖晃蕩幾晃蕩。未曾講話面帶笑，開言有語
尊「先生！常言說：『爲人爲到底，要是送人送到家鄉。』非
是黃狼我不走，我這兒雙鼻孔，一陣陣聞著你人肉香。」尊聲
「先生！行方便！把你的人肉給我嘗一嘗！香不香！」

　　公子聞言火往上撞，大罵一聲「無義的狼！方才我人把你
救，你轉回頭把我傷。是方才你懂得三綱、五常、仁義理智信；
細聽我有一輩古人講在場！東京有位趙太祖，三慶關得病倒了
床。太祖爺結交金玉姐，金大姑娘與他熬藥熬過湯。服侍得太
祖病體好，趙太祖千里迢迢送金娘。世人都有報恩的意，無似
你這白眼狼！」黃狼聞聽把眼瞪，再叫「公子聽心上！你也會
說，我也會講。我的古人比你強。昔日裏有一人姓韓名信，此
人處事太不當。九里山前活埋母，到後來得封了天齊地齊人齊
三齊王。聞言閒語不中講，聽我把話說當場！不給你厲害你不
怕，給你個厲害你嘗一嘗。」小黃狼一行說著用爪兒跺，兩前
爪搭在公子肩膀上！公子一見心害怕，出言有語叫「黃狼！

　　白：公子說：「黃狼，你讓我多活一時，我辭別辭別我

　　生身之母，養兒的老娘！」黃狼說：「好！方才你救過我，咱們兩個總算相好，讓你多活一時。你要辭別，可是快得點，莫要陳穀子爛芝麻！你個老娘算什麼好東西！快一點點！

　　黃狼就在旁邊閃，傅公子眼望家鄉叫「老娘！你只說孩兒進京去科考；不料想，路途之上要餵狼。孩兒一死能值蒿草，活不養，死不葬，不孝之名傳四方。」公子哭了多一會，慢閃二目看其詳。瞧了瞧，四下無人走，撲騰騰躺在地當陽。公子就在塵埃躺，這不才驚動小黃狼，暗說道：「我是先吃頭來先吃腳？先吃皮來先吃腸？」又一想，「把心肝脾肺吃個盡，把人肉揹上高山孝敬娘。」眼看公子要廢命，聽見正北響鳥槍。耳聞正北鳥槍響，這不才嚇壞了小黃狼。黃狼跪在塵埃地，滿臉帶笑尊「先生！是方才，我跟你說的是玩笑話，你來看，白光的小臉蛋，嚇了個蠟渣黃。」

　　白：黃狼尊道：「公子我是跟你逗著玩的，你看，嚇得你那般式樣？」公子心中暗想：「有這樣是逗著玩嗎？正北方如要不響槍！管保就把我喫了。」公子肺腑之言。叫道：「黃狼！我本是膽小之人。依你的意見，可是怎麼個辦法？」

　　黃狼說：「二番打開你的箱子蓋，我再往裏頭藏一藏，多借光！你進京必得狀元郎。

白：公子心中暗想：「二番讓我救你，這個事情。錯過
這麼著，不能這麼著，非得這麼著。才可這麼著。」
過口白：那位說：「到底是怎麼著？」「眾位聽！反正
有一宗。」

　　傅公子二番打開書箱蓋，一本一本的挈文章，挈衣裳。衣
裳文章塵埃放，在裏邊躥進小黃狼。公子蓋好書箱蓋，慌忙就
把鎖捏上。公子站在書箱上，丹腔用力喊聲長：「打圍的哥們！
快來吧，快來吧！我這書箱裏邊藏著狼。我看你拿著那樣槍刀
劍戟，斧鉞鉤乂，鑣鍊索耙，拐子流星棍，不如我赤手空拳，
逮著一隻狼。你們來得快了把狼逮住，來得慢了鑽山崗。這東
西翻臉愛把人傷！」黃狼裏邊一聽，把嘴一撇，「哎！幹了！」
又一想：「錯了就打錯上想，撕文章！撕衣裳！撕他的文章不
能入場，撕衣裳不能趕考上汴梁。找文章沒文章；找衣裳沒衣
裳。嘰裏喀吒啃書箱，咬個窟窿跑他娘！」

　　暫記下黃狼且不表，打圍的圍著這個書箱，再叫「公子旁
邊閃！怕的是，黃狼出來把你傷。」公子聞聽這句話，急急忙
忙閃一旁。轉過了二十多歲的嫩小伙，手中挈著鉤鐮槍。蹚一
腳，踹開書箱蓋，打裏邊躥出來了一隻狼。眼看黃狼要逃跑！
跑不了一鐃鉤打在狼身上。拿過麻繩封上嘴，拿過皮套就把他
裝。慌忙綁上穿心槓，開言有語尊「先生！跟我走來，你是跟
我走！進村庄，嘗嘗狼肉香不香。」公子擺手「我不去！我要
趕考上汴梁。」打圍的哥們揚長走，接回來再說公子傅恆昌。

傅公子壓書的寶劍拿在手，刮去樹皮扔一旁。慌忙操起了毛竹管，柳陰樹下留文章。上寫著：山前梅鹿山後狼。狼鹿結拜在山崗。狼要有難鹿打救，鹿要有難狼躲藏。箭射烏鴉騰空去，偏趕得箭桿落在狼身上。爲人莫把狼心使。狼心狗肺不久長！勸明公要交交個眞君子！千萬千莫交無義狼！打黃狼一輩故段，取名就教勸人方。

參考書目

壹、專書

一、

《陶行知全集》（8卷），陶行知著、華中師範學院教育科學研
究所編，長沙：湖南教育出版社，1984年。

《陶行知全集》（11卷），陶行知著、金成林等編，成都：四
川教育出版社，1991年。

《陶行知文集》，江蘇省陶行知教育思想研究會、南京曉莊師
範陶行知研究室合編，江蘇：江蘇人民出版社，1981年。

《陶行知紀念文集》，四川省紀念陶行知先生誕生九十週年大
會籌備組編，成都：四川人民出版社，1982年。

《陶行知先生紀念集》，陶行知先生紀念委員會編，北京：人
民出版社，1988年。

《陶行知教育論著選》，董寶良主編，北京：人民教育出版社，
1991年。

《陶行知教育論文選輯》，方與嚴編，上海：上海書店，1991
年。

《陶行知論普及教育》，張達揚、李紅梅編，合肥市：安徽教
育出版社，1986年。

《生活教育理論：陶行知教育思想研究》，胡國樞著，杭州：
　浙江教育出版社，1991年。

《陶行知與中外文化教育》，周洪宇、余子俠、熊賢君等編，
　北京：人民教育出版社，1999年。

《陶行知教育學》，何國華著，廣州：廣東高等教育出版社，
　2002年。

《陶行知研究》，北京市陶行知教育思想研究會編，陶行知先
　生紀念委員會，1946年。

《陶行知研究在海外》，周洪宇，北京：人民出版社，1991年。

《陶行知教育思想研究文集》，中國陶行知研究會編，北京：
　人民教育出版社，1986年。

《陶行知的生平及其學說》，戴伯韜，北京：人民教育出版社，
　1982年。

《陶知行一生》，安徽省陶行知教育思想研究會編，長沙市：
　湖南教育出版社，1984年。

《愛滿天下：陶行知文學傳記》，周毅、向明著，南京：江蘇
　教育出版社，1991年。

《陶行知》，許宗元，北京：人民出版社，1988年。

《陶行知》，賈培基，重慶：重慶出版社，1991年。

《陶行知評傳：政治抒情詩人的一生》，（日）齋藤秋男著、
　楊暢譯，成都市：四川教育出版社，1987。

《陶行知評傳》，徐明聰，合肥：安徽教育出版社，2001年。

《民主之魂：陶行知的最後100天》，上海市陶行知研究協會編，

上海：上海教育出版社，2003年。

《陶行知年譜稿》，中央教育科學研究所教育理論研究室〈陶行知年譜稿〉編寫組編，合肥：安徽教育出版社，1983年。

《陶行知年譜》，朱澤甫，合肥：安徽教育出版社，1985年。

《陶知行詩歌選》，吳一德編，上海：上海教育出版社，1985年。

《山鄉社會走出的人民教育家》，余子俠，漢口：湖北教育出版社，1999年。

《為中國教育改革探路》，中國陶行知研究會基金會編，南京市：江蘇教育出版社，1988年。

《農村教育的出路》，中國陶行知研究會編，北京：人民教育出版社，1991年。

《晏陽初傳—為全球鄉村改造奮鬥六十年》，吳相湘，台北：時報文化出版企業有限公司，1986年。

《晏陽初全集》（3卷），宋恩榮著，長沙：湖南教育出版社，1989—1992年。

《平民教育家晏陽初》，四川省政協、巴中縣政協文史資料委員會合編，四川：四川大學出版社，1990年。

《晏陽初與定縣平民教育》，李濟東主編，石家莊：河北教育出版社，1990年。

《晏陽初教育論著選》，馬秋帆、熊明安編，北京：人民教育出版社，1993年。

《晏陽初教育思想研究》，宋恩榮、熊賢君著，瀋陽：遼寧教

育出版社，1994年。

《晏陽初紀念文集》，晏陽初紀念文集編輯委員會編，重慶：
　　重慶出版社，1996年。

《告語人民》，晏陽初、（美）賽珍珠著、宋恩榮編，桂林：
　　廣西師範大學出版社，2003年。

二、

《定縣秧歌選》李景漢、張世文編，定縣：中華平民教育促進
　　會，1933年。

《定縣實驗區考察記》，閻振熙等著，北平：北平眾志學社，
　　1934年。

《歌謠選（定縣）》，沈傑三、彭秉衡輯，定縣：中華平民教
　　育促進會，1936年。

《定縣農民教育》（2冊），吳相湘、劉紹唐編，台北：傳記文
　　學，1971年。

《定縣社會概況調查》，李景漢，北京：人民大學出版社，1986
　　年。

《定州民間故事精選》，郭福彬，北京：中國民間文藝出版社，
　　1989年。

《人物春秋之一》，政協定州市文史資料委員會編，定州：政
　　協定州市文史資料委員會，1992年。

《近代中國教育史》，陳啟天，台北：中華書局，1969年。

《中國近代思想史論》，王爾敏，台北：華世出版社，1977年。

《中國教育思想史》，任時先，商務印書館，1937年。

《中國近代教育史》，王炳照主編，台北：五南圖書出版社，1994年。

《中國教育史》，陳青之，台北：商務印書館，1963年。

《中國教育史》，胡美琦，台北：三民書局，1978年。

《中國教育史》，陳東原，台北：臺灣商務印書館，1980年。

《中國教育史》，王鳳喈，台北：正中書局，1981年。

《中國教育史》，畢誠，台北：文津出版社，1996年。

《中國教育史》，孫培青主編，上海：華東師範大學出版社，2000年。

《中國教育通史》（6卷），毛禮銳、沈灌群主編，濟南：山東教育出版社，1995年。

《中華民國教育史》，熊明安，重慶：重慶出版社，1997年。

《中國近代教育史資料匯編》高時良編，上海：上海教育出版社，1992年。

《中華民國史檔案資料匯編》第5輯第1編（教育），中國第二歷史檔案館編，無錫：江蘇古籍出版社，1994年5月。

《中華民國教育思想史第三卷》，李國鈞、孫培青主編，華東師範大學出版社，1995年。

《中國近代教育史資料匯編》，璩鑫圭、童富勇編，上海：上海教育出版社，1997年。

《中國近現代教育實驗史》，熊明安、周洪宇主編，濟南：山東教育出版社，2001。

《20世紀教育學名家名著》，張人杰、王衛東主編，廣州：廣
　　東高等教育出版社，2003年。

《杜威與中國》，元青，北京：人民教育出版社，2001年。

《到民間去－1918－1937年的中國知識分子與民間文學運
　　動》，【美】洪長泰著、董曉萍譯，上海：上海文藝出版社，
　　1993年。

《中國近代農民問題與農村社會》，朱玉湘，濟南：山東大學
　　出版社，1997年。

《中國農村經濟論文集》，千家駒，上海：上海書店，1990年。

《鄉土中國》，費孝通，上海：上海書店，1991年。

《鄉村戲曲表演與中國現代民眾》，董曉萍、（美）歐達偉
　　（R.David Arkush），北京：北京師範大學出版社，2000年。

《晚清國粹派—文化思想研究》，鄭師渠，北京：北京師範大
　　學出版社，1997年。

《眼光向下的革命—中國現代民俗學思想史論(1918－1937)，
　　趙世瑜，北京：北京師範大學出版社，1999年。

《中國近代啟蒙思潮》（上、中、下），丁守和主編，北京：
　　社會科學文獻出版社，1999年。

《洋務運動與中國早期現代化思想》，周建波，濟南：山東人
　　民出版社，2004年1月。

《五四文學與文化變遷》，中國古典文學研究會主編，台北：
　　學生書局，1980年。

《文史資料選輯》，中共全國政協文史資料委員會編，北京：

中國文史出版社，2000年。

《學衡派與五四時期反新文化運動》，沈松僑，台北：國立台灣大學，1984年。

《五四運動史》，周策縱，台北：桂冠圖書公司，1987年。

《獨立評論》，胡適，湖南：岳麓書社，1999年。

《教育雜誌》，王雲五主持，台北：台灣商務印書館，1975年。

《傳統、現代、未來—五四後文化的省思》，龔鵬程，台北：金楓書局，1989年。

《十二朝東華錄·光緒朝》第169卷，朱壽朋纂修，台北：文海出版社，1963年。

《光緒二十四年中外大事彙記》，倚劍生，台北：廣文書局，1968年。

《光緒政要》第31卷，沈桐生輯，台北：文海出版社，1969年。

《國父全集》，中國國民黨中央委員會編，台北：中國國民黨中央委員會，1973年。

《飲冰室文集》第1卷，梁啓超，台北：中華書局，1960年。

《康南海書牘》，康有爲著、沈雲龍編，台北：文海出版社，1972年。

《魯迅全集》，魯迅著，北京：人民文學出版社，1958年。

《梁漱溟全集》第1卷，中華文化書院學術委員會編，濟南：山東人民出版社，1989年。

《革命之再起—中國國民黨改組前對新思潮的回應》，台北：中央研究院近代史研究所，專刊57，1989年。

三、

《中國當代文學史》（上、下），郭志剛等編，北京：高等教育出版社，1993年。

《新文學史綱》，張畢來，北京：人民文學出版社，1985年。

《國立北京大學中國民俗學會民俗叢書》（36、37、38、39、40卷），婁子匡主編，台北：東方文化書局，1971年。

《中國新文藝大系》，鍾敬文等，中國文聯出版公司，1987年。

《五十年來的中國俗文學》，婁子匡、朱介凡，台北：正中書局 1987年。

《民間文藝學文叢》，鍾敬文，北京：北京師範大學出版社，1982年。

《民間文學概論》，劉守華，湖北：湖北教育出版社，1985年。

《中國民間文學概要》，段寶林，北京：北京大學出版社，1985年。

《民間文學理論基礎》，吳蓉章，四川：四川大學出版社，1987年。

《中國民間文藝學新時代》，鍾敬文，敦煌文藝出版社，1991年。

《中國民間文學概論》，譚達先，台北：貫雅文化，1992年。

《中國俗文學七十年》，吳同瑞、王文寶、段寶林等編，北京：北京大學出版社 1994年。

《中國民俗與民俗學》，張紫晨，台北：南天書局 1995年

《中國民俗學史》，王文寶，四川：巴蜀書社，1995年。

《中國民間文學》，李蕙芳，武漢：武漢大學出版社，1996年。

《民俗文化學梗概與興起》，鍾敬文，北京：中華出版社，1996年。

《民間文學導論》，劉守華、巫瑞書，湖北：長江文藝出版社，1997年。

《中國俗文學發展史》，王文寶，北京：新華出版社，1997年。

《中國俗文學概論》，吳同瑞，北京：北京大學出版社，1997年。

《民俗文化與民間文學》，陳益源，台北：里仁書局，1997年。

《中國婚嫁儀式歌謠研究》，譚達先，台北：商務印書館，1998年。

《中國俗文學史》（上、下），鄭振鐸，北京：商務印書館，1998年。

《民間文藝學及其歷史－鍾敬文自選集》，季羨林主編，山東：山東教育出版社，1998年。

《中國民間文學講演集》，鍾敬文著，北京市：北京師範大學，1999年。

《中共與民間文化》，李世偉，台北：知書房 1996年。

《中國評書（評話）研究》，譚達先，台北：木鐸出版社1983年。

《中國民間寓言研究》，譚達先，台北：木鐸出版社，1984年。

《中國國劇史》，吳若、賈亦棣，台北：行政院文化建設委員會，1985年。

《中國諺語》，金路、徐玉明編注，上海：上海文藝出版社，
　1989年。

《中國諺語集成（河北卷）》，中國諺語集成全國編輯委員會
　編，北京：人民音樂出版社，1992年。

《歌謠論集》，鍾敬文，上海：上海書店，1992年。

《民間諺語全集》，朱雨尊，上海：上海文藝出版社，1992年。

《說唱藝術》，王志健，台北：文史哲出版社，1994年。

《中國民歌》，吳超，浙江：浙江教育出版社，1995年。

《中國民間小戲》，張紫晨，浙江：浙江教育出版社，1995年。

《中國謎語、諺語、歇後語》，王仿，浙江：浙江教育出版社，
　1995年。

《中國歌謠集成》，中國民間文學集成，中國ISBN中心，1996
　年。

《中國民間故事集成》，中國民間文學集成，中國ISBN中心，
　1996年。

《口承故事論》，許鈺，北京：北京師範大學出版社，1999年。

《中國曲藝志（河北卷）》，羅揚主編，中國ISBN中心，2000
　年。

《神話與儀式：戲劇的原型闡釋》，胡志毅，上海：學林出版
　社，2001年。

《二十世紀中國民俗學經典》，苑利主編，社會科學文獻出版
　社，2002年。

貳、期刊、論文

一、

〈從陶行知生平事略透視民主教育思潮〉，陳光輝，《教師天地》，1994年6月。

〈生活教育的前驅—陶行知先生〉，陳光輝，《教育資源文摘》，1996年7月。

〈陶行知的教育思想與教育改革運動對當前教育之啓示〉，周水珍，《花蓮師院學報》，1997年6月。

〈中國開國後第一文化罪案考〉，何平華，《二十一世紀教育實習輔導》，1997年8月。

〈陶行知與杜威教育思想的比較〉，林鎭坤，《訓育研究》，1998年3月。

〈陶行知教育行政思想之探討〉，曹常仁，《中等教育》，1998年12月。

〈論陶行知教育思想與實踐〉，曹常仁，《台東師院學報》，1999年6月。

〈陶行知師範教育思想之探討〉，曹常仁，《人文及社會學科教學通訊》，1999年12月。

〈陶行知師範教育思想之探析〉，曹常仁，《初等教育學刊》，2000年4月。

〈陶行知社會教育思想與實踐之研究〉，曹常仁，《花蓮師院學報》，2000年12月。

〈陶行知＆羅傑斯（Rogers，C.R.）的教學理論〉，李詠天，
《師友》，2000年12月。

〈陶行知和抗日救亡〉，葉昕，《江蘇教育學院學報（社會科
學版）》第3期，1995年。

〈陶行知和佘兒崗茶館〉，凱亞，江蘇：江蘇人民出版社。

〈平民教育運動的經過〉，湯茂如，《教育雜誌》第19卷第9
號，1927年9月。

〈記平民教育家晏陽初陶行知梁漱溟〉，何賜澄，《藝文志第
一百期》，1974年1月。

〈公民教育的先驅—晏陽初先生〉，陳光輝，《臺灣教育》，
1991年8月。

〈晏陽初先生的鄉村建設工作對華人推展社區工作的啓示〉，
蘇景輝，《社區發展季刊》，1994年6月。

〈晏陽初與博士下鄉〉，程靜英，《高師函授學刊》第6期，1994
年。

〈晏陽初與平民教育運動〉，周春燕，《鎮江市高等專科學校
學報》第13卷第1期，2000年3月。

〈巴蜀名賢世界偉人（2）記世界著名平民教育家晏陽初〉，晏
鴻國，《中國人物》，2000年12月。

〈晏陽初平民教育與鄉村改造方法論初探〉，周逸先，《高等
師範教育研究》第14卷第3期，2002年5月。

〈民國時期平民教育派對中國出路的探索〉，周春燕，《蘇州
大學學報（哲學社會科學版）》第4期，1995年。

〈論二三十年代中國的平民教育運動〉，趙玉霞，《山東師大學報（社會科學版）》第2期，1997年。

〈農民話劇：汲取民間戲劇的創造－論30年代河北定縣農民戲劇之實踐〉，胡星亮，《戲劇雜誌》，第2期，1999年。

二、

〈從公車上書到五四運動〉，莊政，《訓育研究》，1991年06月。

〈到民間去－九十年代文學的主潮〉，蘭愛國《文藝評論》1995年第5期。

〈杜威與五四新自由主義〉，高力克，《二十一世紀》，2002年02月。

〈民俗傳統與國小兒童文學之教學〉，楊振良師，《東師語文學刊》第6期，1993年。

〈民間故事與當代兒童教育〉，蔣明智，《華中師範大學學報（哲社版）》，第2期，1994年4月。

〈當前兩岸小學語文教學之俗文學路向〉，楊振良師，《兩岸暨港新中小學國語文教學國際研討會論文集》，1995年。

〈民間文學俗文學通俗文學命義之商榷〉，曾永義，《國文天地》13卷4期，1997年1月。

〈民間文學與兒童文學能力培養〉，蔣明智，《中南民族學院學報（人文社會科學版）》第22卷第1期，2002年1月。

〈村歌俚謠在文藝上的位置〉，郭紹虞，《歌謠週刊12期》，1923年4月。

〈口頭與文本—歷代典籍中民間故事材料的考察〉，顧希佳，
　《2002海峽兩岸民間文學學術研討會》，2002年11月。

〈民間諺語道德價值論〉，黎浩邦，《2002海峽兩岸民間文學
　學術研討會》，2002年11月。

《內政部統計通報》，台北，2006年1月19日。

〈保定定縣之遊〉，周作人，《國聞周報》第12卷第1期，1935
　年。

《民國日報》，上海，1919年10月5日。

《民國日報》，上海，1920年3月1日。

《民間》半月刊，北平：民間社，1934年－1935年。

三、

《五四文學與文化變遷學術研討會論文集》，行政院文化建設
　委員會策劃，台北：學生書局，1990年。

《五四運動八十週年學術研討會論文集》，國立政治大學文學
　院編，台北：國立政治大學文學院，1999年。

《2001海峽兩岸民間文學學術研討會論文集》，國立花蓮師範
　學院民間文學研究所主編，花蓮：花蓮師範學院民間文學研
　究所，2001年。

參、學位論文

《平教會與河北定縣的鄉村建設運動（民國十五年－民國二十
　五年）》，李孝悌，台灣大學歷史研究所碩論，1979年。

《我國鄉村建設實驗工作之比較研究（一九二六—一九三六）》，陳重光，台灣文化大學歷史研究所博論，1981年。

《五四時期平民教育運動之研究》，邱秀珍，台灣師範大學三民主義研究所碩論，1989年。

《晏陽初社會教育思想之研究》，張文忠，台灣師範大學社會教育研究所碩論，1989年。

《民國初年社會教育政策之研究》，曾華錚，台灣師範大學社會教育研究所碩論，1991年。

《文藝與政策—毛澤東＜延安文藝講話＞與大陸民間文學發展之關係》，林修平　花蓮師範學院民間文學研究所碩論，2001年。

肆、南京檔案館平教會資料

《瞎子戲》，（全宗號236、案卷號144）。

《民間笑林一》，（全宗號236、案卷號143）。

《民間笑林二》，（全宗號236、案卷號143）。

《小姑賢》，（全宗號236、案卷號144）。

《單刀會》，（全宗號236、案卷號144）。

《蘇梅山賣妻》，（全宗號236、案卷號144）。

《魯達拳打鎮關西》，（全宗號236、案卷號144）。

《三婿上壽》，（全宗號236、案卷號144）。

《呂洞賓帶酒岳陽樓》，（全宗號236、案卷號144）。

《蘇三起解》，（全宗號236、案卷號144）。

《妓女告狀》，（全宗號236、案卷號144）。

《出潼關》，（全宗號236、案卷號144）。

《度林英》，（全宗號236、案卷號144）。

《賢妻勸夫》，（全宗號236、案卷號144）。

《回窰辨踪》，（全宗號236、案卷號144）。

《打黃狼》，（全宗號236、案卷號144）。

《窮富拜年》，（全宗號236、案卷號144）。

《苦丁香》，（全宗號236、案卷號144）。

《賣油郎獨佔花魁》，（全宗號236、案卷號144）。

《疼姑娘後悔》，（全宗號236、案卷號144）。

《西廂》，（全宗號236、案卷號144）。

《姑不賢》，（全宗號236、案卷號144）。

《高誠誆親》，（全宗號236、案卷號144）。

《（改正）農民千字課第一冊》，中華平民教育促進會總會，
　　上海：商務印書館。（全宗號236、案卷號89）。

《（第三次改正）農民千字課第一冊》，中華平民教育促進會
　　總會，上海：商務印書館，1933年02月國難後第13版。（全
　　宗號236、案卷號89）。

《（第三次改正）農民千字課第二冊》，中華平民教育促進會
　　總會，上海：商務印書館，1934年11月第7版。（全宗號236、
　　案卷號89）。

《（第三次改正）農民千字課第三冊》，中華平民教育促進會總會，上海：商務印書館，1931年05月出版。（全宗號236、案卷號89）。

《（第三次改正）農民千字課第四冊》，中華平民教育促進會總會，上海：商務印書館，1934年11月第4版。（全宗號236、案卷號89）。

《農民高級課本第一冊》，中華平民教育促進會總會，上海：商務印書館，1933年11月出版。（全宗號236、案卷號89）。

《農民高級課本第二冊》，中華平民教育促進會總會，上海：商務印書館，1933年11月出版。（全宗號236、案卷號89）。

《市民高級文藝課本第一冊》，中華平民教育促進會總會，上海：商務印書館，1934年5月出版。（全宗號236、案卷號89）。

《千字課自修用本─成年青年識字用（第二冊）》，中華平民教育促進會總會，上海：商務印書館，1927年08月初版。（全宗號236、案卷號89）。

《千字課自修用本─成年青年識字用（第三冊）》，中華平民教育促進會總會，上海：商務印書館，1935年04月國難後第13版。（全宗號236、案卷號89）。

《鄉村小學國語課本》第四、五、六、七冊，中華平民教育促進會總會。（全宗號236、案卷號89）。

平民讀物第15號《孔子的一生》，張壽林編，平教會平民文學部，1929年。（全宗號236、案卷號92）。

平民讀物第18號《介之推》，黃廬隱編，平教會平民文學部，
　　1932年。（全宗號236、案卷號92）。

平民讀物第19號《荊軻》，瞿菊農編，平教會平民文學部，1932
　　年。（全宗號236、案卷號92）。

平民讀物第21號《大禹治水》，李自珍編，平教會平民文學部，
　　1932年。（全宗號236、案卷號93）。

平民讀物第29號《民眾笑林》，趙永澄編，平教會平民文學部，
　　1932年。（全宗號236、案卷號93）。

平民讀物第54號《緹縈救父》，張壽林編，平教會平民文學部，
　　1932年。（全宗號236、案卷號93）。

平民讀物第6 9號《民間歌謠的研究》，謝剛主編，平教會平民
　　文學部，1932年。（全宗號236、案卷號92）。

平民讀物第76號《過五關》，趙水澄編，平教會平民文學部，
　　1932年。（全宗號236、案卷號92）。

平民讀物第166號《民眾笑林二集》，劉世儒編，平教會平民文
　　學部，1934年。（全宗號236、案卷號93）。

平民讀物第181號《打黃狼》，田三義口述、席徵庸記錄，平教
　　會平民文學部，1933年。（全宗號236、案卷號92）。

平民讀物第182號《窮富拜年》，田三義口述、席徵庸記錄，平
　　教會平民文學部，1933年。（全宗號236、案卷號92）。

平民讀物第183號《魯達拳打鎮關西》，田三義口述、席徵庸記
　　錄，平教會平民文學部，1933年。（全宗號236、案卷號92）。

平民讀物第184號《班超定西域》，席徵庸編，平教會平民文學部，1933年。（全宗號236、案卷號92）。

平民讀物第207號《國難鼓詞》，黎季純編，平教會平民文學部，1933年。（全宗號236、案卷號92）。

平民讀物第214號《國難教育叢刊十四—岳飛》，堵述初編，平教會平民文學部，1933年。（全宗號236、案卷號92）。

平民讀物第215號《國難教育叢刊十五—班超》，堵述初編，平教會平民文學部，1933年。（全宗號236、案卷號92）。

平民讀物第216號《國難教育叢刊十六—田單》，趙水澄編，平教會平民文學部，1933年。（全宗號236、案卷號92）。

平民讀物第217號《國難教育叢刊十七—趙武靈王》，趙水澄編，平教會平民文學部，1933年。（全宗號236、案卷號92）

平民讀物第218號《國難教育叢刊十八—文天祥》，何晴波編，平教會平民文學部，1933年。（全宗號236、案卷號92）。

平民讀物第242號《老周進城》，席徵庸編，平教會平民文學部，1934年。（全宗號236、案卷號93）。

平民讀物第243號《姑不賢》，田三義口述、席徵庸記錄，平教會平民文學部，1934年。（全宗號236、案卷號93）。

平民讀物第244號《敗子回頭》，田三義口述、席徵庸記錄，平教會平民文學部，1934年。（全宗號236、案卷號93）。

平民讀物第245號《馬前潑水》，田三義口述、席徵庸記錄，平教會平民文學部，1934年。（全宗號236、案卷號93）。

平民讀物第301號《蘇梅山賣妻》，田三義口述、席徵庸記錄，
　　平教會平民文學部，1933年。（全宗號236、案卷號92）。

平民讀物第302號《小姑賢》，田三義口述、席徵庸記錄，平教
　　會平民文學部，1935年。（全宗號236、案卷號92）。

平民讀物第303號《三婿上壽》，田三義口述、席徵庸記錄，平
　　教會平民文學部，1933年。（全宗號236、案卷號92）。

平民讀物第304號《單刀會》，田三義口述、席徵庸記錄，平教
　　會平民文學部，1933年。（全宗號236、案卷號92）。

平民讀物第310號《苦丁香》，田三義口述、席徵庸記錄，平教
　　會平民文學部，1934年。（全宗號236、案卷號92）。

平民讀物第313號《河伯娶妻》，張寒暉編，平教會平民文學部，
　　1934年。（全宗號236、案卷號93）。

平民讀物第314號《廉藺之交》，堵述初編，平教會平民文學部，
　　1934年。（全宗號236、案卷號93）。

平民讀物第315號《武訓》，堵述初編，平教會平民文學部，1934
　　年。（全宗號236、案卷號93）。

平民讀物第316號《三國志演義一》，席徵庸編，平教會平民文
　　學部，1934年。（全宗號236、案卷號93）。

平民讀物第317號《三國志演義二》，席徵庸編，平教會平民文
　　學部，1934年。（全宗號236、案卷號93）。

平民讀物第318號《三國志演義三》，席徵庸編，平教會平民文
　　學部，1934年。（全宗號236、案卷號93）。

平民讀物第319號《三國志演義四》，席徵庸編，平教會平民文
　　學部，1934年。（全宗號236、案卷號93）。

平民讀物第320號《三國志演義五》，席徵庸編，平教會平民文
　　學部，1934年。（全宗號236、案卷號93）。

平民讀物第321號《三國志演義六》，席徵庸編，平教會平民文
　　學部，1934年。（全宗號236、案卷號93）。

平民讀物第322號《三國志演義七》，席徵庸編，平教會平民文
　　學部，1934年。（全宗號236、案卷號93）。

平民讀物第323號《三國志演義八》，席徵庸編，平教會平民文
　　學部，1934年。（全宗號236、案卷號93）。

平民讀物第324號《三國志演義九》，席徵庸編，平教會平民文
　　學部，1934年。（全宗號236、案卷號93）。

平民讀物第325號《三國志演義十》，席徵庸編，平教會平民文
　　學部，1934年。（全宗號236、案卷號93）。

平民讀物第326號《三國志演義十一》，席徵庸編，平教會平民
　　文學部，1934年。（全宗號236、案卷號93）。

平民讀物第327號《三國志演義十二》，席徵庸編，平教會平民
　　文學部，1934年。（全宗號236、案卷號93）。

平民讀物第328號《三國志演義十三》，席徵庸編，平教會平民
　　文學部，1934年。（全宗號236、案卷號93）。

平民讀物第329號《三國志演義十四》，席徵庸編，平教會平民
　　文學部，1934年。（全宗號236、案卷號93）。

平民讀物第330號《三國志演義十五》，席徵庸編，平教會平民
　文學部，1934年。（全宗號236、案卷號93）。

平民讀物第331號《林則徐》，張寒暉編，平教會平民文學部，
　1934年。（全宗號236、案卷號93）。

平民讀物第387號《水滸傳故事一·王進和史進》，汪錫鵬編，
　平教會平民文學部，1934年。（全宗號236、案卷號93）。

平民讀物第388號《水滸傳故事二·史家村》，汪錫鵬編，平教
　會平民文學部，1934年。（全宗號236、案卷號93）。

平民讀物第389號《水滸傳故事三·假娘舅》，汪錫鵬編，平教
　會平民文學部，1934年。（全宗號236、案卷號93）。

平民讀物第390號《水滸傳故事四·雷橫》，汪錫鵬編，平教會
　平民文學部，1934年。（全宗號236、案卷號93）。

國家圖書館出版品預行編目資料

民初陶行知、晏陽初教育理論與民間文學之關係研究

江明淵著. － 初版. － 臺北市：臺灣學生，
2006[民 95]
面；公分
參考書目：面

ISBN 978-957-15-1332-4(精裝)
ISBN 978-957-15-1333-1(平裝)

1. 陶行知 － 學術思想 － 教育
2. 晏陽初 － 學術思想 － 教育
3. 教育 － 中國 － 民國（1912-）
4. 中國民間文學

520.128   95022993

民初陶行知、晏陽初教育理論與民間文學之關係研究

著　作　者：江　　　　　明　　　　　淵
出　版　者：臺 灣 學 生 書 局 有 限 公 司
發 行 人：盧　　　　　保　　　　　宏
發　行　所：臺 灣 學 生 書 局 有 限 公 司
　　　　　　臺 北 市 和 平 東 路 一 段 一 九 八 號
　　　　　　郵 政 劃 撥 帳 號 ： 0 0 0 2 4 6 6 8
　　　　　　電 話 ： （ 0 2 ） 2 3 6 3 4 1 5 6
　　　　　　傳 眞 ： （ 0 2 ） 2 3 6 3 6 3 3 4
　　　　　　E-mail：student.book@msa.hinet.net
　　　　　　http：//www.studentbooks.com.tw

本書局登
記證字號　：行政院新聞局局版北市業字第玖捌壹號

印 刷 所：長 欣 印 刷 企 業 社
　　　　　　中 和 市 永 和 路 三 六 三 巷 四 二 號
　　　　　　電 話 ： （ 0 2 ） 2 2 2 6 8 8 5 3

定價：精裝新臺幣五〇〇元
　　　平裝新臺幣四二〇元

西 元 二 〇 〇 六 年 十 二 月 初 版